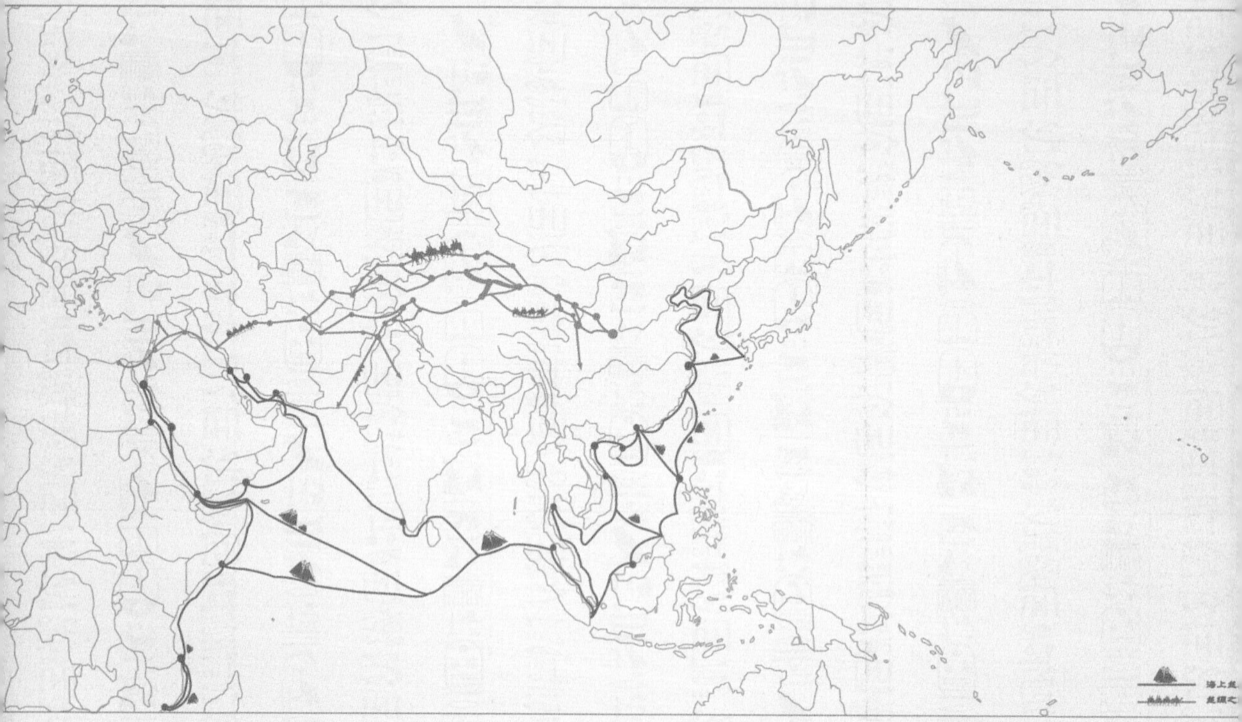
海上丝
丝绸之

边疆发展中国论坛文集
CHINA FORUM FOR FRONTIER DEVELOPMENT

（2012）

创新治理卷

宋　敏／主编
张海洋　丁　娥／副主编

教育部人文社会科学重点研究基地
中央民族大学中国少数民族研究中心
中央民族大学『985工程』三期建设中国当代
民族问题战略研究哲学社会科学创新基地项目

中央民族大学出版社
China Minzu University Press

图书在版编目（CIP）数据

边疆发展中国论坛文集（2012）·创新治理卷/宋敏主编. —北京：中央民族大学出版社，2014.5

ISBN 978－7－5660－0632－5

Ⅰ. ①边… Ⅱ. ①宋… Ⅲ. ①边疆地区—区域经济发展—中国—文集②边疆地区—社会发展—中国—文集 Ⅳ. ①F127－53

中国版本图书馆 CIP 数据核字（2014）第 004230 号

边疆发展中国论坛文集（2012）·创新治理卷

主　　编　宋　敏
责任编辑　李苏幸
封面设计　布拉格
出 版 者　中央民族大学出版社
　　　　　北京市海淀区中关村南大街 27 号　邮编：100081
　　　　　电话：68472815(发行部)　传真:68932751(发行部)
　　　　　　　　68932218(总编室)　　　　68932447(办公室)
发 行 者　全国各地新华书店
印 刷 厂　北京宏伟双华印刷有限公司
开　　本　787×1092（毫米）　1/16　印张：15.25
字　　数　250 千字
版　　次　2014 年 5 月第 1 版　2014 年 5 月第 1 次印刷
书　　号　ISBN 978－7－5660－0632－5
定　　价　42.00 元

边疆发展中国论坛2012主题阐释
（代序言）

中央民族大学在国家民委教育科技司和教育部社科司指导下，自2010年开始每逢双年举办“边疆发展中国论坛”。办法是从边疆民族地区、民族宗教治理、边疆发展建设、周边国家关系等领域选择需要更新观念创新治理的主题，邀请国内外专家研讨，提出形势评估和对策建议，并作为边疆民族地区和民族宗教治理的智库成果出版。紧迫敏感问题则由中国少数民族研究中心作为承办单位请专家跟进研讨，力求形成政策建议或转化成下届论坛主题。

2012年论坛主题“百年中国边疆民族宗教治理：经验回顾和现实思考”的选题背景是中国走向共和百年、中共十八大召开、中国处在衔接“终结帝制”与“中国共产党成立”这两个百年的关键阶段即2010—2020，党和国家即将产生新领导集体。本届论坛提出这个主题的问题意识有：

一是针对中国辛亥革命结束帝制走向共和百年以来的边疆民族发展和民族宗教治理状况，从边疆民族地区法治建设需求入手，总结经验教训及其成因，推动中国“陆海两疆”坚持和完善民族区域自治和一国两制，增强“讲信修睦培元固本，多元一体和而不同；共和宪政协商民主，自强不息厚德载物”意识。

二是针对新中国成立60年的背景，结合1949年建国《共同纲领》、1954、1982年国家《宪法》和1984年的《民族区域自治法》，研讨当今中国如何在坚持和完善民族区域自治的同时，追求本领域的“实事求是因地制宜”和“自治善治因俗而治”。

2012年的中国仍处在改革开放30年、新中国60年和结束帝制走向共和百年的周期里。这三个周期加上中共十八大规划“五位一体”全面小康社会的建设蓝图的机遇，正是学界结合中国国情及内政外交格局，思考边疆民族宗教创新治理，从边疆民族地区入手突破各种“周期律”现象的良机。

本届论坛确认：民族宗教跟国家社会一样，都是基本的人性需求，因而必然是贯穿于资源开发、生态保护、国家治理和国际关系里的恒久命题。否认民族宗教在国家治理中的特殊性，试图把它当成“一般社会问题”来应对在中国是行不通的。事实上，边疆民族宗教事务也确实比一般社会问题更能牵动国家的内政外交神经。这说明民族宗教治理领域问题的性质、作用和地位不是“一般社会问题”所能涵盖的。多样的民族宗教、普同的人性需求、普适的人权准则与公民社会文明和国家政治整合的互动共生，始终是中国各民族多元一体格局的核心内涵之一。“社会”问题固然能影响国家盛衰，但民族宗教问题则能影响国家兴亡。毛泽东因此说：国家的统一，民族的团结，国内各民族的团结，这是我们的事业必定要胜利的根本保证。

辛亥革命百年以来的中国面对救亡图存压力，在通过“南北和谈”达成“五族共和”的光荣妥协后，却在国民教育领域长期偏重选择孙中山阐释的南方“会党种族革命论”，长期疏远梁启超阐释的北方“五族宪政共和论”，从而使国人的历史文化观失去“中和位育”而转向“左”倾激进。1927年取得北伐成功的南京国民政府针对日本觊觎威胁，按照物竞天择适者生存的社会发展史原理，强力倡导民族国家构建，完全失去了对中国边疆民族语言宗教多样性的理解，种下了当今中国边疆民族宗教治理困局的深层根源。

中国共产党基于1934—1935年的万里长征经验，借助陕北根据地养成的各民族人脉关系和靠近内蒙古、新疆、藏区的地利条件，结合历史国情修订苏联经验，做出了民族区域自治和宗教“三自”等能够满足多民族统一国家的边疆民族宗教治理需求的正确政策和基本制度设计，从而不仅代表了1970年代以后的世界后现代“文化生态学”转型方向，还启发了1980年代顺应港澳回归要求的“一国两制”构想。现在看，这两者都是提升中国文化软实力和国际影响力的制度创新。

本届论坛吁请与会专家对照世界后现代转型的背景结构，结合边疆民族地区和民族宗教领域，特别是新疆和藏区的治理成本和民族关系代价，参照“从社会发展史到文化生态学”的研究范式和发展方式变革需求，探讨民族区域自治和宗教“三自”作为中国政治改革顶层设计首选领域的必要性和可能性，围绕共和宪政目标和协商民主机制，提出以维护生态家园和社会公平正义为底线，以民族区域自治和宗教“三自”为制度基石的政策创新建议。

中央民族大学中国少数民族研究中心

2012年12月

目　录

中央民族大学宋敏副校长致欢迎辞

尊敬的各位专家：

早上好！今天我们在这里开一个比较特别的会。和以往的论坛和研讨会相比，今天的会议形式非常简单，省去开幕式和闭幕式，目的只有一个，就是省出时间集中讨论会议主题。

我首先代表学校对各位专家的到来表示热烈的欢迎，尤其是一些远道而来的专家。北京的天气已经很冷了，大家在年末很忙的情况下能够抽出时间来参加这个会，非常感谢。

“边疆发展中国论坛”是2010年中央民族大学和国务院发展研究中心、教育部社科司、国家民委教育科技司共同讨论确立的一个题目。设定之初就是希望论坛能够持续做下去，两年举办一次，一大一小。大会的时候我会邀请更多的参会学者，是一个开放的平台；小会希望能够围绕某一个主题，更集中地进行研讨。所以本次来参会的专家都是直接发邀请，而且范围限制得非常小，目的就是希望能够围绕主题谈得精一点，话题和观点更开放一些。

“边疆发展中国论坛2012”是小年会，尤其是十八大召开之后，关于新时期中国的民族工作、民族问题下一步到底应该是什么样的走向，需要专家学者能够在一起讨论。所以，这也是这一次开会的目的。

今年4月份开始，中央民族大学和中国社科院民族学人类学研究所、国务院发展研究中心民族发展研究所、中国社科院世界宗教研究所，四家一直探讨成立协同创新中心，名称就叫“民族宗教研究协同创新中心”。在设计这个中心的时候我们也设计了一些平台类、品牌类的学术内容。当时，这个论坛也是作为其中的一项内容，所以今天是几方面的目的集中到一起。最终的目的还是希望在一天半的时间里能够对新时期民族工作的未来走向进行比较深入的探讨。预祝论坛取得圆满成功！

下面我们就直奔主题，先请中国社会科学院郝时远先生做主旨发言。

（根据录音整理）

全面正确贯彻落实党的民族政策
必须坚持和完善民族区域自治制度

郝时远

中国社会科学研究院研究员

宋校长、各位同仁，很高兴参加“边疆发展中国论坛 2012”。看到这么多来自全国各地的朋友和同事非常高兴。我给大家报告的题目是“全面正确贯彻落实党的民族政策，必须坚持和完善民族区域自治制度”。

这其实也不是新话题，因为坚持和完善民族区域自治制度，从改革开放以来一直这么讲，所有官方文件、报告都在强调这一点。但今天我还要选这个题目，就是想结合党的十八大报告内容讲一点学习体会。我们讨论民族事务也好，民族政策也好，对中国来说，都离不开党和国家这两个范畴。因为我们所说的民族政策，就是体现党的意志，体现国家能力的基本内容。抛开这个基本国情讨论任何一个国家的政策、任何一个国家处理民族事务的经验，都是不现实的，也会不准确。中国现实的国家因素，它的制度和基本政策，都是围绕着这个国家的性质而生的。

一、从前苏联说起

我们今天讨论的问题，学术界早在 1990 年前后就已经开始关注。当年随着苏联解体，民族问题的危机感在全球产生影响，对中国也是如此。这不是说我们听风说雨自感危机，而是因为它使关系到中国国家统一的几个重要因素都在那个时候高涨起来。比如说国民党出身的李登辉 1990 年当选总统，却转向迎合民进党的路线。还有达赖喇嘛 1989 年获得诺贝尔和平奖。这个事情 1990 年之后影响不断扩大，也波及国内。1990 年，新疆发生的事件也意味着“东突”概念浮出水面。这些事件在同一个时段集中发生，就有了象征性：它意味着中国的民族事务、民族问题进入到了一个新的时期。这个历史时期的背景就是前苏联解体，民族因素在前苏联解体里也有体现。

学界关于苏联民族问题推动国家裂变和民族分裂进程的研究很多。但时隔 20 年后，也就是苏联解体 20 年后，关于解体动因的探索却没有停止，而且争论似乎还在增多。民族问题在苏联解体中到底起了什么作用，也是争论的焦点之一。

苏联解体到底是不是马克思主义失灵或相关理论没有起到应有作用？还是苏联实行了联邦制并规定退盟权造成了它的解体？还是由于苏联承认了非俄罗斯民主加盟共和国的命名并赋予其国家的地位？俄罗斯大民族主义与非俄罗斯民族主义，到底哪种民族主义在苏联解体中起了作用？这些都需要深入研究。

一种说法认为，苏联以高度中央集权体制取代了宪法规定的联邦制，即联盟国家内部的各个加盟共和国的合法权利，其对社会发展阶段的主观判断超越了社会主义的客观进程。这一点非常明显。斯大林很早就宣布苏联早在 20 年前就已建成社会主义，今后 20 年要向共产主义迈进。赫鲁晓夫时代仍然如此。勃列日涅夫时代才后退一步，宣称苏联仍处在发达巩固的社会主义阶段。无论如何，它超越发展阶段，误判了自身的社会主义建设进程，进而用简单化的办法去处理具有复杂性的民族宗教问题。当时苏联领导层的主导看法是：已经进入共产主义的国家不应该再有什么民族问题，也不再有什么加盟共和国之间的边界。这类思潮在学界、政界都很普遍，结果就导致了全社会的俄罗斯化。俄罗斯化成为当时苏联的标准。这种情况下，各个非俄罗斯民族对民族权利的要求，包括落实宪法权利保障的要求，事实上都被压抑，而且对此的任何不满都被付诸于阶级斗争路线斗争。这种压抑的后果，各个非俄罗斯民族的不满情绪在戈尔巴乔夫改革、社会相对开放的时候就迸发出来了。

还有一种说法是因为苏联采取了民族区隔的国家建构模式，即实行了联邦制，并且对各个加盟共和国采取了优惠照顾的倾斜政策。结果这些加盟共和国翅膀硬了，就要闹分裂。

目前大体上就有这么两种判断和解读。其正确与否还需要我们做更多实证研究。从怎样总结苏联解体教训方面讲，学界也有两个取向：一个是中国不是苏联，要立足自身的国情实际，坚持社会主义初级阶段的基本立场，继续全面落实民族政策，加快经济社会发展，坚持和完善民族区域自治制度。无论学术界还是官方，这个表述的基本脉络都是一致的。但这种一致性在某种时候也有弊端，就是在政论性研究或政治表态中形成的老话、套话，让人没有新鲜感。说话的人也没有深入解读为什么要坚持和完善，为什么要贯彻落实。第二种意见就是要取消源自苏联模式的民族区域自治，把有政治含义的民族政策改变成一般社会政策，甚至要取消身份证上“民族”一栏，取消包括民族学院在内的少数民族教育体系，更激进的主张是通过改变行政区划来促进民族同化与融合。简单讲就是把“文化大革命”时期对云南和内蒙古，后来被拨乱反正的错误办法再拿出来实施一次。

这两种取向的解读，不仅引起学界关注，也波及党政民族工作部门，甚至引来主管部门一些政界人士参与。2008 年藏区的“3·14 事件”、2009 年的新疆“7·5 事件”加剧了这场争论。这么严重的带有民族分裂主义，甚至带有三股势力特征的暴力事件都再来了，民族政策还有什么可说？接下来就指向制度存在，认为这都是政策造成的后果。自那以后，这场争论在国际政策比较和国内事务评价方面也进入了一个更公开、更直截了当、更彻底的阶段。具体讲，如果说“去政治化”是交锋，那么 2012 年的“第二代民族政策说”则是交锋的高潮。“第二代民族政策”是把中国的民族区域自治、民族政策实践都视为“苏联模式”，必欲去之而后快的集大成者。针对这种论调，我总共发表了 4 篇文章，字数总量超过了 10 万字，比较系统地表达了我个人的看法，同时也指出了“第二代民族政策说”的要害问题，包括学术和政治取向两个方面的问题。

这是一场超越了学术研究，触及中国国情，包括中国道路、中国理论、中国政策、中国宪法原则的论争。我本人是中共党员，明年党龄就够40年了。我这辈子不会改变信仰。我的学术研究也始终会在这个立场上来做。尽管我是学习历史出身，但我对历史的评价、认知、研究，都会秉持对马克思历史唯物主义的信仰去思考。我不想给别人扣什么政治帽子，但我的话语就是这个话语。这是没有办法改变的。

我认为“第二代民族政策”是超越国情的主张。我说它“超越国情”，就是说提出这种主张的人对中国的历史，对中国历史上的民族关系，乃至于对于中国如何形成多民族统一国家的内在历史基因，没有做过系统研究，没有形成深思熟虑。其实中国统一的理念和方式，采用的就是“和而不同”的道路。这个“和而不同”在历史上只是个理想，因为不太具备实现的条件，否则中国就不会先有辛亥革命达成“五族共和”共识，再有中国共产党用民族区域自治制度超越国民党的“单一民族国家”意愿的经历了。这是中国形成多民族统一国家的基本国情和基础知识。

我认为马克思主义的基本理论，包括民族理论至今都没有过时。我对苏联解体的看法是：正因为它背离了这些基本原理才导致了它的颠扑。民族区域自治制度确有中国特色，就如周恩来总理生前所讲：这个制度是史无前例的创举，至少在中国是史无前例的创举。中国因素就是承认历史上的那些制度，例如土司制度。民族区域自治就是在现代框架下设计的一种包容民族和地域自治的因素。这个制度是有宪法地位和基本法保障的，是很严肃的国家基本政治制度之一。

党和国家领导人的政治宣示多次表达了这样一个认识，而且已经把话说到底线上：那就是它不容置疑、不容动摇、不容削弱。属于思想创新的学者学术界当然可以质疑和讨论，但你要在实践中去动摇它、削弱它、取消它，那就不是学术而是政治行为，你就要有充分的论证。所有有关“去政治化”和“第二代民族政策”主张的论文，有哪一个能用实证说明中国是因为实行了民族区域自治才造成了达赖喇嘛和“东突”势力？中国155个自治地方，哪个地方有过“分离”的表示？你有这样的实证吗？没有！但前苏联倒确实是有，那就是俄罗斯联邦首先发表了独立宣言，这才导致了包括中亚国家在内的追随分裂风潮。

“大跃进”的教训必须记取。如果说前苏联在解决民族问题，包括建设社会主义方面，超越社会阶段去判断社会发展进程并确定发展目标才导致了它的失败，那么我们也应该回顾自己的教训。中国1958年有过“大跃进”，想要一步登天，对民族事务来讲就是要一步迈进共产主义，这才有了移风易俗，甚至让回民养猪那样的疯狂之举。“大跃进”只是提出了一种激进理想，用一场巨大的社会动员就造成了那样一种狂热。我们当时认为自己的国家已经要有楼上楼下电灯电话，在遇到民族问题的时候，也认为就要跟苏联一样实现共产主义了，哪里还有民族之间的彼此界限，哪里还要尊重和保留民族习俗文化？这个教训必须汲取。

当今中国经济社会发展突飞猛进，GDP跃居世界第二，很多国人也被这点成绩冲昏了头脑，以为中国和美国就差一步之遥。这种基于经济总量的大国心态，也造成了一种简单化地观察和处理国内社会问题的倾向，认为很多社会问题不该存在或不该出现，因为大家在经济上都已得到好处。既然经济上得到实惠，那么社会再有问题那就是政治问题。这个政治问题就可能是西方或境外势力渗透使然。我们把问题的责任都归结到境外，却忘记了外交不过是内政的延伸。好的外交源于好的内政。原苏联在国内搞大俄罗斯民族主义，在外面就一定是搞霸权主义，这就是内政外交相互连接的必然结果。

我们对经济社会的发展提出了很多数字或口号性的判断，因而就容易忽视社会发展进程。中央为什么一再强调我国的基本国情没有变，社会主义初级阶段没有变，在国际社会中属于发展中国家地位这“三个没有变”。这些话不是口号，它是需要我们深刻掌握的一些自身基本评价。

民族问题的确有它的长期性、复杂性。很多人对长期性不大理解，认为既然有长期性，那我们还忙着弄它有什么用，怎么弄它也是长期的。但任何人对复杂性都应该清楚，万万不能马虎大意。周恩来说民族问题本来就是一件很麻烦的事情。如果我们对这种复杂性缺乏解释能力，缺乏工作方法，甚至缺乏理解力，总想用简单的严打高压来处理它，那就迟早要出大事。阿尔巴尼亚在1970年代第一个宣布它是世界上唯一没有宗教的国家，消灭了宗教。今天到阿尔巴尼亚去看，清真寺到处林立，超过了一般穆斯林国家千人一寺的水平。东正教教堂也到处在建。如果民族宗教这种复杂现象能用简单手段消灭，十字军东征早就大功告成了。

暂时不讲历史而面对现实，现在藏区发生的一些极端行为，我们固然可以说去年年初曾经有茉莉花革命、阿拉伯之春之类的影响。但我们“控制”这种现象已经两年。两年之后还这样说明以前的控制方法没有成效。那我们应该怎么办？要不要改善，要不要总结经验教训采取新方法。我的看法是上了什么措施就撤掉什么措施，它自然就会化解。但这是不是意味着谁的对错输赢？这口表面上的气能否过得去？撤下措施再有更多人自焚谁来负责？这都是我们面临问题的复杂性，它不允许我们用简单办法处理。地方有地方的考虑，中央有中央的原则。我希望大家注意在处理地方事务和中央事务时，经济发展固然是重要问题，但少数民族地区经济发展还会涉及民族宗教这类更复杂的问题。

二、必须坚持和完善民族区域自治制度

民族区域自治制度是中国史无前例的创举。它符合中国天下统一的国情和历史规律。这在先秦以后几乎就是颠扑不破的道理。历史上的少数民族有时候能入主中原，有时候还能把疆土拓展得更远，例如元代和清代。我们回顾历史，最大范围的统一出现在什么朝代？我们对外宣传都说吐蕃地区是元代纳入中国行政区划的，台湾则是在清代建制。我们对外宣示时肯定这些事实，但又不想承认是这两个朝代由少数民族所建，这种历史观本身就是自相矛盾。其实这些问题古人早就解决了：中国有《二十四史》，都不是今人写的，而是历朝历代写下来的。古人写下来的今天还成为我们对中国历史的看法，那就说明中国人对历史的研究，中国学界对历史的研究资源太窄了。所以，我觉得这个制度的确是符合历史和现实国情的。

今年上半年的这场争论，它已经不是纯粹学术争论，而是触及国家包括宪法原则在内的基本政治制度和基本理论，因而也引起党和国家的关注和重视。今年5月，贾庆林同志到云南视察，又专门强调了一次“三个不容”，强调民族区域自治无论什么情况下都要毫不动摇地坚持和完善。

民族领域里近年倡导的“交往”、“交流”、“交融”也是“第二代民

族政策”拿来做文章的六个字，结果在云南的表述中变成了“交往”、“交流”而不再讲“交融”。这些都是信号，它能预示着国家在民族领域的话语动态，包括十八大的表述。今年2月一位主管高官在《学习时报》发表文章后，境内外舆论马上就有评价，说这代表了中共十八大在民族领域的取向。按照那篇高官文章的表述，中国不会再建立新的自治地方，还要取消身份证上的族别信息，诸如此类。中国正部级的高官都有政治家的责任。政治家如果属于执政党，就要维护执政党的根本利益。长期在民族宗教系统做主管工作的在职高官说话，就会给外界造成某种印象，而且这种印象会有国际影响。比方说欧洲议会联盟今年开会时，就有人拿出这一条说中国现在不仅还在边疆实施高压政策，而且还要取消民族区域自治。这主是给国际力量提供了动员借口。贾庆林5月份在云南这个表达，针对性就在这里。温家宝同志9月份在新疆也表达了同样的意思，还特别讲了全面贯彻党的民族政策，坚持民族区域自治制度，坚持两个共同，等等。

我想说中国领导人为什么要反复强调坚持和完善民族区域自治制度?

第一，民族区域自治制度就是中国解决民族问题之路。这就是我们国家的道路，也是今天我们所说的中国特色社会主义道路的题中之意和必要组成部分。

第二，民族区域自治的理论支持来源于马克思列宁主义、毛泽东思想，是中国特色社会主义理论体系，一脉相承，这里没有什么不清晰或可犹豫的东西。

第三，民族区域自治是中国特色社会主义基本政治制度之一。新中国开国建政之初的政治制度就是人民代表大会、政治协商和民族区域自治这三个基本政治制度，后来才加上了基层民主和“一国两制”。我们今天说坚持和完善民族区域自治制度，就是坚持中国特色社会主义制度，就是坚持中国理论、中国道路和中国制度。它同时还是中国特色社会主义法律体制的组成部分。它既有宪法原则又有基本法的保障。即使是学术研究也不能无视宪法原则去批评和质疑。如果要批评质疑，就要拿出实证，不能仅靠情绪化的感觉。如跟个人交谈，一个人说了什么民族主义分裂的话，那不能代表什么。但如果一个国家政权、党政部门或者一个自治地方的人民代表大会发过什么样的宣言，或民族自治地方的党政领导干部表达过什么样的意愿，那就是政治，就值得注意，就要特别慎重。

三、全面正确贯彻落实党的民族政策

党的十八大报告关于民族事务有一段大家都熟知的表述。我觉得这里面非常重要的是“全面正确贯彻落实党的民族政策，要促进各民族和睦相处，和衷共济，和谐发展”。这个表述它的最基本的新意在什么地方，这值得我们思考。“全面”、“贯彻”大家都很熟悉。但是“正确”可能更重要，而且可能特有所指。

十八大报告中也谈到了要对中国共产党90年来总结出来的道路、理论和制度要“倍加珍惜，始终坚持，不断发展”，特别值得注意的是中国终于明确地提出了“三个自信”的命题。这恐怕是跨越式的进步。我们过去有很多事情就是在表现不自信，比如把很多事情归结为外部力量。这实际上就是表达不自信。我想这个时代，全球化程度再高、主权变动再大，也还动摇不了一条基本的哲学原理，那就是外因只是变化的条件，内因才是变化的依据。邓小平同志当年说“不要管外面的风云变幻，把自己的事情办好”就是这个道理。如果自己的事情办不好就说外部干扰闹的，就会掩盖自身的错误和无能，就会丧失意志和自信。这次十八大报告特别提出来，道路自信、理论自信、制度自信。这里面当然就包括了民族区域自治制度的自信，这是毫无疑问的。

“去政治化”的说法危言耸听，把问题夸大到“中国分裂危险”的程度。“第二代民族政策”又提出改弦更张，编造莫须有的国际经验，这都是妄自菲薄和不自信。我看到一个学者的文章，用的是印度是不是中国的民族事务学习榜样之类的题目。他就讲中国的学界吹捧印度是一个普遍现象，甚至还有一些国际化水平很高的学者也鼓吹印度。这迫使我对印度广义的民族问题做过一些梳理。印度的现实是国内确实有那么多民族，但表现最集中的主要还是语言、宗教问题。国内这些资源本来不缺乏，研究这些问题的人很多，只要把这些东西集中起来去梳理就能得出合理结论。但我敢说“第二代民族政策”那篇文章引用的所谓国际经验，没有一条不是编造出来的。比如说国际经验表明绝对不允许一个族群聚居生活在历史家园的土地上。请问哪个国家有这种规定？要是不说政策而说实践，那倒是有国际经验，就是欧洲殖民者对美洲印第安人，把他们的土地全部据为己有了。

十八大报告说全面正确贯彻落实党的民族政策。这个“全面”就是不能片面和偏废。直到今天都在说少数民族到东部中部中心城市过机场安检有特殊检查程度，住店还住不进去，接待住的单位要马上跟派出所报告。这是正确贯彻民族政策吗？这根本就是全面违反党的民族政策。“正确”贯彻民族政策就是不能走形走样。党和国家的一些政策在地方也有放大或不到位的问题，也有利用民族优惠政策扩大优惠面甚至造假的问题。这都是这次党中央表达的全面正确贯彻落实的指向，值得我们去检视反省民族工作内部的不足。落实就是必须一以贯之落到实处，不能光停留在口号上，总是口惠而实不至。

《民族区域自治法》集民族政策之大成。中国几乎所有民族政策的基本原则都在《民族区域自治法》里都有体现，而且这个基本法的建立、修订和完善的过程也一直在继续。西方国家从过去的不承认和同化少数民族，到开始承认民族身份，承认不同群体认同的合法性，甚至倡导多元文化主义，实行优惠政策，包括少数民族企业的政府订单配额政策，等等。他们陷入的困境是自由主义的困境，即国家张扬个人平等，而在事实上不能不照顾少数民族的集体权益和权力。我们中国强调的是集体平等权利，包括在人权观念上也强调集体人权、发展权、生存权，而不仅仅是张扬个人权利，这里就有很大区别。那么要不要保障每个个人的权利？当然要保障。随着社会发展，集体权利更要体现。

现阶段的中国还不能追求西方现代国家人权实现的程度。任何制度在提出和确立一个理念之后，效率上都不能马上立竿见影。不是说有了民族区域自治制度就有了自治权，就有了民族平等。这里也有一个不断实现的过程。它的程度要不断实现，还要与时俱进。美国也不是签署了《人权宣言》就实现了人权，到现在也还没有充分实现了人权。哪个国家敢说自己充分实现了人权？在比较中国和外国的时候，不是说应该从低处去看中国，而是要承认我们还处在不同的历史发展阶段。

西方国家从 1960 年开始民权运动，1970 年澳大利亚放弃“白澳”政策开始转向“承认”少数人的权利，继而承认群体权利，再后来又加上移民权利，搞得欧洲现在不得不承认。但是，欧洲实行了那么多的优惠政策之后，现在又陷入了“承认的困境”。白人提出反向歧视的问题越来越多。印度实行的所谓表列配额“平权”政策，是世界上规模最大的，涉及的人也最多。印度官方不承认民族，也不承认种姓，实施这个政策过程中用“落后阶级”来替代“种族和种姓”。巴西也一样，结果落后阶级恰恰都是黑人和印第安人，只不过表面上用了不同的说法而已。印度官员自己也讲，不是印度在追求种姓，而是种姓追着印度不放。这些多样性再加上它的多党政治、种姓政党，就使整个社会更加趋向于多样分化。

西方学者在后现代转型之后意识到对少数人权利、集体权利，只有承认它的存在，才能使社会得到和谐，国家得到真正认同。现在维护者和批评者都下了很大的工夫，批评者认为现在大家都一样了，应该取消优惠补偿政策。维护者就说承认少数人的权利仍然是社会平等的前提。他们说得都对，只是赛马已经出栏，拉弓没有回头箭。你说权宜之计，哄你玩，就像咱们那位领导干部文章说的，前苏联搞联盟体制原来也只是“说说而已”。什么叫说说而已？当时就是社会主义民主的体现形式。列宁讲了社会主义民主越充分，分离的愿望就越小。现在欧洲联盟规定的退盟权难道也是“说说而已”吗？这种“说说而已”就是不诚信，就是玩阴谋糊弄人。但所有的政治阴谋不管隔多少代，最后总是要被清算的，而且要被后人重新评价。中国共产党办事讲的是认真，是实事求是，是站在各民族的立场上去开创一个民族平等的社会主义道路来真正解决民族问题。很多国家的少数人研究还局限在说明少数人的权利是什么。中国共产党早把这些问题解决，早就摆脱了这种“承认的困境”，目前只是怎样落实的问题。

中国关于西藏、新疆，关于五个自治区，加上贵州这些多民族省份加快经济社会发展的战略一直到今年都还在陆续出台。2008 年以来，国家还一直在出台加快区域发展的政策指导。这是雪中送炭，不是锦上添花。我们说全面建成小康社会难点在西部，重点也在西部，东西部差距仍然很大。就目前的政府指标体系看，在做出均等化衡量后，西部跟中部、东部、东北相比，在四大经济区域当中仍然处在底层，这是毫无疑问的，所以要加快发展。全国贫苦人口 1978 年有 2.5 亿，2010 年有 4 千万。2011

年调高了贫困线后又变成1.28亿。最近我看到的数据显示，这1.28亿贫困人口里，少数民族还有4千万，占到1/3，但少数民族总人口只占全国人口不到10%。国家只有继续努力推进西部少数民族地区发展，才有可能在未来的8年中比较接近全国的平均水平。这是我们要奋斗的目标。

四、民族事务必须要纳入法制的轨道

中国宪法有关于民族区域自治的规定，而且有基本法的保障。民族事务纳入到这个轨道当中，就是要根据区域自治法的规定去制定各个自治地方，特别是五大自治区的自治法实施条例，就是要说明这些原则和权利在当地是什么，到底自治有什么权利，不管是地方自治，还是民族自治，都要加以说明。对于违背这些法律原则，违反民族政策原则的事务，要通过法律手段来拨乱反正。中国1984年颁布的《民族区域自治法》至今，还没有一个诉讼案，即使是基本法，这样也不是正常情况。难道民族事务方面没有违法事例？当然有。目前存在的问题，就是按照《民族区域自治法》的规定，国务院相关部门都要在职权范围内制订实施《民族区域自治法》的规章、条例等。这些规章条例要跟地方的自治条例对接。现状是绝大多数国务院部门至今没有制定配套的规章措施和办法。五个自治区的自治条例一直没有出台。自治区和中央划分权利，但地方的人一说到自治权，有人就往“要分裂”上想，这其实是两码事。当今中国的政治体制改革要走的就是减政放权道路。放权就是分权，这也是现在政治改革的焦点。民族区域自治的权力固然要兑现，各个省的地方自治权也要兑现。这就是今后中国政治改革的任务。

十八大报告也讲到实干兴邦。五个自治区到底怎么发展？为什么五个自治区的自治条例不能成为国家政治体制改革的突破口？它是基本政治制度，又有基本法的保证，又有国家专项的针对五个自治区的经济社会发展政策。把这些政策和它自身的政治条例衔接起来是非常容易的。这些条件超过了所有其他的省，那它就应该成为政治体制改革的突破口。而这个突破口对于解决中国的民族问题，面对国际形势的一些挑战，恐怕是一个非常重要的方面，而且应该是最容易做到的。

要分权先要制定地方自治法，一切按照法治规则来考量。现在民族自治地方有《民族区域自治法》为依据，有民族区域自治制度做保障，条件是最成熟的。所以，有关民族事务的表述在十八大报告中就是在政治体制改革的这一部分，从政治体制改革的层面去认识和实践坚持完善民族区域自治制度，那就是践行全面正确贯彻落实党的民族政策的基本原则。因为我们的民族政策主体的内容都在《民族区域自治法》里面包含了。

这也算我学习十八大报告的一个体会，我用的这些资料都是官方文献，所以听起来可能也还是比较官方，请大家谅解。谢谢！

（根据录音整理）

制度自信是坚持和完善民族区域自治制度的重要保证

——学习党的十八大报告的几点体会

毛公宁

国家民委政法司原司长

一、坚定“三个自信”的重要意义

党的十八大报告指出：中国特色社会主义道路，中国特色社会主义理论体系，中国特色社会主义制度，是党和人民90多年奋斗、创造、积累的根本成就，必须倍加珍惜、始终坚持、不断发展。并且对中国特色社会主义道路、中国特色社会主义理论体系、中国特色社会主义制度的内涵做了科学的阐述，要求全党要坚定这样的道路自信、理论自信、制度自信![①] 这不仅对动员全党和全国各族人民夺取有中国特色社会主义新胜利具有重要的指导意义，而且对于我们做好民族工作，处理好国内的民族问题，促进各民族共同团结奋斗、共同繁荣发展，同样具有重要的指导意义。

---

① 《中国共产党第十八次全国代表大会文件汇编》，人民出版社2012年版，第11、15页。

从民族工作来说：

道路自信，就是对中国特色解决民族问题正确道路的自信。这条正确道路包括我们党所开创的民族平等、民族团结、民族区域自治和各民族共同团结奋斗、共同繁荣发展等在内的适合中国国情的解决我国民族问题的正确道路。

理论自信，就是对中国特色民族理论体系的自信。这套理论体系是我们党几代领导集体处理我国民族问题的经验总结和理论概括，集大成的是2005年《中共中央国务院关于进一步加强民族工作，加快少数民族和民族地区经济社会发展的决定》形成的我们党关于民族问题的基本理论和政策（即12条）。

制度自信，就是对中国特色民族区域自治制度的自信。这一制度包括实施民族区域自治的体制、机制和中国特色民族法律法规体系，以及建立在这一制度基础上的处理民族问题的各项具体制度。

这三方面的自信是三位一体的，道路是实现途径，理论是行动指南，制度是根本保障，三者统一于中国特色社会主义的伟大实践。

应当看到，强调坚定道路、理论、制度三方面的自信，对处理好我国的民族问题具有特别重要的意义。三大自信都很重要，缺一不可，但在当下，强调坚定制度自信更具有现实针对性。因为民族区域自治制度是解决我国民族问题的决定因素。同时还要看到，近些年来，学界和社会上一些人对民族区域自治制度缺乏自信，有人甚至提出质疑，特别是拉萨“3. 14”事件和乌鲁木齐“7. 5”事件发生后，一些人把这两起事件的发生归结为我们在处理民族问题的制度上和政策上的问题，企图否定我国民族区域自治制度和民族政策的正确性和合法性。在这种情况下，强调坚定对民族区域自治制度的自信，显得更加重要。必须指出，民族区域自治制度是马克思主义关于民族问题的理论同我国基本国情正确结合的产物，是中国化了的马克思主义，是中国特色社会主义制度的重要组成部分。在我国，坚持民族区域自治制度就是坚持马克思主义，就是坚持中国特色社会主义制度。实践已经证明，民族区域自治制度是能够解决中国民族问题的，是载入我国宪法的国家的一项基本政治制度。任何怀疑和动摇这一基本政治制度的正确性和合法性的言行都是没有根据的。胡锦涛同志早就指出："民族区域自治，作为党解决我国民族问题的一条基本经验不容置疑，作为我国的一项基本政治制度不容动摇，作为我国社会主义的一大政治优势不容削弱。"① 这对我们在新的形势下坚持和完善民族区域自治制度无疑具有重要的指导意义和警示作用。

二、制度自信离不开制度自身的不断完善，民族区域自治制度愈是完善，各族人民对这一制度的自信就愈加坚定

近年来，中央一再强调要坚持和完善民族区域自治制度，学界和民族工作部门也在关注这方面的问题，仁者见仁，智者见智，但在理论上和实践上尚未有实质性的突破。在新的形势下，很有必要加大对这方面问题的研究力度，力争得出一些带有前瞻性、指导性的结论，为进一步坚持和完善民族区域自治制度提供强有力的理论支持。

笔者认为，在新形势下完善民族区域自治制度，要着力研究和解决以下几个重大问题：

第一，完善民族自治地方的自治权问题。

这是完善民族区域自治制度的核心。自治权说到底是民族自治地方的权属问题，即管理权限问题，这就涉及中央与地方的关系问题，需要明确哪些权归中央，哪些权归民族自治地方，以便于在实践中遵行。但在目前体制下，要做到这一点，仍有相当的难度。

对此，邓小平同志曾经提出"要使各少数民族聚居的地方真正实行民族区域自治"的重要思想。邓小平同志1980年在《党和国家领导制度的改革》一文中提出"要使各少数民族聚居的地方真正实行民族区域自治"。② 小平同志把真正实行民族区域自治放到党和国家领导制度的改革这个大的格局来考虑，具有重要的理论意义。我理解小平同志这个重要思想应当含有解决好民族自治地方自治权问题的内容。但到底什么是真正实行民族区域自治，它的内涵和外延是什么，小平同志没有发挥，理论界也

---

① 国家民委编著：《中国共产党民族理论政策干部读本》，民族出版社2011年版，第468页。

② 《邓小平文选》第2卷，人民出版社1994年版，第339页。

没有作出科学的阐述，加之由于体制方面的原因，使得小平同志这一重要思想更多地还是停留在理论层面上，未能使其适时地释放出巨大的能量，从而使我们未能在制定和实施民族区域自治法的基础上，与时俱进地提出新形势下更具有可操作性的完善民族自治地方的自治权和民族区域自治制度的重大举措。这是历史的局限。

由此可见，解决好民族自治地方的自治权问题，实现邓小平同志所说的使各少数民族聚居的地方真正实行民族区域自治，关键是中央高层要进行顶层设计。必须指出，中央政府与民族自治地方自治机关之间不是简单分权的关系，而是统一与自治辩证结合的关系。要处理好统一与自治的关系，即既要维护国家统一，确保中央的权威和政令畅通，又要保证民族自治地方依法行使自治权，调动各族干部群众的积极性，切实加快民族自治地方经济社会的发展，使民族区域自治制度的优越性更好地发挥出来。统一与自治，是民族区域自治的核心，是中国政治体制的特点和优势。必须把两者有机统一起来，才能发挥出我们在社会制度方面的优势。党的十八大报告提出坚持走中国特色社会主义政治发展道路和推进政治体制改革，为我们指明了新形势下坚持和完善民族区域自治制度的路径。我们应以深入学习和贯彻落实十八大精神为契机，深入研究民族自治地方的自治权问题，为完善民族区域自治制度提供有价值的对策和建议。

第二，完善和落实上级国家机关的职责问题。

民族自治地方的自治权固然重要，但由于历史等方面的原因，这些地方经济文化比较落后，如果没有上级国家机关的帮助，是很难行使好民族自治地方的自治权的。特别是由于体制方面的原因，民族自治地方在行使自治权尤其是经济文化等方面的自治权和自主权时，往往与上级国家机关的职权与利益发生矛盾和碰撞，有些自治权的落实还受到上级国家机关有关部门的制约。因此，上级国家机关的帮助即履行自己的职责，是民族自治地方依法行使自治权的重要保证。

正是基于上述因素，2001 年修改的民族区域自治法把原来第六章“上级国家机关的帮助”改为“上级国家机关的职责”，把帮助上升到职责的高度，赋予了新的内涵，具有重要的意义。2005 年出台的《国务院实施 < 中华人民共和国民族区域自治法 > 若干规定》，着重就自治法第六章“上级国家机关的职责”作了具体规定（共35条），这是贯彻落实民族区域自治法的第一部重要的行政法规。但总的来看，贯彻落实的情况不能令人满意，除了少数部委已经出台贯彻落实民族区域自治法和国务院实施民族区域自治法若干规定的部门规章和政策性文件以外，多数部委尚未出台这方面的部门规章和政策性文件。这就使得省级有关部门在制定贯彻落实民族区域自治法和国务院实施民族区域自治法若干规定的地方性法规时，因缺少上位法的支持，而影响地方性法规的制定和出台。这方面的问题已经成为贯彻落实民族区域自治法的瓶颈和体制性障碍。中央一再要求要全面贯彻落实民族区域自治法，党的十八大报告再次强调要坚持和完善民族区域自治制度，其核心就是要求我们从根本上即从体制上来解决这方面的问题。我们应当以深入学习和贯彻落实十八大会议精神为契机，积极推进政治体制和经济体制的改革，逐步理顺中央与民族自治地方的利益关系，切实完善和落实上级国家机关的职责，把民族区域自治法规定的原则真正落到实处。

第三，完善民族自治地方的立法权和变通权。

我国宪法和民族区域自治法明确规定：民族自治地方的人民代表大会有权依照当地民族的政治、经济和文化的特点，制定自治条例和单行条例。民族区域自治法还规定，上级国家机关的决议、决定、命令和指示，如有不适合民族自治地方实际情况的，自治机关可以报经该上级国家机关批准，变通执行或者停止执行。民族自治地方享有一般地方所没有的立法权和变通权，这是民族区域自治的一大特点和优势。

但从实际执行情况来看，民族自治地方的立法权和变通权的行使还没有真正到位，主要表现在：

（1）自治区自治条例的制定严重滞后，五个自治区至今尚未有一个自治区的自治条例能够出台。1984年民族区域自治法颁布实施后，除新疆维吾尔自治区外，其他四个自治区都先后起草并多次修改了自治区自治条例草案，广西壮族自治区、内蒙古自治区对起草的自治区自治条例草案修改了20多稿，上世纪90年代初广西壮族自治区起草的自治区自治条例草案已在自治区党委、人大、政府内部讨论通过，正式报送党中央、国务院和全国人大审批，有关部门受中央委托，曾在内部征求过有关部委的意见。当时的想法是在与有关部门协商的基础上，推动广西壮族自治区自治条例率先出台。当时本人在该部门工作，参与了与有关部门座谈协调的全过程。在座谈协调中，遇到两大难题，一是有关立法部门认为自治区自治条例只能对本民族自治地方内部的民族关系和利益关系进行规范和调整，而不应规定上级国家机关要给你什么权什么利，因此把广西壮族自治区自治条例草案中提出的要求上级国家机关放权让利的条款视为越权行为。这道门槛很难迈过去。二是广西壮族自治区自治条例草案中涉及要求上级国家机关在财政、税收、金融、外贸、资源开发和利用、边境贸易等方面对广西予以照顾的实质性条款，均未获得有关部门同意。协商未果，最后只能将此事搁置下来了。

当年广西壮族自治区自治条例草案之所以搁浅，实质上涉及了现行体制中深层次的问题，即中央对民族自治地方的分权和利益方面的合理配置问题。这些问题很难绕过去。正是由于这些原因，使得民族区域自治法颁布实施近 30 年之久，自治区的自治条例至今仍难以出台，自治区在这方面的立法权仍难以实现。自治区自治条例的缺失，影响和制约了这些地区依法行使自治权，也成为社会上一些人诟病民族区域自治制度的理由。这方面的问题亟须在今后政治体制和经济体制的深化改革中切实加以解决。笔者认为，民族理论界和法学界应围绕这方面的若干重大问题进行一些前瞻性和深层次的研究，比如对统一与自治的关系如何把握，对中央与自治区的事权如何划分，管理权限如何确定；对自治区自治条例的立法原则、立法技术、规范内容如何确定，对中央与自治区的利益关系是否需要确定以及如何确定等，都需要从法理上和理论上进行研究和阐述，为制定自治区自治条例提供法理依据和理论支持。

（2）变通权的行使仍很有限。从现在的情况看，民族自治地方对上级国家机关有关规定的变通，主要集中在结婚年龄、计划生育政策、民族语言文字的使用、双语教学等方面，变通的面仍较窄，涉及一些大的政策包括经济、社会等方面的政策很难变通。在新的形势下，应进一步完善民族自治地方的变通权。随着社会主义民主政治建设的不断完善和经济体制的深化改革，应当考虑在不违背国家宪法和有关法律、不损害国家整体利益的前提下，只要有利于民族自治地方改革、发展和稳定，是否可以适当放宽民族自治地方的变通权，使民族自治地方在发展本地区经济、文化等方面有更大的自主权，实现30多年前邓小平同志提出的“使各少数民族聚居的地方真正实现民族区域自治”的目标。

三、坚定对民族区域自治制度自信需要切实抓好的几件大事

坚定对民族区域自治制度的自信，必须建立在切实做好与坚持和完善民族区域自治制度密切相关的重要工作的基础上，使民族区域自治制度的优越性更好地发挥出来，以增强各族干部群众对这一基本政治制度的自信。当前，要切实抓好以下几件大事：

第一，全面贯彻落实民族区域自治法。

一是大力加强民族区域自治法的学习、宣传、教育，使各族干部群众特别是各级领导干部认识到，民族区域自治法是国家保障少数民族和民族地区各项权利的基本法律，也是各级机关必须遵循的行为规范。同时还要看到，民族区域自治法规定的各项原则包括民族自治地方的自治权的规定都来源于宪法，贯彻落实民族区域自治法，是贯彻落实宪法的必然要求，要把贯彻落实民族区域自治法提到贯彻落实宪法的高度来认识，克服那种把贯彻落实民族区域自治法看作只是少数民族的事、民族地区的事和民族工作部门的事的错误认识，进一步提高全社会贯彻落实民族区域自治法的自觉性。中央和国家机关各部门、地方各级党委和政府，应当带头学习贯彻、模范遵守执行民族区域自治法，并有针对性地研究和解决法律实施过程中出现的问题，维护法律的尊严和权威。

二是要充分保证民族自治地方依法行使自治权。要按照民族区域自治法的有关规定，抓紧制定配套的法律法规、具体措施和办法，制定或修订自治条例和单行条例，逐步建立比较完备的具有中国特色的民族法律法规。

三是建立健全民族区域自治法贯彻执行情况的监督检查机制。

四是民族自治地方既要保证党和国家大政方针在本地区的贯彻执行，又要从本地实际出发，充分行使好宪法和民族区域自治法赋予的各项自治权利。

第二，加快建立民族地区生态建设和环境保护补偿机制。

党的十八大报告把生态文明建设放在突出地位，与经济建设、政治建设、文化建设、社会建设形成五位一体的布局，对中华民族的未来发展具有重要的意义。

我国少数民族地区的生态建设和环境保护，对这些地区全面建成小康社会至关重要。建立民族地区生态建设和环境保护补偿机制，关键是要处理好国家利益与民族地区利益的关系，这是贯彻落实民族区域自治法的一个难点，是以人为本的科学发展观在民族方面的一个核心问题。民族区域自治法和国务院实施民族区域自治法若干规定对此都有一些原则规定，但贯彻落实当中仍存在不少问题，主要是一些企业在民族自治地方开发资源和进行建设时，未能很好地照顾当地的利益，对民族自治地方的生态建设和环境保护补偿机制的建立严重滞后，民族自治地方反映多年而未得到很好的解决，这也是贯彻落实民族区域自治法的一个瓶颈。在经济体制深化改革中，要按照国家有关政策法规要求，坚持开发者付费、受益者补偿、破坏者赔偿的原则，加快建立生态建设和环境保护补偿机制，对在建立自然保护区、重要生态功能保护区和生态环境建设等方面作出贡献的民族地区，给予合理补偿，并切实解决当地农民增收和长远生计问题。在民族地区开发资源时，要充分考虑地方和群众的利益，在配套产业、社会服务业、劳动用工等方面给予适当照顾。前几年，中央首先在新疆进行资源税费改革，将原油、天然气资源税由从量计征改为从价计征，税率为5%。这项重大改革，对全国其他民族地区解决同类问题也具有借鉴意义。

第三，切实帮助少数民族和民族地区加快经济社会发展。

帮助少数民族和民族地区发展经济文化，是党和国家的一项基本方针。邓小平同志曾经指出，实行民族区域自治，不把经济搞好，那个自治就是空的。① 民族地区存在的困难和问题，归根结底要靠发展来解决。

党的十八大报告提出了“两个一百年”的奋斗目标，即在中国共产党成立一百年时全面建成小康社会，新中国成立一百年时建成富强民主文

① 《邓小平文选》第1卷，人民出版社1994年版，第167页。

明和谐的社会主义现代化国家。[①] 国家主席习近平在第十二届全国人民代表大会第一次会议的讲话中提出，实现全面建设小康社会、建成富强民主文明和谐的社会主义现代化国家的奋斗目标，实现中华民族伟大复兴的中国梦，就是要实现国家富强、民族振兴、人民幸福。这对全国各族人民是极大的鼓舞。但是我们也要清醒地看到，对民族地区来说，要实现“两个一百年”的目标，任务是十分艰巨的。特别是现在离第一个百年即中国共产党成立一百年只有8年多的时间，要在这么短的时间内在民族地区全面建成小康社会，形势是非常严峻的。据国家民委最近发布的2011年民族地区农村贫困监测结果，民族8省区（5个自治区加云南、贵州、青海3省）农村贫困人口近4000万，占全国农村扶贫对象的32%。[②] 少数民族地区仍是我国扶贫开发工作的重点和难点地区。8年时间稍纵即逝，如果不采取切实有效的政策措施，要在这么短的时间解决近4000万人的贫困问题，并且要全面建成小康社会，是难以实现的。面对这种情况，全国上下必须有一种危机感、紧迫感和高度的责任感、使命感，必须采取特殊的政策和措施，切实加快民族地区经济社会的发展，确保民族地区如期实现全面建成小康社会的目标，不拖全国全面建成小康社会的后腿。

为今之计，要切实抓好以下几个环节：

一是切实抓好中央制定的加快有关民族省区经济社会发展政策性文件的贯彻落实。近几年来，中央先后制定了加快5个自治区和云南、贵州、青海等民族省经济社会发展的政策性文件，加大了对上述民族省区的扶持力度。要切实抓好对这些政策性文件的贯彻落实，不折不扣地把中央的关怀转化为少数民族地区干部群众看得见摸得着的实惠，转化为促进民族地区发展的强大动力，实现民族地区经济社会的跨越式发展。

二是调整民族地区的经济结构，大力发展民族地区的民族特色、地方特色产业，转变经济发展方式，把民族地区的资源优势转化为经济优势，进一步提高民族地区自我发展能力。

三是抓住重点，攻坚克难，帮助少数民族主要贫困地区的各民族同胞

---

① 《中国共产党第十八次全国代表大会文件汇编》，人民出版社2012年版，第15页。

② 《中国民族报》，2012年11月30日，第1版。

尽快脱贫致富。国家民委有关资料显示，广西、贵州、云南三省区有农村扶贫对象3113万人，占民族8省区扶贫对象的比重为79.5%。对这些主要贫困地区，国家必须采取一些重大的举措，加大扶持力度，下大决心、花大力气，帮助这些地区的各族群众尽快摆脱贫困，过上好的日子。

第四，进一步加强民族团结，维护国家统一。

加强民族团结，维护国家统一，是我国宪法和民族区域自治法所确定的重要原则。坚持和完善民族区域自治制度，要求我们必须始终不渝地坚持这一重要原则。

当前，我国的民族关系总体是好的，平等、团结、互助、和谐的社会主义民族关系不断巩固和发展，邓小平同志关于“我们的民族政策是正确的，是真正的民族平等。我们十分注意照顾少数民族的利益。中国一个很重要的特点就是没有大的民族纠纷”的结论①没有过时。但我们也要清醒地看到，由于国内外各种复杂因素的影响，我国在民族关系方面还存在一些值得注意的问题，局部地区仍然存在一些深层次的问题。加强民族团结，维护国家统一，仍然是一项长期的任务。当前，要切实抓好以下几个重要环节：

一是要按照十八大的要求，深入开展民族团结进步教育。要在全社会广泛开展民族团结进步宣传教育活动，使党的民族理论和民族政策、国家民族法律法规为广大干部群众所掌握，增强广大干部群众维护民族团结的自觉性和坚定性，增强全社会贯彻落实党的民族理论和民族政策、国家民族法律法规的自觉性和坚定性。

二是要妥善处理民族自治地方内部的民族关系，进一步加强各民族的大团结。在处理民族之间的矛盾和问题时，要注意政策和策略，严格区分和正确处理两类不同性质的矛盾，坚决反对两种民族主义即大民族主义，主要是大汉族主义和地方民族主义。在新疆、西藏自治区，情况比较复杂，维护民族团结和社会稳定的任务较重，既要注意克服历史遗留的民族隔阂，又要防止新的民族隔阂的产生，要进一步增强民族之间的互信、民族之间的亲和力和民族之间的凝聚力。进一步巩固和发展我国平等、团

---

① 《邓小平文选》第3卷，人民出版社1993年版，第362页。

结、互助、和谐的社会主义民族关系，促进各民族和睦相处、和衷共济、和谐发展。

三是要坚持四个维护的原则，即维护人民利益、维护法律尊严、维护民族团结、维护国家统一的原则。必须指出，加强民族团结、维护国家统一，是载入我国宪法的，代表了国家的意志和全国各族人民的根本利益，任何破坏民族团结和国家统一的行为都是违宪的，必须旗帜鲜明地同这些行为作坚决的斗争，坚决打击国内外民族分裂势力的破坏活动，维护我国宪法的权威和尊严，为坚持和完善中国特色的民族区域自治制度和实现国家的长治久安营造更加良好的社会环境。

民族区域自治是中国政治改革规定动作

——警惕思想萎缩文字泡沫矮化窄化十八大目标

张海洋

中央民族大学中国少数民族研究中心主任

2012年夏秋，国人为开好十八大建言献策费心维稳，付出了很多的心力。结果总算天道好还：盼来一个新的领导集体，一个到2021年全面建成小康社会的总目标，一份生态、经济、政治、社会、文化“五位一体”建设总布局，还有一份关于各个领域政治体制改革的顶层设计纲要或规定动作说明书。社会学家孙立平教授评价：十八大是中国30多年来最重要的会议，国家有望从此进入新的发展阶段。

十八大报告对于民族领域政治改革的规定动作和预期目标是：“全面正确贯彻落实党的民族政策，坚持和完善民族区域自治制度，牢牢把握各民族共同团结奋斗、共同繁荣发展的主题，深入开展民族团结进步教育，加快民族地区发展，保障少数民族合法权益，巩固和发展平等团结、互助和谐的社会主义民族关系，促进各民族和睦相处、和衷共济、和谐发展。”

这段针对民族领域，特别是针对国家基本政治制度第三条“民族区域自治制度”的说明文字，本应列为《报告》第五章第三条下达，结果却出现在“讲统战”的第七条里，由此构成的名分错位令人尴尬。回想中国改革开放30多年，总算把知识分子从统战对象里择出来，现在又把少数民族列入，是明显的名分误差。中国古人恒言政治“必也正名乎！名不正则言不顺，言不顺则事不成”。

但抚今追昔，十八大报告毕竟结束了十四至十七大“淡化民族意识”不讲民族工作的“原地踏步”局面，恢复了八大、十一大、十二大、十三大对民族领域的执政党意识，接上了中国的国情和地气，为国人找回关于什么是中国的线索，因而还是难能可贵的。

中国共产党毕竟有过从江西瑞金开始长征，通过广西、贵州的苗瑶壮侗地区，进入云南特别是凉山彝区，又通过在西昌冕宁的彝海结盟抢占先机跨过大渡河摆脱由金沙江、雅砻江及大渡河围成的“必死之地”后穿越藏区，终于到达作为连接蒙、新、疆的陕北，并且借助刘志丹、高岗、习仲勋创建陕甘宁及延安根据地，在中国的西北角领导抗战，又在西柏坡规划新中国开国，在北京领导改革开放的经验。民族领域也毕竟有着1947年内蒙古实行民族区域自治、1949年建国《共同纲领》确立民族区域自治制度、1954年民族区域自治制度入宪、1982年修宪确认、1984年《民族区域自治法》出台的制度积累。所以，纵然有过“十年文革”和20年GDP崇拜的业务荒疏，但仍能对民族领域的改革需求做出精准概括。

但恢复意识并做出概括还不等于恢复操作能力和开创出工作局面。我们且按照“从治标入手赢得治本时间”的“王岐山方略”，从操作层面把这份顶层设计纲要分解成“拨乱反正、建设制度、转变观念、实现目标”四步，再结合胡耀邦在中国改革之初开创新局面的经历，列出民族领域改革的内容和工作量如下：

第一步：“全面正确贯彻落实党的民族政策”。这是在边疆民族地区和民族宗教领域止血疗伤、培元固本、讲信修睦的入手点。它要求党中央敦促全国政协和全国人大在中国走向共和与中国共产党成立这“两个百年”之间的10年里，认真总结党和国家在边疆民族地区和民族宗教领域的经验教训，特别是针对近20年来的新情况和新问题，在全国范围内实施民族政策贯彻落实情况大检查，在摸清情况的基础上用拨乱反正、平反冤假错案、乃至实行大赦特赦的果断行动来释放正能量，整饬干部队伍，恢复民族政策和民族工作机构的权威权位权能，包括推动各地的生产建设兵团地方化和边疆民族地区自主自治的治理常态化，终止来自任何部门，以各种形式出现的违反民族政策法规的激进操作，废除一切违反国家宪法、民族区域自治法而侵犯到少数民族生态家园、生计资源、社会地位、文化权益和政治权力的部门政策和地方法规。

第二步："坚持和完善民族区域自治制度"。这是党和国家权信去疑重建信任、恢复政治公信力和开创治理新局面的关键环节。它要求党和国家在落实民族政策、恢复民族工作机构权能、深入开展民族团结进步教育的前提下，责成国务院按照宪法条款和民族区域自治法的规定，厘定中央部委的"条条"与民族自治地方"块块"之间权责，率先全力推动5大自治区的《民族区域自治法实施条例》出台，同时开展30个自治州和124个自治县和数以千计的民族乡法治建设，为构建和谐民族关系和民族地区长治久安奠定法治基础。

第三步："牢牢把握各民族共同团结奋斗、共同繁荣发展的主题，深入开展民族团结进步教育"。这一步貌似老生常谈，其实却涉及党和国家的观念更新和制度创新，即承认中国是各民族、而不仅仅是汉族家园的事实，因而操作内容极多。它要求中央党校、国家行政学院和全国精英高校率先开设"民族历史文化和民族语言宗教政策法规"课程。同时暗含着今后中国的党政机关公务员招聘和国有企业人员招收，都应加考"国家民族历史国情及民族语言宗教政策法规"的内容。同时，所有前往边疆民族地区的官员、公务员，包括援疆援藏和前往少数民族地区的空降干部，行前也应接受目标地区和目标社区的民族语言宗教知识培训再持证上岗。

第四步："加快民族地区发展，保障少数民族合法权益，巩固和发展平等团结互助和谐的社会主义民族关系，促进各民族和睦相处、和衷共济、和谐发展。"这一步虽然是目标，但也要完成两项规定动作：一是明确"民族地区发展"不限于经济民生医疗教育，还要包括让各民族拥有高于周边国家的语言、宗教和文化传承能力；二是"保障少数民族合法权益"，包括维护边疆民族地区居民的生计资源、生态家园、社会地位和政治权力。

对照边疆民族地区和民族宗教领域的当前现状，再把“两个百年”最后交叉的2021年作为倒计时起点来算，民族领域要完成这些规定动作的时间确实是相当的紧迫。国人就是搁置争议共同建设，用上“只争朝夕”的心劲儿甩开膀子来争取这“千金一诺”的兑现，也未必能够赶趟。何况很多行动还要深入开展民族团结教育，让干部转变观念才能展开。

时人恒言中国改革进入“深水区”，意思是“摸着石头过河”的难度加大。但民族领域的改革却是现成的阳关大道：民族区域自治制度是新中国的立国之本。建国《共和纲领》、国家《宪法》、1984年颁布2004年修订的《民族区域自治法》和执政党政策都跟高速公路上的路标一样明确地摆在那里。真正的深水区根本不在操作，而是转变观念讲信修睦：用文化生态学的解药来中和社会发展史的毒性，用《清帝逊位诏书》的“领土五族共和”来中和会党领袖孙中山的“国族五族共和”，用中式的“多民族统一国家”来矫正西式的“单一民族国家”意识，用各民族共同繁荣来替代少数民族消亡同化论，用严打高压危害国家安全的“三股势力”的力度来节制大汉族主义。这些都涉及传统中国古老的知行关系问题。

中国人都赞成“知行合一”，但接下来就有“知难行易”与“知易行难”两说。民族学强调人是追求生活意义的动物，是能够自由运用象征符号的主体行动者，因而主张“知难行易”。中共从一大建党到七届二中全会建国，靠的就是用观念引导。民族区域自治制度在中国确立60多年，至今仍须坚持完善。这里的症结从来就不在“行难”而在观念转变之“不易”。

幸而十八大《报告》和《决议》对于转变观念的重要性认识极为清晰，所以在阐明发展总目标、建设总布局和部署各个领域改革内容的同时，反复强调要“解放思想、实事求是、与时俱进、求真务实”；要“解放思想、改革开放、凝聚力量、攻坚克难”；要“不动摇、不懈怠、不折腾”；要“勇于实践、勇于变革、勇于创新”；要“顽强奋斗、艰苦奋斗、不懈奋斗”；还要“聚精会神搞建设、一心一意谋发展”。总之是要全党全国人民更新观念，把改革付诸行动，释放社会正能量，调动一切积极因素，让中国航船早日驶出“历史的三峡”。

习主席作为新领导集体的带头人更是率先垂范。他在国际上讲“你中有我、我中有你的命运共同体”、“不对抗不冲突，相互尊重合作共赢”，讲“亲望亲好邻望邻好”、“鞋好鞋坏脚知道、中国美国梦相通”，还要求新闻宣传部门也来“讲述中国好故事，传播中国好声音”，总之都是民族工作和民族团结的座右铭。

当今中国最贴谱的发展之道显然还是规规矩矩地落实十八大文献，围绕着简政放权做好政治改革，把国内各民族的居民百姓都看成是有选票的国民百姓而不是一无所有的“群众”。当今中国政治改革的当务之急就是在边疆边区坚持和完善民族区域自治制度，搞好民族关系和宗教治理，在全国维护好国家生态环境和食品安全，多做“延年益寿宜子孙”的社会事业，让年轻人成家立业，事业有成，避免人口塌陷大国悲剧。

这样看民族区域自治制度建设，就不仅仅是一般社会问题，而是真正能影响全面建成小康社会总目标和“五位一体”建设总布局的关键领域。它既有高屋建瓴的地位，又有清晰明确的目标和纲举目张的效能，而且从人大、政协、政府到党委都有相应的机构设置且有国家宪法和民族区域自治保障，合当是中国政治改革顶层设计的首选领域。但边疆民族宗教领域的事早在胡耀邦当总书记时就有了总体设计、施工图和建设规划批件，但时间过去30年，今天仍然是一副“车轮虽已斫，堂构未成形”的局面。这说明当今中国的“综合事务”如果没有得力的监理机构督导落实，都难免先进入“囚徒困境”后演成“公地悲剧”。中共十八届三中全会深知当今此理，所以特别要设立“国家安全委员会”来整治部门霸权以图国家善治。

当今中国很多人都希望形成中的国安会“对外不对内”。但本中心作为教育部和国家民委共建在中央民族大学的新兴智库积12年经验，深知国安会对于中国边疆民族地区和民族宗教治理重返常轨至关重要。十八届三中全会《决定》虽然列举国安会的职能是主管军事和外交，但中国内地跟朝鲜的最大不同就是中国还有“国之大事唯祀与戎”且“祀”在“戎”前的古训，因而还知道政治经济先于军事才是治国正道。外交是内政的延伸，边疆跟内地、国内跟周边、“夷务”跟“洋务”本为一体。边疆民族地区和民族宗教领域在过去20年缺少制度建设，其根本原因就是利益集团绑架国家，使综合事务领域成为部门逐利寻租场所，因而只有国安会统筹驾驭，才能从根本上破解民族、宗教、文化、生态等综合事务领域的囚徒困境公地悲剧。民族事务治理体系的“现代化之路”固然需要“国家共和宪政”和“民族区域自治”的体制建设，但也离不开“社会公平正义”和“政治协商民主”的机制保障。国安会因而应该及时确立国家安全的大政方针和工作底线：这方针就是中国宪法学家李步云先生提示的“促发展、行宪政，反腐败、保民生”。这底线就是勿忘边疆民族地区和民族宗教领域的事务说到底都是内政内争。礼之用和为贵，先王之道斯为美！

十八届三中全会与民族工作

——怎么看？如何办？

刘宝明

中央民族大学中国少数民族研究中心特约研究员

党的十八届三中全会精神内涵丰富，思想博大精深，各方面反响强烈。我认为，这是一次带有革命性意义的会议，对它的成就，再高的评价也不为过。因为这次会议提出的改革方案是全方位的，而不仅仅是某一方面或某一具体领域。它提出的改革目标，将为党、政府、社会和人民从思想观念到行为方式等各个方面带来一系列的重要革新和重大变化。这次会议面对汇聚当代中华民族“精气神”的“两个一百年”宏伟目标，解决了“现在干什么、应该怎么干”等问题，不仅给出了一份清晰的线路图，还定下了一个明确的时间表。

这次会议提出了“国家治理体系和治理能力现代化”等新名词。我认为这些新名词就是体现这次会议精神的关键词。会议提出，全面深化改革的目标，是完善和发展中国特色社会主义制度，实现国家治理体系和治理能力的现代化。这就是一份十分宏大的改革思想。中国特色社会主义道路是实现中华民族复兴的根本道路，我们必须毫不动摇地坚持。但是，怎样坚持这条道路呢？我认为从根本上讲，就是要靠完善和发展中国特色社会主义制度这条根本途径。更具体地讲，就是要通过实现国家治理体系和治理能力的现代化，使中国特色社会主义制度的优越性得到充分发挥，再把制度优势转变为生产力、转变为人民群众构建和谐社会的创造活力，实现“两个一百年”目标，“让发展成果更多更公平惠及全体人民”。

我认为这次会议提出的“国家治理”概念，构成了中国共产党执政以来，或者自改革开放以来的第二次思想革命。这个概念的提出，充分表明以习近平同志为总书记的新一届中央领导集体，对于中国特色社会主义的道路自信、理论自信、制度自信达到了新的高度、新的自觉。为什么这样讲？因为这样的理念一旦付诸实践，将能促使党、政府、社会、人民，也就是整个国家发生一系列深刻变化，包括党的执政理念和政府、社会、人民的角色特征及其相互关系的变化。从“管理”到“治理”，词义变化不大，但词义的微变显示的即是观念的巨变。这是中国共产党面对新形势新任务，在进一步调整与政府、社会和人民的关系，以求切实提高党的执政水平，是加强执政党能力建设的根本举措。这样的会议精神一旦落实，就会实现中国共产党从带领人民当家做主，到让人民更好地当家做主的执政理念转变。就国家管理机制而言，专制思想会强调统治，民主思想会强调管理，善治思想才会强调治理。从管理到治理，这个渐变过程反映的是民主思想的不断深化和人民主体地位的进一步提高。我理解“管理”与“治理”的区别在于：管理的主体是单一性的，通俗说法就是政府说了算；治理的主体是多元的。政府、社会、人民同为治理主体，也同为治理对象。在“管理”理念下，社会、人民要求政府把所有的事情都担当下来，人民有什么事都去找政府解决。实践证明这是行不通的，政府不可能什么都管，也实在管不了那么多。就政府、社会、人民而言，人民才是国家管理的核心主体，政府只是服务于人民管理国家的媒介或纽带。管理理念强调党和政府在国家管理中的作用，政府客观上成为唯一主体。具体到方式上，就会形成“我来说，你来做，按我说的办”的模式。但在治理理念下，由于主体具有多元复合性，那方式上就从“我来说”变成“我们一起说”，从“你来做”变成“我们一起做”，从“按我说的办”变成“我们一起商量着办”。这就要求各部门、各行各业多一些协商意识，少一些专断垄断思想。总之，在善治理念下，要求更好地讲平等、讲民主、讲法治、讲秩序、讲合作、讲效率、讲和谐，真正在全社会树立起“国家是人民的，治理国家要依靠人民，每个公民、各个社会团体在国家治理中都有不可推脱的责任和义务”的理念，从而把各方面的力量凝聚起来，把各方面的智慧充分发挥出来，各自尽好该尽的职、负好该负的责、办好该办的事，让人民能够真正把“国家的事”当作“自己的事”，从而真正做到心往一处想、眼往一处看、劲往一处使，最大限度汇聚实现伟大中国梦的正能量。

对民族工作而言，落实三中全会决定的任务就更加繁重，会议为民族工作理念更新和体制机制创新带来的机遇更是十分难得。我们面前最紧迫的一项任务就是，认真思考如何在十八届三中全会提出的“完善和发展中国特色社会主义制度、实现国家治理体系和治理能力现代化”的总目标和总要求下，进一步提高民族事务治理水平，实现民族事务治理体系和治理能力的现代化。我感到，实现这个目标，最要紧的是实现民族事务理念观念的深刻转变：

第一，在治理对象上，实现从重点针对少数民族转向包括汉族在内的所有民族。传统的民族工作管理，事实上有一种观念：即民族事务等于少数民族事务、民族工作等于管理少数民族的工作、管理民族事务等于管理少数民族、民族政策等于照顾少数民族，客观上把汉族排除在民族事务治理对象之外。而在实际生活当中，民族关系中需要大量协调的是少数民族与汉族的各种关系。在国家治理的理念下，56 个民族既是民族事务治理的主体、又同为民族事务治理的对象。在民族事务治理中，各民族的权利、责任、义务是平等的，民族工作不再是单纯地或主要地面向少数民族，而是全面地平等地面向各民族；民族事务治理不再专指治理少数民族事务，而是治理所有民族事务。既然各民族都处在同为治理主体、又同为治理对象的平等地位，大家就应该积极参与治理、自觉接受治理。大家都要围绕共同目标，有事多商量，通过协商达成共识，形成合力。

各民族同为治理主体、又同为治理对象的民族事务治理理念，能够最大限度地减少和消除民族之间因为各种原因形成的怀疑和猜忌。任何民族都没有权利、也不应该怀疑和猜忌别的民族。就像一个大家庭中，如果兄弟姐妹之间相互猜忌、相互怀疑，这个家就不可能团结。任何民族都没有权利、也不应该唯我独尊，看不起别人。怀疑和猜忌是民族团结的腐蚀剂，跟民族分裂主义一样，都是各民族共同的敌人，因而应该自觉和坚决地抛弃。在我们这个多民族的大家庭内，国法就好比家规。一个大家庭没有家规不行，家庭成员不守家规也不行。大家都要以法律为准绳，在法律的基础上相互尊重，在权利的规则内相互守则，在制度的框架下相互尽责，这样才能营造一个良好的民族和谐环境。

第二，在民族政策上，实现从“照顾少数民族”到“基于国家整体利益而采取的国家治理措施”的观念转变。长期以来，党和国家制定实施了一系列旨在促进少数民族和民族地区加快发展的政策措施，从而使少数民族得到关怀和照顾，感受到了多民族大家庭的温暖。但是，社会上确实存在这样的认识：即“对少数民族的关怀照顾是对汉族的逆向歧视，民族政策在帮助少数民族搞特殊化”，等等。这样的认识显然是有悖于国家治理的理念和目标的。

在国家治理理念下，任何一项政策措施都是国家治理价值取向的体现，都必须符合国家整体利益，都必须得到社会绝大多数人的认可。我们之所以制定体现对少数民族和民族地区关怀照顾的政策措施，是因为各民族在文化上存在差异，在经济社会发展上存在差距，民族地区有自然条件、社会历史诸多方面的特殊性，不采取特殊的政策，就不能有效解决那里存在的问题，问题就会更多，就会加大国家治理成本。制定体现关怀照顾少数民族和民族地区的政策，不是国家刻意突出少数民族和民族地区，而是为了更好地把各民族团结起来，把各民族群众的积极性充分调动起来，是为了各民族共同团结奋斗、共同繁荣发展，是为了实现中华民族伟大复兴的中国梦。所以，各民族对党的民族政策不仅要知其然，还要知其所以然。不能仅仅站在本民族的角度，而应该站在国家利益、全局利益的角度来看待民族政策。在治理理念下，各项民族政策都可以摆在桌面上讨论，广泛征求各民族群众的意见建议，寻求最大公约数。另外，在民族事务上，还有一个依法治理与“以德治理”相结合的问题。中华民族自古就有大帮小、强帮弱、富帮贫的传统美德，这些传统美德在国家治理中往往能够发挥弥补法律缺失、制度空缺的特殊作用。既然制定区别化政策是为了中华民族的共同利益，那么每个民族就应该衷心拥护、自觉遵守。一些针对个别民族、部分民族的政策，只有各个民族都理解、都遵守，才能发挥这些政策的应有作用。总之，在国家治理理念下，再不能把制定和贯彻落实民族政策理解成仅仅是为了少数民族。

第三，在民族区域自治上，实现从民族区域自治是自治地方的任务到民族区域自治是包括非自治地方在内的全国各地区各民族共同任务的转变。民族区域自治，是中国共产党把马列主义基本原理与中国民族问题具体实际相结合的伟大创举。几十年的实践检验证明，这项制度符合中国国情，符合各民族根本利益，已成为具有中国特色的一项基本政治制度。所以，中央反复强调必须坚持和完善民族区域自治制度。但是，有相当一部分国民甚至一部分官员认为，民族区域自治是少数民族和民族区域自治地方的事，这种认识的普遍存在，是影响民族区域自治制度优越性充分发挥的重要原因之一。在国家治理层面上来认识民族区域自治制度，就比较容易理解这项制度不过是国家众多治理制度中的一种，这项制度的基本价值取向是有效维护国家集中统一和各民族的大团结。不应该把它看成是一项迁就少数民族搞特殊化的制度，更不应该把它看做是一项“容易造成国家分裂”的危险制度。民族区域自治制度是在宪法根本原则的基础上确立的，是宪法关于国家总制度、总原则、总要求的具体化，是从中华民族多元一体实际出发，从有利于维护国家统一与充分调动各民族积极性相统一出发而采取的国家治理措施。实践证明这项治理措施有利于维护国家统一，有利于调动各民族共同建设多民族大家庭的积极性，所以必须坚持并不断完善。

坚持和完善民族区域自治制度，最关键的是落实自治权。自治权落实难是民族区域自治地方普遍反映的问题，根源是认识问题。有人把自治权理解为“民族特权”，甚至理解为“民族自决权”或“民族分裂权”，这是完全错误的。宪法及有关法律明确规定，民族区域自治地方是中华人民共和国不可分割的部分，从根本上界定了自治权不可能影响国家统一与安全。从国家治理角度看，自治权有利于自治地方更好地从当地实际出发，治理好本地区的各项事务。自治地方的自治权与非自治地方的行政自主权在本质上没有区别。但自治地方究竟应该在多大范围内、多大程度上拥有自治权，需要研究、需要讨论，以便取得各界共识。总的原则是有利于维护国家统一、有利于调动自治地方治理本地社会事务的积极性、有利于自治地方内部各民族共同团结奋斗、有利于自治地方同全国协调发展。在这样的原则之下，自治权无非是民族自治地方实现善治的一种措施。因此，在自治权问题上，要把道理讲明白，把规则订细致，划清“红线”，标出“雷区”，这样才有利于自治权在法律范围内厘定，在制度轨道上行使。谁想越权一步都不可能，因为那就是犯法；法律还要规定谁的动作没做到位也不行，因为那是不尽职，因而就要问责。这样才有利于解决好在自治权问题上非自治地方“你们得到了许多好处”和自治地方“并不像你们想象的那么好”的认知差别问题，从而统一认识，在全社会筑牢自觉坚持和完善民族区域自治制度的思想基础。只有上级国家机关、非自治地方都共同认识到坚持这项制度的重要性和必要性时，才能从根本上发挥好这项制度的优越性。

第四，在民族工作主体上，实现从民族事务治理是民族工作部门的任务向民族事务治理是全社会共同任务的转变。民族事务涉及众多领域、众多方面，民族工作部门是民族事务的主管部门，但不是民族事务治理的唯一主体。只要将民族事务系统梳理一下便会发现，民族事务治理的大量业务并不在民族工作部门，而在其他与各民族群众生产生活密切相关的行业主管部门，正因如此，国务院主管民族事务的部门称作为委员会，即国家民族事务委员会。现在国家民委的委员单位有 32 个。尽管如此，在大众包括部分干部中，“民族事务就是民族工作部门的事”的意识还是相当明显的。在国家治理理念下，民族事务治理的主体必须多元化，大量的民族事务，比如教育、文化、经济、少数民族生活特需用品的生产供应，等等，应该在相关部门的工作中得到及时和妥善处理，尽可能地把民族事务融入其他民生事务当中，而不把民族事务单独地突出出来。涉及民族因素的问题，属于教育方面的，教育部门负责；属于文化方面的，文化部门负责；属于生产生活方面的，经济部门负责。作为民族事务主管部门的国家民委，应更多地发挥协调服务职能。当前，一些地方存在的对民族事务特别是涉及民族因素的矛盾纠纷不愿管、不会管、不敢管问题，原因之一就是民族事务治理主体单一，一些诸如涉及城管、社会治安方面的问题，民族工作部门无法发挥主体作用。民族事务治理主体多元化、职责明晰化，才能提高民族事务治理的系统性、协同性，这是完善民族事务治理体制机制的重要任务，也是完善国家治理体系的要求。

第五，在民族工作方式上，实现从以管理为主向以服务为主的转变。

服务是治理的基本方式。服务的方式多种多样，首先，要加强法制建设。法治是国家治理最主要的方法，完备的法治体系是国家治理体系现代化的主要标志。民族关系的本质是利益关系，协调利益关系必须依靠法治。通过加强法制建设，把民族关系上的“红线”画出来，“红线”不能踩；把“禁区”标出来，“禁区”不能进。这样，大家有清晰的行为准则，有明确的办事规则，便于公民、社会、政府各尽其责、各守其土。除《民族区域自治法》以及自治地方的自治条例和各种单行条例外，国家相关部门出台的法律法规中，应该充分体现多民族的基本国情，充分考虑少数民族和民族地区实际，将维护民族关系健康发展的责任通过各种法律法规分解到各个部门，融入人民群众社会生活的方方面面，增强各部门民族事务治理的责任感和使命感，提高各族群众维护民族团结的法律意识。其次，要加强制度建设。国家民委的委员制应当加强，使之成为合力推进民族事务治理的重要纽带。此外，还应该建立健全民族工作决策咨询制度、民族政策出台征求意见制度、民族事务治理社会协商制度、社会组织参与民族事务治理制度、民族团结宣传教育制度、少数民族干部培养选拔制度、民族关系预警分析制度、民族矛盾纠纷民间协商调解制度，等等。最近，中共中央办公厅和国务院办公厅印发的《党政机关国内公务接待管理规定》中，把尊重少数民族风俗习惯作为一条原则。这样的做法就是有效的制度建设。再次，要加强民族工作思想理论建设。这是一项带基础性、全局性的工作。通过加强民族工作思想理论建设，解疑释惑、凝聚共识、引导方向，这样才能实现民族团结进步事业的纵深发展，促进民族关系的深度和谐。

上述几点粗浅想法，基于对十八届三中全会精神的初步学习，因而不一定完全符合全会精神。这次会议，无论从哪个角度看，都是一次具有重大里程碑意义的会议。目标明、思路清、举措实、分量重。习近平总书记反复强调，改革胆子要大，但步子要稳，要把搞好顶层设计和摸着石头过河结合起来。能够办的马上办；不能够马上办的，努力创造条件尽早办；有待于进一步研究论证的，抓紧研究论证适时办。这种作风是十分务实的。我认为，把会议制定的改革蓝图实现好了，中国就发展了一大步，中华民族就前进了一大步。改革大业是大家的事，全国各族人民都是改革的主人。各民族每个人都应当认真思量一下，自己应该做什么、怎么做。

以赛亚·柏林与自由民族主义

姚大力

复旦大学教授

谢谢中央民族大学的邀请！我想抓紧时间谈三个问题：中国历史上国家建构的模式问题；为什么讨论民族主义会让人们想到以赛亚·伯林；我们究竟是否需要反思？

中国人口史学者都非常熟悉胡焕庸提出的那条著名的“黑河—腾冲线”。但它的意义其实远远不止是一条突显出在极长历史时期内中国人口空间分布特征的区隔线。把这根线叠加到中国民族分布地图上就很容易发现，排除为了表达直线的视觉效果而未将关中括入东部的缺陷，它基本上可以被看做是汉族与中国许多大型少数民族历史区域的分隔线。毛泽东曾说：“我们说中国地大物博，人口众多，事实上是汉族‘人口众多’，少数民族‘地大物博’”。“黑河—腾冲线”所反映的就是这一事实，二者的重叠并不是偶然现象。看看三百到四百毫米年等降水量带，以及农业与除绿洲灌溉农业之外的非农业经济区之间分界线在中国国土上的走向，我们就能明白，以靠天吃饭的农业生产为基本经济活动的汉族，为什么会在“黑河—腾冲线”的西侧停止它拓展生存空间的顽强努力。

那么中国靠什么超越了区隔这两大板块的限制，从而建构出一个地域辽阔的多民族统一国家呢？在这个问题上，历史学研究者、包括历史民族地理的研究者在内，或许应当与国家主义的意识形态立场保持某种距离。因为正像勒南（Ernest Renan）很久前说过的那样，凡要造就一个民族，必定以历史学的致命错误作为代价。在此意义上，解构民族主义神话可以说是历史学家理应承当的天职。这不是为了颠覆国家，而是为了提醒和阻止国家在民族主义的迷狂中损害或玷污它应有的理性和尊严。我认为，关于中国历史的民族主义神话至少有两个严重失误：一是从当代中国版图内全部地区的全部历史都是中国历史不可分割的一部分这个完全正确的陈述中，引申出一种荒谬可笑的观念，即自古以来就存在一个与今日版图相同，或者只能更大、而绝不允许变小的中国；二是跟我现在的发言主题更密切相关。它把秦王朝以来两千年内中国国家形成、发育与成熟的历史，看作仅仅是外儒内法的专制君主官僚制这一种国家建构模式产生和发展的历史。所以现在我的问题是，如果中国历史上果真只存在这样一种国家建构模式，它有可能把今天这样广袤的国土纳入自己的疆域范围吗？

直到两宋为止，唐是中国历史上版图最大的王朝。检阅过现在最流行的总章二年（669 年）唐代疆域图的人都会不由自主地感受到，尽管尚未将今云南西部以及整个藏地囊括在内，唐代拓地之广，依然令人印象深刻。但这张地图也很容易对阅读者产生某些误导。在唐的边界之内采用完全相同的主题底色，在很醒目地突显出唐代政治势力所及的地域范围的同时，它也抹杀了唐政权在针对不同区域和人群的治理目标与国家权能实施方面一向存在的性质截然不同的多样性差别。与对郡县制度体系之内各州县的全方位治理相反，唐对处于光谱另一端的东、西、北三方最边远地区那些羁縻府州所能实施的主权，在不少场合虚弱到几乎只剩下一个空名的程度。可见带着现代国家的领土概念去理解唐代版图，会使人产生多么不健康的妄想。

还不止如此。普通的读图人常常忽略历史地图上注明的标准年代。总章二年那幅地图反映的，是从 630 年代到 660 年代唐代疆域的基本状况。简直好像是故意为了提醒我们注意到这一点，仅仅将它的标准年代再推迟一年，唐代的版图就不再是本图所呈现的那个样子了。几乎从 670 年代的一开始，由于吐蕃和西突厥结盟反唐，今新疆维吾尔自治区的南疆以及北疆的相当一部分即长期沦为双方拉锯和争夺的地段。差不多与此同时，一度南下投唐的东突厥逃归漠北、复建第二突厥汗国，唐朝因此就失去了间接号令整个蒙古高原的地位。前后相加，唐维持对西域的间接统治，总共大约七八十年；而它拥有蒙古高原则只有40年而已。从这一事实出发，日本学者杉山正明把唐朝界定为“瞬间大帝国”的说法虽稍嫌夸张，但它对中国人普遍持有的“大唐三百年天下”这种模糊而僵化的传统观念，仍有振聋发聩的作用。

唐代治理州县制之外附属国家、地区或人群的朝贡体系，主要由羁縻和册封制度构成。这套控御边疆的制度体系为后来的王朝所继承并加以发展。处于羁縻或册封的依附者，或经历从宋元土官、明清土官和清代改土归流等步骤逐渐内地化，被纳入府县管治体系。不过中央王朝要遵循这一途径完全“消化”边缘势力，要有两个必须的前提条件，就是它们必须位于紧贴汉地农业社会沿边的可垦殖地区，并且规模不能过大，因而可以在那里培育出数量足够的由汉族农业移民和被汉化的当地人口构成的编户齐民，以便偿付治理该地区所必需的经济成本。长期停顿在羁縻或册封关系层面上的附属者，则趋向最终脱离附属关系、甚至与原先的朝贡接收方形成国与国之间外交关系。中国与趋向于演化为“外国”的地区之间的界限，就将位于土司建制地区和长期停留于羁縻—册封建制的地区之间。朱元璋曾说：“今天下一统，四方玩过皆以时奉贡。如乌斯藏、泥八剌国，其地极远，犹三岁一朝。”他把明与当时西藏核心地区和尼泊尔的关系看作完全属于同等性质，它实际上是一种外交关系。直到清政府瓦解前夕，尚未完成改土归流的土司地区的最大范围约如本图所示。这就是外儒内法的专制君主官僚制国家建构模式所能囊括的可以有效地加以治理的最大国土范围：西部中国的大部分地区显然未在其中。可见上述国家建构模式，无法单独地解释中国何以能形成如此辽阔的疆域。所以也就必然存在着另一种国家建构模式在其中发生作用。这就是从汉地社会边缘的内陆亚洲边疆发展起来的内亚边疆帝国模式：它萌芽于辽，发育于金，定型于元，而成熟发达于清。

清朝当然也受“天下中国观”的传统观念和传统朝贡体系的影响。但它把传统的朝贡地区、人群和国家分置于三个不同的治理空间。一即传统的土司地区；一称“外藩各部”，包括内札萨克（内蒙古各盟旗）、察哈尔（内属蒙古各旗）、喀尔喀（外札萨克蒙古）、青海、西藏诸地域，以及新征服的金川土司、南疆回部各伯克头人属下等部。凡有关对这些地方进行具体治理的政令、刑事、军旅、屯田、邮传、互市等方面的最高管辖权均属理藩院；最后一类，则称“域外朝贡诸国”。清朝对它们完全不负国家治理的责任，处理与这些国家之间交往的职责，由类似外交部功能的礼部鸿胪寺来承担。非常有趣的是，当清政府力图从传统体制中为它的每一项机构设施寻找合法性依据时，它不得不承认，除了元代管理西藏地方及全国佛教的“宣政院”以外，在明代和宋代的国家机构中，根本找不到类似理藩院那样的建制。这正是内亚边疆帝国才具备的特别管治体制。它不像外儒内法的专制君主官僚制模式那样，以“车同轨，书同文，行同伦，各要其所归，而不见其为异”，也就是把用汉文化来覆盖全部国土当作理想中的治理目标。而是恰恰相反，力求把有效的国家治理与保持疆域内各人群的文化多样性最大限度地统一起来。可见元和清这两个王朝在缔造多民族统一国家的体制方面，具有何等重要的历史地位。设想如果没有元和清，继承了宋、明版图的中国与今日中国的版图面积之间将会有多么巨大的差别！

由满洲人建立的清王朝，用他们虔诚改宗的藏传佛教信仰来亲善信奉同一宗教的蒙古人，又在不同程度上依靠蒙古人将藏区、青海和西域纳入国家疆域。清代中国是在多民族参与下构建起来并获得巩固的。中华民国用承认清朝与列强签订的全部不平等条约义务为代价，换来国际体系对它继承清朝全部国家版图的承认。这与这个世界上的绝大部分现代国家是旧式帝国瓦解与分裂的结果不同。现代中国形成的独特道路，使它变成非常例外于世界历史的，几乎完整地保留着自己帝国时代版图的现代民族国家。这与汉族之外还有好几个重要的民族参与了清代中国的构建密切相关。因为现代中国建立在一个很少见的未曾分裂过的帝国疆域基础之上，中国国情中一个最为特殊的要素，即除了汉族以外，中国国土内还包含着几十个少数民族的“家园”。中国民族问题之所以有其非同一般的特殊性，它的全部原因就在这里！

尽管“家园”一词在以赛亚·伯林的著作中不是一个需要编入词汇索引的特定语词，但它实际上是决定伯林对民族主义态度的关键概念。他高度评价赫尔德的下述见解：“一个人的创造力要想得到充分发挥，只能是在他自己的出生地，跟那些与他在身体上、精神上类似的人生活在一起，那些人跟他讲着同样的语言，让他感觉像回到家一样自在，跟他们在一起，让他有归属感。唯有如此，真正的文化才能产生出来，每一种文化都是独特的，都对人类文明做出自己特殊的贡献……而这些文化却只有在他们自己的土壤中，扎下自己的根系，并且可以远溯到某种共有的过往经历，才会枝繁叶茂”。他认定，犹太人对“作为一个共同体自由发展”的希望、他们“追求一种犹太人的生活方式”，是符合赫尔德的思想的。而对犹太人来说，实现这种追求和希望最首要的前提，是获得一片可以作为家园的土地。他称赞被他称为“自由的民族主义者”的赫斯，说他“最先理解了赫德尔的这个思想”，并引述赫斯曾一再重复的话说：没有土地，就没有民族生活；“只要它依然是个没有家园的民族，即使街头恶少也会把羞辱它当成自己的义务”。问题的核心正在于犹太人的无家可归。所以伯林坚持认为：“犹太人活下来了，但只有迁移到他们的故土，他们才能作为一个民族重新振兴”。在这个意义上，他毫无犹豫地宣称：“我当然是一个犹太复国主义者”。

恰恰因为伯林始终十分肯定地把自己称为“自由的理性主义者”，一个“相信民主、人权和自由国家的人”，并且坚定地主张用消极自由来对抗启蒙运动可能以理性名义推行的更残酷严厉的专制，恰恰因为伯林以不遗余力地推崇和维护个人选择的自由主义思想家身份对民族主义的同情与肯定，使他的见解更值得人们加以关注。有人据此认为，自由民族主义本身是一种陷入内在悖谬、因而根本无法成立的立场。伯林的犹太复国主义态度实际上背离了他的自由主义立场，而与他对自己犹太身份的敏感体验有更密切的关系。

但这种看法其实是不准确的。首先，伯林用渴望“归属”与像树枝被压弯那样的“创伤”导致要求被承认的情绪来界定民族主义，这表明他对民族主义所具有的正当性是充分肯定的。其次，惟其如此，他才会采纳被他认为是由反抗 18 世纪理性主义的 19 世纪浪漫主义运动所建构的民族主义思想养料，用来为正在“受唯一的普遍标准支配的统一领域”压制和扼杀的不同文明、以及同一文明的不同阶段所蕴涵的最为宝贵的人类文化多样性进行有力辩护。再次，从伯林赞扬他最后一个博士研究生塔米尔的名著《自由民族主义》是“多年来未见的一部充满才智、明白流畅和判断敏锐的作品”，从他称赫斯为“自由的民族主义者”，可见他并不反对“自由民族主义”这个概念。最后，自由民族主义不是一个从逻辑上可以自恰的、严密的思想理论体系，并不构成对伯林的致命质疑，而恰恰彰显出伯林最著名的狐狸式智慧。因为他坚持认为善的各种抽象原则本身就是不和谐、并且经常可能相互冲突的。所以我们能做到的，只是针对每一个具体、个别的场景，在互相冲突的原则之间勉力去寻求某种很可能带着脆弱平衡性格的解决方案，而不应奢望获得一种根本性的、一劳永逸的救赎。正如塔米尔所说，追求绝对的解决经常导致镇压和流血的结果。

一个民族或族裔群体所共同拥有的一片可以被看做是属于他们自己家园的土地，对这个民族或族群的每一个成员，无论他们当下是否、或者是否打算未来生活在那块土地上，都同样会是最敏感、最被珍爱的精神资源。你可能经常、甚至长期不在家，但有家的感觉依然使你不孤独。我们不难认识到，当今世界上的大部分现代民族国家，都是多民族国家。但更重要的是，我们还需要像 Walker Conner 所分析过的那样，在多民族国家中再分辨出“只有一个拥有家园的民族的多民族国家”（unihomeland multination state）、“有许多个拥有家园的民族的多民族国家”（multihomeland multination state），以及“没有拥有家园的民族的多民族国家”（non - homeland multination state），等等。仅仅停留在中国是一个多民族统一国家的认识上，我们还不能看出，中国与世界上其他多民族国家到底有没有区别？如果有，这个区别究竟在哪里？它对我们理解中国的具体国情又具有什么样的重要性？康诺尔对多民族国家的分类，突显出中国作为一个多民族国家的特殊性，即它的版图覆盖着多达数十个几百年来就分别属于各庞大少数民族或大规模边缘人群生存活动的地区。当代中国民族关系和民族问题的全部特殊性，归根到底就是从这里产生的。从这样的认识出发，对中国长期实行的民族区域自治政策，就非但不存在任何可以怀疑动摇的理由，并且只能在不断推进政治民主化的平台上加以更全面切实的改善。

一个多民族国家不能没有一种主体语言和主体文化。毫无疑问，中国的主体语言和主体文化，只能是属于中国人口将近 90% 的主体人群的语言和文化，也就是汉语和汉文化。这是任何人无须否认的事实。但是承认这个事实，并不意味着就必须否认另一个同样明显的事实，即这个主体语言和主体文化，无时无刻不在侵蚀各少数民族的语言和文化。中国所以需要特殊的民族政策，不仅各民族即使在政治上真正平等了，也无法迅速消除历史上曾长期存在的民族压迫所导致的民族间在经济和文化方面的“事实上不平等”，而且还因为少数民族在多民族国家内无法避免的边缘地位对他们语言和文化发展的制约。正因为如此，他们必须在自己的“家园”拥有某些特别的政治权利，根据自己的意愿和决策，来保护自己的语言、文化、习俗和宗教信仰的纯洁性与完整性。我们应当尊重拥有自己祖居地的民族对自己那片祖居地难以割舍的独特情感，尊重他们在那片土地上实行自治的神圣权利。多民族国家内的主体民族，无论把这两个尊重放到多高的位置上都不会过分。我们不是一向把中国各民族之间的关系比作兄弟关系吗？既然如此，我们是否应该想一想：如果一个哥哥以都是一家人、亲兄弟的理由，自说自话地跑到弟弟们家里去翻箱倒柜时，那一群弟弟们又将作何感想？“己所不欲，勿施于人”是我们引以为豪的宝贵精神财富。但仅仅如此还不够，我们还必须加上“己所欲不强施于人”这一条！

在解决中国民族问题时，我们没有理由去仿效即使在移民国家也已经过时的“民族熔炉”模式。我们绝不应该赞同那种以“去政治化”来漂洗民族问题的基本属性，从而把它转换成文化问题、尤其是保护“地方文化”问题的荒谬主张。当然就更不能赞成从民族区域自治的立场上倒退的所谓“改制建省”的方案。

去政治化的见解，也许起源于人们对塔米尔著作的误读有关。她在《自由民族主义》一书里明确提出，民族自决权的核心，应该从过去决定“一块特定的领土是否应该变成或保持一个独立的国家”，转变成“维护一个民族作为独特文化实体存在的权利”。也就是民族自决权利所支持的，应当是文化的、而非政治的诉求。在本书出版之初，她的这一立场曾被人误称为“去政治化”。以致作者在第二版里郑重宣称，这不是她的原意。所谓非政治诉求，只是指民族主义不应该被看做仅仅是控制国家权力和国家机构的努力，而主要是保留一个民族作为文化实体而存在的权利。

人们可以保留民族的存在、而不坚持各民族必须形成如他们想象中那样的国家。把她的见解歪曲为去政治化的最大问题在于：一个缺少政治框架的文化自决，如何可能顺利实现？正如一个评论者指出的，即使所涉及的只是一个民族目标的最无扩张性的观点，也可能使文化共同体涉及政治。因此去政治化的见解否定的，将不止是各民族独立建国的自决权，它也连带否定了少数民族集体生存和集体发展所必须依赖的正当政治权利。而后者正是我们所无法赞同的。

如果像伯林那样全心全意维护个人自由的人都需要民族主义，那么我想，这个世界上最大多数的人们也许都会在不同程度上需要它。然而谁才是最需要民族主义的人呢？现在我想到的有两类人，他们需要的是不一样的民族主义。一种是最需要利用民族主义激起对外怨愤、并借用这种对外仇恨来压制在内政问题上的人类共同价值关怀诉求的人。另一种人们，借用以赛亚·伯林充满同情心的话来说，则是出于对“归属”的渴望与树枝被压弯的“创伤”所引发的要求被承认、被尊重的边缘人群。面对这样两类最需要民族主义的人，多民族国家内主体民族的成员们、尤其是它的知识分子们究竟应该站在哪一边？为了做出选择，我们究竟应该从常识和良知的立场出发，还是从一种至高无上的、永远值得为此颠覆一切其他价值与原则的“国家利益”出发？或许有人以为这个问题很好解决，或许有人以为它根本就是一个伪问题、坏问题。尽管如此，我还是坚持认为，我们仍然有必要对此进行郑重的思考。

我们确实需要反思。至少是在以下六个方面：

第一，把民族主义分为“爱国的”和“分裂的”，或者把民族改称为“族群”，那是无济于事的。我们可以理直气壮地加以修正的，是每个民族都应该建立自己国家的政治诉求。

第二，但这并不等于说，今后绝不会再发生某个少数民族从它所属国家内分离出来、独立建国的事情了。在某些特定历史条件下，它依然可能发生。尽管我们做不到预先就得知所有那些“特定历史条件”，不过至少它们中间很可能包括以下三者：第一，那个多民族国家由于外敌入侵或内乱而陷于解体；第二，极其严重的民族压迫使遭受压迫的少数民族要求分离和独立的要求正当化；第三，一国内长期滞后的政治民主化改革，由于尖锐的社会矛盾、其中也包括民族矛盾的倒逼而被匆忙推入实施轨道。今后中国要预防类似事件的发生，最重要的就是要防止这样三种特定历史条件的酿成，这就需要在国内政策上杜绝产生严重民族压迫的一切可能性，防止在缺乏必要准备的背景下匆忙实施过于激进的政治改革。

第三，这个世界上不存在任何一种有权力压倒和颠覆其余一切原则、价值和目标的唯我独尊的东西。必须防止这种自封的唯一真理冲破我们的良知和基本伦理的底线。凡是只要一变成“主义”（－ism），就会遭到伯林的怀疑和警惕。我们需要学习他的智慧。

第四，后起飞国家、地区在政治上往往是早熟的。以为经济落后地区的人们会只要有物质生活的改善就会满意的看法，可能是一种极其危险的误解。对经济不发达地区人们的价值向后物质主义目标领域的转移，我们应当有充分的估计。

第五，在多民族国家内铸造一个超越各民族的“国族”共同体，不应该、也不可能通过有意泯灭各个民族文化的特殊性以及他们之间差异的路径得以实现。国族认同只能建立在政治民主化的价值基础之上，它应当超越各民族对本族体的认同，而不是取代、压制和消解民族认同本身的存在。

第六，多民族国家的国家民族主义，往往与构成这个国家内人口主体的那个民族的族裔民族主义、在中国也就是汉族沙文主义难分难解。所系必须警惕和防止在国家民族主义名义下泛滥的主体民族的民族沙文主义。

中国的历史是一部多民族国家的历史。中国的将来，也只能是一个多民族国家的将来。任何想改变我们的这一宿命的试图，所能带来的只会是让中国蒙受苦难耻辱，甚至走向万劫不复的分裂。对此，我们必须深思再深思。谢谢各位！

令他者消失源于对他者的恐惧

——对取消居民身份证中“民族”一栏话语的解读

杨培德

贵州苗学会会长

取消居民身份证中“民族”一栏的话语是令他者消失的权威权力话语，其根源是对他者的恐惧。本文从中国历史民族志中追溯中国主流的自我中心性视角，解读在民族关系中恐惧他者、防范他者、压服他者和同质化他者的历史。通过解读，理解当下要取消民族，令他者消失的不可言说的纵横明暗之术。历史的经验告诫后人，中国各民族团结进步共同繁荣发展，不能建立在令他者消失的基础上。

一、西方人的他者

何谓他者？相对于说“我者”即是“他者”。“每个人说出‘我’时，他指涉自己，而一旦我会对自己说‘我’，那么对我来说，诸多其他的说‘我者’就是实际存在了。”① 这里所说的其他说“我者”就是第三

① 图根哈特：《自我中心性与神秘主义》，上海译文出版社 2007 年版，第 22 页。

人称的“他者”。西方哲学中，第一人称所述谓的人被明确地定义为主体,[①] 而与主体相对应的即是“他者”。“他者”作为概念的符号被黑格尔在哲学中首先使用。在胡塞尔的现象学所关注的主体间性之前的西方哲学，把他者作为是异类而陌生的他者。“主流意识形态一再把自己与一个处于从属地位的他者相区分。”“他者的思想和感情不仅是有差别的，还是粗鄙和低级的。”[②] 他者不仅粗鄙低级，而且是危险的他者。“我们把一些人看作他者，发现他们是危险的，并且对他们作出强烈的反应。”[③] 法国著名犹太哲学家列维纳斯一针见血地指出：“西方哲学与他人的显露同时发生，在这种显露中，他者通过表明自身作为一个存在，而失去了他性，自其童年开始，哲学就为一种不可克服的反感所苦，对始终作为他者的他者的恐惧。”[④] 而法国社会学家图海纳也认为：“对他者的承认，只有在每个人都明确承认他者有权成为一个主体的条件下，才可能实现，反过来说，主体如果不承认他者为主体，则主体本身也不能得到他人的明确承认，而且主体首先就不能摆脱对他者的恐惧。”[⑤] “对他者的恐惧常导致一种盲目的仇恨。”[⑥] 仇恨必然导致暴力，“暴力是殖民主义和种族主义的一个结构性的组成部分，它用不同程度的暴行来压迫他者。”[⑦]

人为什么恐惧他者？因为人类“都具有视角态度并且通过自我中心的视角体验着世界。”[⑧] 海德格尔说：“每一个意识也同时是自身意识。”[⑨] 因而在自我、他者和世界之间，自我总是以第一人称视角为中心。“人们把自己看成并且感觉是世界的中心，也同时把这个世界看成是这个中心的世界。”[⑩] 由于以我为中心建构世界，所以“每一个说‘我者’看起来都

---

① 孙小玲：《从绝对自我到绝对他者》，上海人民出版社 2009 年版，第 3 页。

② 卡瓦拉罗：《文化理解关键词》，江苏人民出版社 2006 年版，第 130 页。

③ 卡瓦拉罗：《文化理解关键词》，江苏人民出版社 2006 年版，第 136 页。

④ 戴维斯：《列维纳斯》，江苏人民出版社 2006 年版，第 35 页。

⑤ 图海纳：《我们能否共同生存》，商务印书馆 2003 年版，第 230 页。

⑥ 克里斯蒂娃语，转引自卡瓦拉罗：《文化理解关键词》，江苏人民出版社 2006 年版，第 137 页。

⑦ 卡瓦拉罗：《文化理解关键词》，江苏人民出版社 2006 年版，第 133 页。

⑧ 扎哈维：《主体性和自身性》，上海译文出版社 2008 年版，第 17 页。

⑨ 转引自扎哈维：《主体性和自身性》，上海译文出版社 2008 年版，第 14 页。

⑩ 图根哈特：《自我中心性与神秘主义》，上海译文出版社 2007 年版，第 23 页。

认为自己是绝对重要的。”“能说‘我’，人就会看重自己。”[①] 这就是为什么笛卡儿“我思故我在”的唯我论是西方近现代哲学主题词的道理。马克思也承认：“在任何情况下个人总是‘从自己出发’的。”[②] 从自己出发的自我中心性个体，与差异的他者在社会中形成了竞争威胁的关系，基于这样的他者威胁，马斯洛才在他的心理学需要层次论中将安全需要置于人的第二需要。在崇尚个体主体唯我论的西方，他者是魔鬼。萨特认为，每一个人都不可能在把自己当作主体时把他者当作主体，人与人是“主奴”关系。所以萨特直言不讳地在他的小说和剧本里说，“他人就是地狱!”从中我们可以看到，自我中心性视角的唯我论必然对他者产生恐惧。

他者不只有个体的他者，还有集体的他者。“民族作为集体的个体”,[③] 民族也同样存在我族与他族的区别，他族即是集体的他者。西方人的他者是东方各民族。西方人认为西方是文明人的领地，东方是“没有时间，没有历史”的“野蛮人的领地”。“这一想象的地域区分并不需要‘野蛮人’对此加以确认，只要‘我们’在自己的头脑中做出这一区分就足够了。”[④] 对西方人的这种他者观，汤因比反思说：“当我们西方人把别人唤作‘土著’的时候……我们把他们看成是充斥当地的野兽，我们只是碰上了他们，同碰上当地的动物和植物一样，并没有把他们当作是同我们一样具有感情的人，只要我们把他们当作‘土著’来看，我们就可以消灭他们，或是（在今天也许更可能这样）驯化他们。”[⑤] 在西方人的他者观里，东方的他者要么像野兽一样被强行驯化，要么从肉体上消失。西方人类学一开始就建立在这种文明与野蛮、人与非人、我们与他们的差别基础上。

西方哲学从胡塞尔现象学开始反思自我中心性的唯我论，提出了主体间性还原的构想。列维纳斯的反思较为彻底，他说：“通过话语我发现我

---

① 图根哈特：《自我中心性与神秘主义》，上海译文出版社 2007 年版，第 23 页。
② 《马克思恩格斯全集》，人民出版社 1960 年版，第 514 页。
③ 迪蒙：《论个体主义》，上海人民出版社 2003 年版，第 116 页。
④ 萨义德：《东方学》，三联书店 1999 年版，第 68 页。
⑤ 汤恩比：《历史研究》，上海人民出版社 1986 年版，第 46 页。

并不是世界的独占者，看起来为独占的东西被表明是与他者共享的。”[①] 列维纳斯从西方传统哲学的绝对自我转向为“绝对的他者是他者。”[②] 哈贝马斯为了消除对他者的恐惧，让他者成为平等的主体，提出了承认他者的主体权利，在平等的交往中与他者达成共识的交往行为理论。沃特森在《多元文化主义》中反思说：“通过有时被称之为‘强制同化（coercive assimilation）’的政策，这种政策就是利用国家的一些公共机构或制度——比如学校、法律体系、公民资格审查——来抑制或说服其他文化走向消亡，并最终使主导文化（dominant culture）成为唯一的一种文化。以这种策略为标志的政策，至少在20世纪前60年被许多看似自由民主的国家想方设法地采用。”[③]

二、中国人的他者

什么是中国？著名史学家顾颉刚说：“中国古代，把自己的区域以外的四方，称作东夷、西戎、南蛮、北狄。四方全是‘蛮夷’之地，自己居其中，叫中国。”[④] 这就是说，中国是世界的中心，世界是以中国为中心的世界。看来中国人也摆脱不了“人们只能从我的角度出发”[⑤] 的自我中心性视角的宿命。接下来就要问，什么是中国人？《说文》曰：“夏，中国之人也。”《左氏》曰：“戎狄豺狼，诸夏亲昵。”又曰：“裔不谋夏，夷不乱华。”这是说中国之人即是华夏人，王明珂在《华夏边缘》中说：“被称为中国人的华夏。”[⑥] 在中国之人的华夏正史中，只有华夏人是人，非华夏人的戎狄蛮夷则是豺狼野兽的非人。中华民国的“国父”孙中山也肯定地说：“四万万中国人可以说完全是汉人。”[⑦] 当今作为国礼赠给外国元首的历史百科全书《话说中国》，总序说：“中国的历史学家从孔子、

---

① 戴维斯：《列维纳斯》，江苏人民出版社2006年版，第51页。

② 戴维斯：《列维纳斯》，江苏人民出版社2006年版，第62页。

③ 沃特森：《多元文化主义》，吉林人民出版社2005年版，第4页。

④ 顾颉刚：《中国史学入门》，中国青年出版社2007年版，第148页。

⑤ 图根哈特：《自我中心性与神秘主义》，上海译文出版社2007年版，第38页。

⑥ 王明珂：《华夏边缘》，社会科学文献出版社2006年版，第247页。

⑦ 孙中山：《三民主义·民族主义·第一讲》

左丘明、司马迁开始……将感悟到的一切记录在史册上……绵延不绝地传承给一代又一代炎黄子孙，从而成就了中华民族及其创造文明的延续和发展。"① 中国人就是炎黄子孙，中国历史就是炎黄子孙的历史成为这部历史百科全书正史的主导话语。看来"万世皆黄帝一系"的中国官方正史权力话语仍将作为主流的霸权话语，在中国和在面对世界的对外宣传中不断延续着。

黄帝是谁？《话说中国》说："黄帝是原始社会晚期杰出人物，后被尊为中原各族的共同祖先。""黄帝开创了中国历史上第一个统一的局面，是华夏民族的先祖。"② 官方正史最早记载黄帝的是司马迁的《史记》。《史记》说："轩辕乃修德振兵，治五气，艺五种，抚万民，度四方。"又说："轩辕之时，神农氏衰，诸侯相侵伐，暴虐百姓，而神农弗能征。于是轩辕乃习用于戈，以征不享，诸侯咸来宾从，而蚩尤最为暴，莫能伐。""蚩尤作乱，不用帝命，于是黄帝乃征师诸侯，与蚩尤战于涿鹿之野，逐擒杀蚩尤。"被后人誉为秉笔直书的太史令司马迁，也逃脱不了以我族自我中心性的视角来编纂历史。将华夏民族的始祖黄帝作为正统仁义的王权主体，将对立的蚩尤作为暴虐的恶魔他者。其实上古时期是一个英雄时代，"大规模的暴行是英雄时代的特征。"③ 黄帝所在的那个时代就是暴虐的时代，所以《庄子》说："神农之世……耕而食，织而衣，无有相害，此至德之隆也，然而黄帝不能致德，与蚩尤战于涿鹿之野，流血百里。"《商君书》说："以强胜弱，以众暴寡，故黄帝内行刀锯，外用甲兵。"《国语·晋语》说："黄帝为姬姓，炎帝为姜姓，二帝用师以相济，异姓则异德，异德则异类。"韦昭注说："黄帝灭炎帝，灭其子孙耳。"司马迁为了塑造华夏始祖黄帝正统王权主体的仁义，他不得不将"百家言黄帝，其文不雅训"的黄帝暴虐话语通通删掉。就这样，我族正统王权主体的黄帝仁义，另类他族他者的蚩尤暴虐，便贯穿在数千年的中国正史之中。

---

① 杨善群：《话说中国》，上海文艺出版社 2003 年版，第 6 页。

② 杨善群：《话说中国》，上海文艺出版社 2003 年版，第 55 页。

③ 汤恩比：《历史研究》（下），上海人民出版社 1986 年版，第 164 页。

作为中国正史他者的蚩尤何许人也？中国苗族口传史诗记载说蚩尤是苗族伟大的仁义的人文始祖。《史记·五帝本纪》“集解”说：“蚩尤，古天子。”“正义”引孔安国的话说：“九黎君号蚩尤是也。”《逸周书》说：“昔天之初……命蚩尤宇于少昊，以临四方。”因为宇于少昊，所以是东夷的首领。顾颉刚在《中国史学入门》中说：“蚩尤，传说他是夷人，后称‘九黎族’，这个大部落的首领。原在山东及东边的地域，他们自东向西前进，首先碰上了自西向东而来的炎帝大部落，双方发生了大的战争。经多年战争，炎帝败了，炎帝部落群退到河北，就和黄帝大部落群相联合。黄炎共同大战蚩尤。蚩尤被打败，一部分人往南方退去。”① 顾颉刚所说的夷人，就是非华夏的“蛮、夷、戎、狄”的“夷”，是非华夏的他族他者。《左传》说：“非我族类，其心必异。”以华夏为自我中心性视角看世界，其心必异的他者往往都是恐怖者。因而华夏正史中的蚩尤九黎他者是非人的妖孽。《龙鱼河图》说：“黄帝摄政前，有蚩尤兄弟八十一人，并兽身人语，铜头铁额，食沙子。”《述异记》说：“（蚩尤）人身牛蹄，四目六首。”又说：“汉武时，太原有蚩尤神昼见，龟足蛇首。”神话学家袁珂说：“《归藏》谓蚩尤‘八肱、八趾、疏首’，译成现代汉语，就是八只手、八条腿、分叉的脑袋，都有贬毁之意。”

我们如果跳出以华夏为自我中心性视角来看古代的中国大地，就会看到中华文明的起源是多元的。炎帝、黄帝、蚩尤所代表的三大部落联盟共同体，分别作出了惊人的各具特色的文化创造。他们草创了初始多元的中华文明。尽管华夏中国正史贬毁他者蚩尤，杂史却记载了蚩尤九黎部落的许多创造，其中大的就有七项：水稻种植、金属冶炼、兵器制造、创制法律、推行宗教、开创兵法和掌握历法。只因这些惊人的创造是蚩尤他者的创造，以华夏为自我中心的中国正史就因为恐惧和仇视蚩尤可以视而不见，只字不提这些创造，让蚩尤他者的创造在中国正史中消失。中国正史《话说中国》说蚩尤除了“侵凌各部落”，“在东方横行霸道”之外就根本没有什么创造。而作为华夏始祖黄帝的创造则比比皆是。“黄帝治理天

---

① 顾颉刚：《中国史学入门》，中国青年出版社2007年版，第152页。

下，成绩辉煌，功劳卓著。”到了晚年黄帝终于骑龙升天成为神仙。[①] 中国正史就这样数千年来始终维护着“万世皆黄帝一系”的纯洁性、正统性与合法性，并期望能够万世不变。

“万世皆黄帝一系”的中国正史，通过国家教育体制一代又一代地传习着。他者蚩尤的恐怖形象也一代又一代地传习着，因恐惧和仇视而妖魔化蚩尤的话语，在中国已成为国民根深蒂固的话语。如若不信可去翻阅1997年春节期间的《文艺报》。这期间的中央电视台播放14集电视连续剧《炎黄二帝》。《文艺报》用整版篇幅刊登一些有头有脸人的评介。中国社科院的一位学者说：“蚩尤就是一块乌云。小学上历史课就听说这个神秘而恐怖的名字；”“蚩尤……眼里时露凶光。”“炎黄二帝是最早掌握人类黎明时期最高智慧——农桑是‘衣食之源’的中国人。我们在电视剧里看到炎帝教黄帝播种，然后黄帝又教族民播种，他们播种的是食物，也是文明的种子。那么蚩尤呢？就是最早‘带持刀剑，而家无畜牧的中国人’。他们以为只要有‘刀剑’在身，就不愁抢不到肉吃。蚩尤发现了铜的制作，他想到的是杀人的刀；黄帝也发现铜的制作，他想到的是造耕地的犁，这就是炎黄二帝与蚩尤的分野，善恶冲突根子也在于此。看了《炎黄二帝》后我相信了对华夏历史上最早的这场善恶冲突的艺术解释，也相信了我们炎黄子孙的始祖的遗泽中包括他们怀仁辅义的美德。”

《求是》杂志的一位副总编说：“黄帝无疑是这个过渡时代的最杰出代表，他既继承了炎帝的美德，又摒弃了炎帝一些陈旧观念，既不拒绝必要的斗争，又分明不同于蚩尤的残忍。”

从以上的摘录可以看到，《炎黄二帝》的作者和《文艺报》上有头脸的人物，尽管生活在全球化的当代，却仍然摆脱不了对上古时期他者蚩尤的恐惧和仇视。对蚩尤他者的恐惧和仇视其根源是“万世皆黄帝一系”的华夏自我中心性的错误历史观。最早对此提出反思批判的是中国著名考古学家苏秉琦和张光直。苏秉琦在《中国文明起源新探》中说：“在中华大一统观方面，我们习惯于把汉族史看成正史，其他的就列于正史之外。于是本来不同文化之间的关系，如夏、商、周、秦汉便被串在一起，像串

---

① 杨善群：《话说中国》，上海文艺出版社2003年版，第54页。

糖葫芦一样，一根棍串下来，成为一脉相承的改朝换代，少数民族与境外接壤的周边地区的历史则被几笔带过。”① 苏秉琦用区系类型学的考古分析法，对中国7000多处新石器时期文化遗址进行分析，得出了中国上古时期存在六大文化区系的结论。这一结论打破了中华文明起源一元论的神话。苏秉琦认为：“各大区系不仅各有渊源、各具特色和各有自己的发展道路，而且区系间的关系也是相互影响的。中原地区是六大区系之一，中原影响各地，各地也影响中原，这同以往在中华大一统观念指导下形成的黄河流域是中华民族的摇篮，中国民族文化先从这里发展起来，然后向四周扩展，其他地区的文化比较落后，只是中原地区影响下才得以发展的观点有所不同，从而对于在历史考古界根深蒂固的中原中心、汉族中心、王朝中心的传统观念提出了挑战。”②

著名考古人类学家张光直反思批判中国史的自我中心和向里看的特点。他说：“中国古代史一向便是华夏民族史。华夏民族发迹于中原，经三代而逐渐扩张，将四周的蛮夷逐渐同化……这种史观，到了今天面临严重挑战……中原文化由中心向四方辐射教化蛮夷的老说法便不为新材料所支持。”③

三、令他者消失

“他者并不存在：这是理性的信仰，人类理性无可更改的信仰。实在=同一，就好像万物都必然地、绝对地是同一的。但是，他者拒绝消失；它存在，它固执。”④ 西方传统哲学拒绝“他者”的存在，即便提到“他者”也是被同化的“他者”。“对他者的承认仅仅是为了压制它或占有它……为了把他者整合进不断扩张的同者的范围而承认他者。”⑤ 强调绝对他者的列维纳斯认为，西方传统哲学最根本的特质在于追求“同一”。“‘他者’的出现反对西方哲学传统中隐含的对异在、陌生性以及他者的

①② 苏秉琦：《中国文明起源新探》，三联书店1999年版，第4页。
③ 张光直：《考古人类学随笔》，三联书店1999年版，第64页。
④ Anitonio Machado，转引自孙向晨：《面对他者》，三联书店2008年版，扉页。
⑤ 戴维斯：《列维纳斯》，江苏人民出版社2006年版，第44页。

暴力。”①

西方历史上对他者的策略有两手，要么从肉体上消失，要么从文化上消失。西方的历史就是令他者消失的历史。比如十字军东征就是令异教徒消失的东征。又如西方殖民者征服占领殖民地，他们认为这是文明征服野蛮，殖民地的人民只有两种选择，要么死亡，要么被殖民者强行进行文化同化。美洲的印第安人和澳大利亚的土著不就是经历了这样的历史而成为消失的他者吗？

中国在历史上令他者消失的策略也是两手，一是剿，二是抚，所谓抚就是同化。以苗族为例。苗族先民蚩尤九黎在涿鹿大战失败后，迁徙到长江环洞庭湖地区建立三苗国。《山海经》郭璞注说：“昔尧以天下让舜，三苗之君非之，帝杀之。”没有被杀的苗人则被强迫同化，故《吕氏春秋》说：“舜却苗民，更易其俗。”禹继位后开始大规模征剿三苗，《话说中国》污名三苗说：“三苗中与华夏部落联盟对抗的恶势力并没有完全清除，到禹登上帝位后，这股恶势力东山再起，气焰十分嚣张。”《墨子·兼爱篇》载有禹征剿三苗的出师战表，战表妖魔化三苗说：“济济有众，咸听朕命，蠢兹有苗，昏迷不恭，侮慢自贤，反道败德，君子在野，小人在位，民弃不保，天降之咎。”禹清除三苗的战争非常惨烈。《墨子·非攻下篇》说：“昔者三苗大乱，天命殛之，日妖宵出，雨血三朝，龙生于庙，犬哭于市。”《论衡》说：“三苗之亡，五谷变种，鬼哭于郊。”《国语·周语》载战后三苗一部分人被同化的情况说：“黎、苗之王，夏、商之季，子孙为隶，不夷于民。”范文澜在《中国通史》中说：“黄帝以下诸帝，以攻黎攻苗为主要事业，到禹才完成了这个事业。”

范文澜在《中国通史》中的这段话语并不完全对，因为历代王朝都患了恐苗症，攻苗的事业并未完成。比如明朝的朱元璋还在不断征剿湖广、贵州苗民，征剿的理由仍然是恐惧另类文化差异的苗民他者，他在谕旨中咒骂说：“三苗无道”、“三苗不仁”、“三苗不尊教化”。明朝文人郭子章则视苗人为未被驯化的恐怖野兽，他在《黔中杂诗》中写道：“清野岂无防警戒，绿林时有未驯苗。”到了清朝，官方恐苗愈加，攻苗更甚。

① 孙向晨：《面对他者》，三联书店 2008 年版，第 4 页。

贵州巡抚祖秉圭攻剿苗人的理由是："苗本豺狼，难责以人道。"[①] 云贵总督鄂尔泰更是对苗人杀无赦，他给雍正皇帝上奏说："苗性犬羊，何知信义，为长久计……必当相机剿除……恐今日不杀少，日后将杀多。"[②] 清王朝已不把苗人作为自己的臣民他者，而是作为非人的豺狼犬羊进行剿除。在清王朝后期的150年间，对苗人进行了三次大的剿杀，马少桥在《清代苗民起义》书中说，咸丰同治年间的这次剿杀就有100万苗人死亡，幸存者仅数万人而已。清王朝对幸存的苗人强迫同化。道员陈宝箴上奏说："欲永绝苗患，必先化苗为汉。"[③] 湘军邓善燮也献计说："言语衣服，宜令苗民从汉。"[④] 这些清朝官员们明白，孔子的"和而不同"和"以力服人者霸，以德服人者王"的话语只能用于我族内部，对于外族他者，就要用子曰的"尊王攘夷"，最终要"用夏变夷"。然而"用夏变夷"强迫同化能使外族他者消失吗？陈寅恪先生作了否定的回答，他说："一个胡族即使汉化程度很深，也很难完全消除与汉人之间的隔阂，消除华夷或华夏之防。"[⑤] 为什么汉化很深了还要防？因为汉化很深的胡人仍然是胡人，汉化很深的他者仍然是其心必异的他者。以鲁迅和李敖为例，鲁迅用诗句"我以我血荐轩辕（黄帝）"，作为自己是黄帝子孙正统主体身份认同的誓言。而李敖却用诗句"我以我血荐蚩尤"，作为自己是蚩尤子孙有别于鲁迅的另类他者身份认同的誓言。看来同化也很难令他者彻底消失。

辛亥革命的现代化运动开启了中华现代民族国家，在新的民族国家中还恐惧防范他者吗？回答很简单，只要他者存在就会恐惧防范。新的民族国家是以华夏汉族为国族还是以多元一体的中华民族为国族？只要这一问题没有得到实质性的解决，恐惧防范他者就会存在。随之而来的压迫他者、同化他者和令他者消失也就随处可见。民国国父孙中山也摆脱不了恐惧防范他者和令他者消失的困扰，他提出融合各民族成为中华民族的话语，也只是说一套做一套的权宜之计和谋略之术而已。蒋介石在《中国

---

① 《贵州通志·前事十九》。

② 《皇朝经世文编》卷八八。

③ ④ 《平黔纪略》卷一九。

⑤ 《陈寅恪魏晋南北朝史讲演录》，黄山书社1987年版，第108页。

之命运》中将阴谋变为阳谋，公开以华夏汉族为国族，否认中国少数民族的存在，贵州的杨森忠实执行蒋介石的命令，把令他者消失的话语变为行动，“几年内，使贵州听不到悬殊的语言，看不到奇异的服装，找不到各族相互间的界线。”为贯彻消失令，杨森不惜派出军警武装执行。费孝通先生对此记忆深刻，他在《中华民族多元一体格局》中说：“几十年前民国时代，在贵州还发生强迫苗族改装剪发的事，但是这直接政治干预的效果是不大也不好，因为政治上的歧视、压迫反而会增加被歧视压迫人的反抗心理和民族意识，拉开民族之间的距离。”① 蒋介石的武装同化未能奏效，对此，民国贵州官员杨万选感叹道：“蠢蠢苗族……令其向化”总是化不了，而“教会设学校以教育之……苗民智识蒸蒸日上。数千年之羁縻屠杀，乃远不及耶教（基督教）一席话之能使苗民死心塌地。”② 民国国家不承认苗人他者的存在，令其向化不成就只有防范和剿杀。抗日战争期间，石门坎地区苗人唱着爱国歌曲踊跃要求参军抗日，民国国家却把苗人作为假想敌。在石门坎苗族教会学校中派驻特务对苗人进行监视。松桃县一支苗族地方武装自愿接受改编前往抗日，当集中到镇远师管区时，却遭到集体枪杀。民国令他者消失的历史印证了哈贝马斯的话，他在《包容他者》中说：“新的民族国家的形成，大多都是建立在‘少数民族’被同化、压迫和边缘化的基础上的。民族国家的建立，带有种族民族主义的特征，总是充满着血腥的清洗仪式，并不断压制新的少数民族。”③ 由于民国国家仍然沿袭“万世皆黄帝一系”的历史遗产，恐惧与防范“非我族类，其心必异”的他族他者并令其消失也就成为必然。

中华人民共和国成立改变了“数千年之羁縻屠杀”与“向化”民族他者的关系史。宪法明确规定：“中华人民共和国是全国各族人民共同缔造的统一的多民族国家。”民族区域自治制度使少数民族由国家的他者变成国家主体的组成部分。这一制度是国家的一项基本政治制度。国家在户口簿和居民身份证中设立“民族”一栏，是对中华民族多元一体的承认，

---

① 费孝通：《文化的生与死》，上海人民出版社 2009 年版，第 311 页。
② 杨万选：《贵州苗族考》，贵州大学出版社 2009 年版，第 38 页。
③ 哈贝马斯：《包容他者》，上海人民出版社 2002 年版，第 164 页。

是对56个民族的承认，是对民族区域自治制度的承认，这是实现中华民族伟大复兴的根基。这是一个极为严肃的政治问题，而不是如个别主流学者所说的，民族一栏只是为了方便买牛羊肉的生活小事问题。企图取消居民身份证中“民族”一栏，否认民族差别，令民族他者消失。这是要重走以华夏汉族立国，恐惧并防范少数民族他者的老路。历史的老路是一条民族压迫、民族冲突、国家分裂的老路。历史是一面镜子，走老路只能是一条绝路。中国各民族团结进步，共同繁荣发展，不能建立在令他者消失的基础上。

有权力发话取消“民族”，令他族他者消失的人，不妨读一读哈贝马斯的《包容他者》一书。如能开卷有益，书中的话语，也许能给摆脱不了以自我和我族中心性视角看中国和世界的发话人，提供警醒和反思。哈贝马斯说：“平等地尊重每一个人，并非仅仅针对同类，而且也包括他者的人格或他者的他性。携起手来，对作为我们中间一员的他者负责，这样做涉及共同体中变化不定的我们范畴……要消除一切歧视和苦难，包容一切边缘群体，并且互相尊重。这样建构起来的共同体不是一个迫使一切成员用各自的方式都彻底趋于同化的集体。这里所谓的包容（Einbeziehung），不是把他者囊括（Einschlie Ben）到自身当中，也不是把他者拒绝到自身之外。所谓‘包容他者’，实际上是说：共同体对所有的人都是开放的，包括那些陌生的人或想保持陌生的人。”① 他又说：“少数民族问题是不会绝迹的，除非不顾政治—道德的代价而实行种族大清洗。”②

① 哈贝马斯：《包容他者》，上海人民出版社2002年版，第2页。
② 哈贝马斯：《包容他者》，上海人民出版社2002年版，第254页。

信任与和睦的国民互助

——边疆生态进步观

纳日碧力戈

复旦大学特聘教授、复旦大学社会科学高等研究院副院长

本文从边疆少数民族实际出发，根据人类学本土观和政治学国家观，结合指号学和生态学，讨论边疆生态进步观，探索围绕民族关系中信任、和睦、保持、发展、进步等关键词之间的辩证关系，强调发展、进步、保持、恢复都是“硬道理”。中国传统上的形气神三元论、贝特森的万物关联、皮尔士的“三性”说，都体现了发展、保持和恢复的辩证思想，追求特殊与普遍的高度统一。这些应当成为社会发展和边疆建设的思想基础。

互信互助的边疆观

2012年9月21日至25日，由中国人类学民族学研究会主办的中国人类学民族学2012年年会在甘肃兰州西北民族大学隆重召开，会议主题是

“民族和睦与文化发展”，“民族信任”与“民族和睦”是凸显的关键词[①]。

中华人民共和国成立之前和之初，中国共产党努力建设各民族之间的互信互助关系。1922 年中国共产党第二次全国代表大会制定了民族纲领，提出建立民主共和国，内蒙古、西藏、回疆（即新疆）实行自治，“成为民主自治邦”，把中国本部、内蒙古、西藏、回疆统一成为“中华联邦共和国”。[②] 1925 年 10 月中共中央《关于蒙古问题的决议案》提出要注意蒙古人民的风俗习惯、语文及其特点等；1926 年 12 月毛泽东在第一次农民代表大会制定的《解放苗瑶决议案》中要求解放苗瑶，“使其与汉人政治、经济一律平等”；1928 年 6 月，中国共产党第六次全国代表大会明确规定“承认民族自决权”。[③] 工农红军在 1934 年至 1936 年进行长征，途中接触到苗、瑶、壮、侗、彝等 10 多个少数民族，对民族之间互信互助加深了认识。中国共产党在抗战时期对民族纲领增加了新的内容：

第一，允许蒙、回、藏、苗、瑶、彝、番各民族与汉族有平等权利，在共同抗日原则之下，有自己管理自己事务之权，同时与汉族联合建立统一的国家。

第二，各少数民族与汉族杂居的地方，当地政府需设置有当地少数民族的人员组成的委员会，作为省、县政府的一部门，管理与他们有关的事务，调节各民族间的关系，在省、县政府委员中应有他们的位置。

第三，尊重各少数民族的文化、宗教、习惯，不但不应强迫他们学汉文汉语，而且应赞助他们发展用各族自己言语文字的文化教育。

第四，纠正存在着的大汉族主义，提倡汉人用平等态度和各族接触，使各族日益亲善密切起来，同时禁止任何对他们带侮辱性与轻视性的言语、文字与行动。[④]

---

① 中国人类学民族学研究会常务副会长、全国政协民族宗教委员会副主任周明甫在大会开幕式上作了题为“关于市场经济条件下、工业化进程中我国民族问题的几点认识”的讲话，格外强调“民族信任”、“民族和睦”的重要性，其他主旨发言对此也有强烈呼应。

② ③ 张崇根主编：《中国民族工作历程》，远方出版社 1999 年版，第 12 页。

④ 1938 年毛泽东在中国共产党六届六中全会上的报告，转引自张尔驹主编：《中国民族区域自治的理论和实践》，中国社会科学出版社 1988 年版，第 58—59 页。

正是民族互信互助的理论与实践及其制度体现——民族区域自治制度，奠定了新中国民族关系的稳固基础。自 1950 至 1970 年代，中央政府奉行“承认政治”，先后识别了 55 个少数民族，继 1947 年建立内蒙古自治区之后，又建立了新疆维吾尔自治区、广西壮族自治区、宁夏回族自治区和西藏自治区，截止 2009 年全国共建立从自治区到自治县的各级自治地方 155 个①。按照通行说法，少数民族地区“宝贝多”，地大物博，在自然资源、文化资源、政治安全、人口安置等方面为国家做出了巨大贡献；中央政府在对边疆少数民族地区实行区域自治的同时，也在政治、经济、社会、科技、医疗、教育、出版等方面予以大规模全方位支持，努力建设各民族之间良性共生的互信互助关系。历史证明，什么时候民族之间互信互助，国家就安定，国民就舒心；什么时候民族之间缺乏互信互助，国家就混乱，国民遭诛心。从“反右”到“文革”，事实胜于雄辩。

然而，这样一种互信互助的边疆观正在被淡化和淡忘。在市场经济全面发展的热潮中，社会上也出现了对于民族关系和民族政策的种种模糊认识甚至误解：少数民族被当成“累赘”，民族优惠政策被说成是“正向歧视”；边疆民族地区甚至少数民族语言文化和少数民族干部被看做是“安全隐患”。有人认为，三个地缘因素对于中国至关重要：少数族群（民族）地区占中国国土总面积一半以上；西部少数族群（民族）地区与边境国接壤；那里蕴藏着丰富物产。② 该作者还引用“西方学界的研究”，说“文化和语言意识也是培养雏形国家增强其能力和分裂动机的一大因素”；“联邦制机制都结构性地制造了分裂主义的动力”；“自治行政区内少数族群（民族）的人口比例……占到一半以上的区域更容易发生分裂”。③ 这种似曾相识的观点早已被批判过：“否决民族意识，抛弃民族文

① 国家民委《民族问题五种丛书》编辑委员会、《中国少数民族》编写组、《中国少数民族》修订编辑委员会：《中国少数民族》（修订本），民族出版社 2009 年版，第 26 页。

② 孙雁：累赘还是隐患？——评估中国族群问题的危机度。共识网，http：//www.21ccom.net/articles/zgyj/gqmq/2011/0520/35913.html，2011/8/13。

③ 同前。该作者并未指出这些“西方学者”是谁，笼统地一笔带过。“西方学者”观点不一，百家争鸣，仅从政治哲学上分，就有自由主义、共和主义和社群主义的不同流派，他们对于民族人口比例、联邦制等要害问题的看法各有不同。此外，从族群理论看，西方学者也分别持有原生论、建构论、现代论和符号论。

化，不仅是一个民族身心健康的问题，而且是一种政治病症，因为它实质上是一种反文明的行为。”①

发展和保持中的和而不同

当今世界，主流社会实现了全球化、数字化、网络化，不管愿意还是主动还是被动，人类更频繁地卷入全球化，他们在经济、社会、文化、政治等方面，互相依存，互为环境，互为因果，互为结构，互为过程，在交流和“耦合”中共同提高、发展和进步。一方面，新的社会分类出现，取代旧的社会分类；另一方面，各种社会边界出现弹性、易于跨越。与此对应，旧的单线发展观被新的多元发展观取代，在多语交流、杂语喧嚣中，各种社会经验、各种实践理性、各种生存智慧交融互动，给人类带来启迪、期盼和希望。一种既出于本能，也出于理性的辩证观逐渐成熟起来：发展是硬道理，保持是硬道理，恢复也是硬道理。不过，要特别指出，提这些“硬道理”，有它们的背景，有它们的所指，有它们的限定，不能望文生义，纸上谈兵。发展不能是无限度的发展，不能是无计划的发展，更不能是灾难性的发展。近年来中国自然灾难频仍，世界上的其他地方也不例外，地震、洪灾、泥石流、瘟疫、酷暑，等等，显然与人类活动有密切关联。无计划、无限度的开发，导致生态环境的破坏，甚至不能恢复；人们对于物质利益的畸形追求，社会的“去主体化”，极端市场化，极端物质主义，更助长了这样的生态破坏，破坏被视为“常态”，被视为国富民强的必要和必然的代价。布莱基认为，不仅自然原因会导致灾难，社会原因也会导致灾难；同时，自然原因和社会原因也会“协同”导致灾难。② 无序发展带来的混乱乃至灾难，使人们质疑功利主义：

如果方向不正确，发展得如此之快有什么好处呢？越来越明显，由于

---

① 休·希顿—沃森：《民族与国家　对民族起源与民族主义政治的探讨》，吴洪英、黄群译，中央民族大学出版社2009年版，第630页。

② 纳日碧力戈：《灾难的人类学辨析》，《西南民族大学学报》（人文社科版）2008年第9期。

科学的进步，人们越来越好地控制着自然力，但是这种控制成为通往一条不理智道路的原因，而这条道路通向万丈深渊。考虑到情况在加快发展，我们开始不再满怀信心地为这种控制鼓掌了。①

不同文化有不同发展观，民族共生的文化自觉和对话成为必要。文化对话的前提是文化自觉，没有文化自觉，就没有文化对话的意识，就不能平等地看待其他文化，甚至把其他文化看成是原始、落后或“原生态”，从而是改造和“帮扶”对象，或者是欣赏对象，以轻蔑、怜悯、猎奇的心态对待之。边疆发展观要在跨文化的基础上通过对话形成，即在不同的文化发展观中寻求“公约数”②，在地方智慧中总结发展、保持和恢复的辩证关系。猎人不猎杀怀孕的母鹿，牧民要让草原分片“休养生息”。生命的本能会追求那些可逆的谋生手段，例如刀耕火种，生态养殖；短见的贪婪会追求那些不可逆的生产方式，例如污染工业，无序开荒。

从跨越民族和种族，跨越团体和党派的生命活动及其生态看问题，边疆发展和边疆保持、边疆恢复是并行不悖的，即开发、保持、衰减、恢复，是万物生存的常态，是一切人类和非人类生活的本相。生态学研究告诉我们，无论对于生态系统，还是对于人类社会，要永远保持最佳状态，只不过是个梦想，终究是可望而不可即的。也就是说，生态系统和人类社会必然要经历开发、保持、衰减、恢复的循环过程。③ 生态学者们指出，自然和社会共同组成一个大系统，互相依赖，互相支撑。这个大系统都会经历开发（发展）、保持、衰落（衰竭）、恢复（更新）的循环，不能指望它永远发展、永远保持，因为超过极限，系统会崩溃。这就是弹塑理论（resilience theory）：系统吸收干扰，保持原有功能和结构的过程。④ 既然自然和社会共同组成一个大系统，既然人的主动性在这个大系统中占有突出位置，可以理性或非理性地改造自己和自然，从而改造整个大系统，那

---

① 阿尔贝·雅卡尔：《自由的遗产》，龚慧敏译，广西师范大学出版社 2005 年版，第 5 页。

② 类似于罗尔斯式的“重叠共识”。

③ Walker, Brian and David Salt. 2006. Resilience Thinking: Sustaining Ecosystems and People in a Changing World, p. 8. Washington, Covelo, London: Island Press.

④ ibid., Preface, p. xiii.

么，大系统出现问题，首先是人的问题，人和自然互动的问题，其次才是自然的问题。不是自然出了问题，不是环境出了问题，而是我们的大脑出了问题，即我们的思维出了问题①。在我们的思维中，人和自然对立，人被环境包围，因而不属于环境；在我们的思维中，我群和他群对立，而不是互为环境，互利共生。也许如拉科夫和约翰森说的那样，我们总是用自己的身体来比喻和观察世界②，我们的哲学观根植于我们自己的肉身之中③。我们的眼睛只能看到前面的物象，看不到后面的；我们只能看到他人，看不到自己，要看到自己，就要借助媒介，是间接的，不是直接的。

生态进步观

我们在观察和讨论边疆发展时，较少把自己也作为讨论对象，忘记了“边疆”的存在是由于“我”的存在，是由于“中心”的存在，也忘记了对于“边疆”来说，“中心”也可以是“边疆”。通过这样的角色互换，通过人类学常说的“从本土人观点看问题”，通过“浓描”，我们就能深刻理解边疆发展的本质，看出边疆发展的问题所在，知道如何制定战略，明白如何实施计划。例如，边疆地区生态多样，语言多样，思维多样，处理问题和解决问题的方式多样，这些本来就是真实现象，不属于因果结构的构成部分，并不一定会影响“安定团结”，并不一定会给边疆发展带来负面作用。然而，由于我们认知的局限，由于我们看不到身后，看不到自己，由于我们不把自己作为环境的一部分，不把自己也看成“边疆”，我们就会把边疆看成是“问题”，把和我们相同的东西看成是好东西，把和我们不相同的东西看成是“问题东西”或“坏东西”。例如，我们总希望边疆发展实现单语化，去除多语现象，这样既符合经济原则，也

① Wollock, Jeffrey. 2001. Linguistic Diversity and Biodiversity: Some Implications for thye Language Sciences, p. 248. In Luisa Maffi ed., On Biocultural Diversity: linking Language, Knowledge, and the Environment, pp. 248 – 262. Washington and London: Smithsonian Institution Press.

② Lakoff, George and Mark Johnson. 1980. Metaphors We Live By. Chicago and London: The University of Chicago Press.

③ Lakoff, George and Mark Johnson. 1999. Philosophy in the Flesh: The Embodied Mind and Its Challenge to Western Thought. New York: Basic Books.

符合交流原则，有利于强化认同，有利于安邦定国，岂非好事？但是，这种简单功利主义的观点，存在诸多行不通的地方。首先，环境与人类互动，产生特定文化和特定语言，记录这个社群与环境相处的历史经验。[①]其次，语言多样性和生物多样性密切相关，即语言种类多的地方，生物种类也多。[②] 其次，多学科的研究也把语言和环境紧密勾连起来，如认知人类学探讨人类感知和民间分类之间的联系，族群专名学研究专名如何为自然赋予意义，隐喻需要有自然脉络来解释，拟声学研究语音和自然之间的关系，心理—生理学研究感知、想象、记忆和人类活动征象（action - signs）之间的关系。[③] 最后，语言和民族自尊联系在一起，和民族感情密不可分，伤害语言就是伤害感情，伤害感情就会伤害自尊。这里也涉及吉登斯（A. Giddens）所说的结构二重性，即“社会系统的结构性特征对于它们反复组织起来的实践来说，即是后者的中介，又是它的结果”[④]，语言指导实践，也在实践中得到“生产”和“再生产”。换句话说，语言和实践都和环境密切相关，是共生关系，而语言和实践之间的“二重性”也在互动中“生产”和“再生产”了它们和环境之间的这种关联性。由此，边疆发展既要重视保持和恢复，也要重视语言和文化的多样性，重视语言和文化的多样性和生态多样性的密切联系。如果我们同意萨丕尔—沃尔夫语言相对论的“弱式”，即语言影响思维，那么，不同语言的生态认知和生态观念，会产生相应的生态行为，这些生态行为又会反过来“生产”和“再生产”这些生态认知和生态行为。总而言之，语言和文化的多样性有利于生态多样性。

---

① Wollock, Jeffrey. 2001. Linguistic Diversity and Biodiversity: Some Implications for the Language Sciences, p. 255. In Luisa Maffi ed., On Biocultural Diversity: linking Language, Knowledge, and the Environment, pp. 248 - 262. Washington and London: Smithsonian Institution Press.

② Maffi, Luisa. 2001. Introduction: On the Interdependence of Biological and Cultural Diversity, p. 8. In Luisa Maffi ed., On Biocultural Diversity: linking Language, Knowledge, and the Environment, pp. 1 - 50. Washington and London: Smithsonian Institution Press.

③ Wollock, Jeffrey. 2001. Linguistic Diversity and Biodiversity: Some Implications for the Language Sciences, pp. 255 - 256.

④ 吉登斯：《社会的构成》，李康、李猛译，三联书店 1998 年版，第 89 页。

边疆三元

发展、保持和恢复的辩证观，合于中国传统思想中的形、气、神三元观，形与气属物性，神属精神，三元互动，相得益彰。也就是说，从宇宙本体论立足，发展、保持和恢复，要兼顾物质和非物质现象，不能偏废，不能失衡。循环的发展观要优于直线的发展观。发展就是打破平衡，打破形、气、神之间的原有平衡，但是，这失衡要保持在一定的限度内，在特定时段上还要恢复往常的平衡，从而完成发展、保持、恢复的循环过程。克罗斯比著《生态扩张主义》一书，描述900—1900年，欧洲人如何扩张到西伯利亚、非洲、美洲和大洋洲，使之欧洲化。他们在移民到上述地区的同时，带去旧世界的物种和疾病，外来生物挤占了本土动植物的生存空间，许多物质乃至民族，惨遭灭绝。这不仅仅是军事征服问题，更是生物学问题。①

美洲和澳大拉西亚曾两次为人类提供有利条件，一次是在旧石器时代，另一次是在过去的五百年中。中全新世的头几千年里，人类第一次进入这些泛古陆分裂后较小板块时所带来的好处几乎已经耗尽。今天我们正利用着人类第二次迁入美洲后所获得的好处，但大面积的地表腐蚀，土壤的肥力下降以及那些依靠新欧洲丰饶土地的人口的迅速增长提醒我们，这些好处是有限的。我们需要某种堪与新石器时代相媲美的发明创造上的兴旺繁荣，或者如果办不到这一点的话，也应是智慧领域的欣欣向荣。

蒙古高原的地理环境孕育了蒙古文化，蒙古文化也赋予蒙古高原的地理环境以人文意义。例如，这里的山川河流以及动植物的专名，都是用蒙古语命名的。这里的植被类型多为多年生、旱生低温草本植物，也有“禾本科、杂草类及一些旱生的半灌木和灌木”；冬季寒冷，降水量少，

① 克罗斯比：《生态扩张主义：欧洲900—1900年的生态扩张》，许友民、许学征译，辽宁教育出版社2001年版，第303页。

多风沙，日照充足，缺水，适合游牧业经济。蒙古社会发展出了与此相应的社会分工，牲畜分群放牧，“也产生了专门赞美游牧的精神生产的劳动者，如民间艺人、萨满巫师等。”①（乌日陶克套胡，2006：48—55）蒙古民族的生态观影响着他们的生态行为。建立在“天父地母”说之上的生态直觉，以天地为根，认为天地孕育万物，互相平等，“作为天父地母之子的人类，应像尊敬自己父母那样爱护大地，爱护养育自己的生态环境”；长生天是创造之源，是敖包天祭的对象，而敖包周围就是“古代的自然保护区”；关于“遨格套日贵”的生态智悟，表达“无头无尾，无始无终，首尾相接”的宇宙阴阳观，属于生态哲学范畴。②

古代蒙古人，观察日月星辰，草青草黄，动物迁徙，而得出遨格套日贵的规律……生态系统中食物链，从无机到有机，再到无机，能量存在形式不断变化，而物质不失守恒，周而复始地在生态系统中不停地运动着。一个生物种群，就生物个体来说，可生、盛、衰、亡，而对这个生物种群来说，生亡衔接，周而复始，使种群得到延续和进化。③

过去的边疆发展，存在两个偏颇：一是见物不见人，见形不见神；二是只发展不保持，只开发不恢复。这是因为人们受到机械功能主义的影响，把生态环境只作为改造、征服和利用的对象，忽视了人的主体性，忽视了文化的能动作用，没有自觉地把人类自身归入生态环境中，作为它的一部分，也没有遵守发展、保持、恢复的辩证规律。换个角度说，就是没有从整体观、系统观看问题，没有把人类作为宇宙万物的一部分。过去的发展观多从孤立、分离的观点看问题并加以实践，把物质世界和精神世界割裂开来，或单纯改天换地，或单纯“与人奋斗”，没有把人和自然联系起来，没有把形、气、神联系起来。

---

① 乌日陶克套胡：《蒙古族游牧经济及其变迁》，中央民族大学出版社 2006 年版，第 48—55 页。

② 暴庆五：《游牧蒙古人的生态观》，载刘仲龄、额尔敦布和主编：《游牧文明与生态文明》，内蒙古大学出版社 2001 年版，第 36—58 页。

③ 同上，第 45 页。

我们看到，很多人研究刀耕火种，他们关注的对象，往往是刀耕火种本身，而对于从事刀耕火种的民族及其相关的社会和文化，则置之度外。他们完全不了解从事刀耕火种的少数民族，对他们的生存、愿望和发展毫不关心……我们的研究者总习惯于用自身熟悉的“先进民族”和“先进地区”的模式去衡量和评判一切，他们从来不曾怀疑过对于“原始、落后、愚昧”的刀耕火种民族的蔑视和指责的“正确性”，更没有想到是否应该转换一下立场，设身处地地为他们想一想，他们这样做究竟是为了什么？①

皮尔士的“三性”（Thirdness）论，也是一种三元互动观，他强调作为物觉的“征象”（sign）、作为所指的“对象”（object）和作为解释系统的“释义”（interpretant）之间的联动、统合的关系。征象是第一感觉，对象是感知，释义是升华，是头脑里的“真正指号”，它们之间保持密切的三维关系。根据西尔沃斯坦（M. Silverstein）的解释，包括征象的“第一”表达指号载体的性质，包括对象的“第二”表达所指实体的性质，而包括释义的“第三”表达“信号受指体”（entity signaled）和“信号发出体”（signaling entity）之间关系的性质。② 不大严格地推论，边疆发展首先会面对自然物象（“有一堆东西”），即征象；自然物象立刻指向所指（“那一堆东西是什么？”“是敖包”），即对象；该所指复又指向解释系统（“敖包是蒙古人祭神的地方”），即释义。然而，对于不同的主体，征象—对象—释义连续体的意义不同：同样是大兴安岭的森林，外来伐木工人看到的是用来加工的原料，本地的鄂温克猎民看到的却是萨满精灵的寓所，而政府部门也许看到了政绩。在边疆发展例如建设民族文化生态村中，有三个主体会卷入：学者要“学以致用”，政府要促进经济社会的发

① 尹绍亭：《人与森林——生态人类学视野中的刀耕火种》，云南教育出版社2000年版，第10页。

② 纳日碧力戈：《语言人类学》，华东理工大学出版社2010年版，第155—157页。

展，而本地人则希望改善生活，传承祖先的文化遗传。[①]“村民主导，学者指导，政府倡导”（同前）的“三导”方针，虽然存在一定的内在紧张，但毕竟是向着“从本土人观点看问题”迈出一大步。这个主体之间的征象互动、对象互动和释义互动，无疑会给参与各方带来“重叠共识”，也尊重了各自的人格尊严，在互利中各取所需，本身就是绿色生态，何乐不为？尽管皮氏三元论与中国传统上的形气神三元论不同，属于不同的阐释体系，但它们统一于“三性”，统一于超越二元对立的“第三元”。这第三元就是一种共生态，就是“求大同，存小异”。如贝特森（G. Bateson）所说，统辖我们思维和学习的心智体系，与世间生物的进化和生存生态相呼应，有一个元模式（metapattern）统辖着世界[②]。在多元共生的环境中，总存在超越多元本体之上的共性，即万物关联，人类和其他生物，乃至和非生物，都生活在同一个超生态系中。

多元共生

超越地域、民族、文化、宗教的生命观，能够统合边疆发展、边疆保持、边疆恢复以及边疆多样性，在差异中保持同一，在发展中保持稳定。边疆人民和我们一样，首先是生命体，和周围的各种生命和非生命现象共存共生，“美美与共”。开发、保持、恢复“三项全能”，形气神三元一体，征象、对象、释义三性融合。发展、保持、恢复属于“三”，形、气、神属于“三”；征象、对象、释义也属于“三”。边疆发展不能搞“二元对立”，不能搞“你死我活”，只能协商、互利、共生，走第三条道路，由二生三。这种“三”的折中，照顾了历史，照顾了差异，也照顾了发展。传统的形气神三元论，皮尔士的“三性”理论，贝特森的万物关联，都体现了发展、保持和恢复的辩证思想，追求特殊与普遍的高度统一。

---

① 陈学礼：《民族文化生态村——当代中国应用人类学的开拓》，云南大学出版社 2008 年版，第 2 页。

② Bateson，Gregory. 1980（1979）. Mind and Nature：A Necessary Unity. New York：Bantam Books.

一体多元的民族关系论要

——基于费孝通“中华民族多元一体格局”构想的思考①

赵旭东

中国人民大学人类学研究所教授

费孝通在20世纪80年代曾经提出“中华民族的多元一体格局”的理论构想，以此来作为理解中华民族内部族群关系的总体性的引导。费孝通及相关主题的研究者用了很多证据和论述，来阐发多元一体格局中的“从多元到一体”的历史发展进程，但对于在现代民族国家观念影响下既定的“一体”格局之下，社会内部多元分化发展的图景，特别是现实的分化与地方自治机制，并没有给予太多的关注，后来的研究者也并无意且下大力气在此方向上做更为深入和细致的内容丰富与理论完善。本文在这个问题意识基础上，对既有的从多元到一体的可能隐含的历史主义的偏颇提出了一些批评，并对未来如何进一步关注到在既存的“一体”场景之下来理解内部自身的多元分化过程提出了一些自己的看法。

---

① 本文的写作受到下列基金资助：教育部新世纪人才计划“中国少数民族乡村纠纷解决机制及社会秩序的建构方式研究”。项目编号 NCET－09－0742；2010 年度国家社会科学基金一般项目“20世纪30年代社会学的‘中国学派’研究”，批准编号：10BSH001。该文部分内容曾经在2011年12月2日香港中文大学新亚书院人类学系的周五讲座上发表，感谢张展鸿、陈志明、吴科萍、王丹凝、招子明诸位同仁的邀请和批评。

面对中国历史上极为复杂的族群关系，中国的社会学家费孝通，曾经在20世纪80年代末，专门提出过“中华民族多元一体格局”的构想，并试图以此来统领当时及未来的中国民族关系问题的研究取向。该文自1988年8月22日最初在香港中文大学作为一次受邀的名誉演讲（即Tanner演讲）而发表出来，随之便引起了学术界极为广泛的注意和讨论，并一直持续到了现在，即便在今天，这个主题仍然是民族学、人类学乃至一般社会科学界讨论的一个热点以及很多问题意识的出发点。[①] 而如果从学术自身发展的脉络上去做一种学术史的追溯，这实际上又可以看成是相对于费孝通早年就汉人社会调查所得出的有关乡土中国的“差序格局”认识，而自然生发出来的又一高屋建瓴的理论构想。在这一构想的背后，也再一次体现出来英国人类学功能论的整体论对于费孝通整体学术思考的深度影响，[②] 即这篇文章专门强调了社会现实的多元状况与族群关系理想图景之间互为一体的那种内部诸要素之间相互依赖性的关系。这也成为费孝通述及“多元一体”观念时的最为重要的一项理论构成要件，而很多时候，人们对于这一理论的这一构成要件的多重含义会有所忽视，而可能会一味单向度地去看待从多元到一体的历史构成的可验证性以及由东拼西凑的所谓历史文献资料中所缀连出来的一种社会建构论意义上的完整性。

在这一点上，尽管因为费先生的文章题目而被大多数的学者直接误读成为只专注于“从多元到一体”的这一单一向度，但实际上，在这个大的框架中，费先生却并没有真正排斥在现实的社会场景下的“多元”容纳在既有的“一体”之中的那种种的可能性。因为，就费孝通的早期训练而言，功能论的整体论的方法论的基本思路，显然是不会有意地把一个事物的各个方面割裂开来去进行分析的，只是在那个特别的时代里，也就是中国改革开放刚刚取得了一定的成绩之后的那个时代里，中国自身再一

① 费孝通：《中华民族的多元一体格局》，1988年版，载费孝通：《费孝通全集》（第十三卷），内蒙古人民出版社2009年版，第109—147页。有关此文的学术影响可参阅：徐杰舜：《从多元走向一体——中华民族论》，广西师范大学出版社2008年版，第3—4页。

② 一些研究者试图将之归类到结构论之下的新发展，实际上是有悖于费孝通提出此观点的原意的，费先生显然受到结构论的影响是微乎其微的，但结构功能论中偏功能论的角度可能是概括费孝通学术思想核心的最为值得重视的一个向度，而不是后来莱维—斯特劳斯所说的那种结构主义的影响。下文还会进一步触及这一问题的讨论。

次要去面对的可能不是来自国家内部的族群差异性分化的问题，而是作为一个整体的中华民族，其在面对因新的门户开放政策而带来的西方世界及其文化的浸入时，她的作为一个整体的共同性的基础究竟是什么？以及这些都体现在了哪些方面？

这场大约是兴盛于20世纪80年代的有关中国文化去留问题的大讨论，可谓空前绝后，有继“五四”新文化运动之遗风的气势。在这期间，各种思想和诸多观点在此都发生了一种激烈的交锋，甚至冲突。[①] 而这与后来到了21世纪之初的有关民族主义和全球化的讨论，又可以说是一种前后一脉相承的问题意识的一种延续。费孝通在其晚年，曾经用“文化自觉”的概念来加以应对这一论争，不过，显然在费孝通的晚年，他并没有太多的时间和精力去展开一系列细致的论证，由此而在中国学界引起的误解和歧义当然也是无法避免的。而这里更为重要的就是，对于如何有真正意义上的一种文化自觉，以此来摆脱一种变相的文化相对主义的形成以及一种顽固的民族主义的自我强化，也是可以再做进一步学术探讨的一个由此而自然衍生出来的真问题。[②]

显然，若把费孝通晚年学术生涯再细分为早期和晚期这样两个阶段的话，从费孝通晚年早期的“中华民族的多元一体格局”到其晚年晚期的“文化自觉”概念的提出，这中间虽经历了差不多十余年的时间，但相互之间在核心的主题上也都是相互关联在一起的。可以说，费孝通意识到了，作为一个整体的中华民族的文化自觉，与作为内部差异性的各个民族的文化自觉之间出现了一种碰撞，这一碰撞从广义而言，可以看成是从孙中山和胡适为代表的民族主义与世界主义的争论的延伸，[③] 而从狭窄的意义上，又完全可以看成是与费孝通本人学术的早期经历中的一场相关争论的延续，即这可能又再一次触及了20世纪30年代末既已发生的作为历史学家的顾颉刚与作为社会学家的费孝通之间就民族的“一”和“多”之

---

① 关于20世纪80年代的文化讨论的各种主张，可参阅李宗桂：《文化批判与文化重构——中国文化出路探讨》，陕西人民出版社1992年版，第173—232页。

② 赵旭东：《在文化对立与文化自觉之间》，载《探索与争鸣》，2007年第3期，第16—19页。

③ 罗志田：《乱世潜流：民族主义与民国政治》，上海古籍出版社2001年版，第18—54页。

间的辨析所展开的争论，[①] 并借此而把前后相隔半个多世纪的问题意识又相互紧密地联系在了一起。但显然，这个问题即便是在今天人的眼光看来，也是没有真正得到解决，且在此基础之上，又开始面临一些新的景况和问题，一些新的可以相互争辩的讨论又不断地开展出来。

问题的大背景

如果回到 20 世纪 80 年代中后期，那时的中国学界，对作为整体的中国文化基本上采取了一种极为严肃的批评和自我批评态度，批评者因为有一种预先便持有的文化改造的心态，一般都不大肯毫无疑虑地去承认中华民族自身的文化优越性，一种文化萎缩的自我意识更因为当时经济发展的落后，推波助澜地就将自身的文化贬低到了最为低劣的层次上去，甚至更乐于将此低劣归咎到一种国民性的实质论的根源上去。[②] 柏杨的《丑陋的中国人》在那个时代大陆的畅销，足以说明了这样一种观念在公众认知上的普遍接受的程度。而带有文化自我反思性的电视节目《河殇》的热播，更在大众意识的层次上留下了一种深刻的对于自身文化不信任的集体记忆。而一些比较理性的作家，开始去寻求中国文化走向世界的历史轨迹，希望借此可以明了未来中国在世界征程中可能的走向，但显然这是一种彻底的接受西方而非有任何的保留的文化选择，钱钟书在给锺叔河的《走向世界——中国人考察西方的历史》的序言中只一句“‘走向世界?’那还用说！难道能够不‘走向’它而走出它吗?”就已经反映出来那个受到西方世界及其观念强烈影响的时代，中国文化自身所面临的窘迫之

① 关于这一争论的背景可参阅：费孝通：《费孝通文集》（第十三卷），群言出版社 1999 年版，第 26—32 页；顾颉刚：“中华民族是一个”，载刘梦溪主编：《中国现代学术经典 · 顾颉刚卷》，河北教育出版社 1996 年版，第 773—785 页以及赵旭东：《不为师而自成师——围绕费孝通教授的一些作品的阅读与联想》，载赵旭东主编：《费孝通与乡土社会研究》，社会科学文献出版社 2010 年版，第 162—174 页。

② 关于这一点可参阅：赵旭东：《超越本土化——反思中国本土文化建构》，载《社会学研究》，2001 年第 6 期，第 56—72 页。

境。[1] 而反过来再看与费先生同时列入《中华民族多元一体格局》这本文集中的其他作者的文章，实际上这些文字差不多都是写于20世纪80年代中期前后，其中的一篇名为“‘汉人’考”的文章，还是发表在1985年第6期的《中国社会科学》这本权威杂志上。[2] 因此，在学术的场域之中，足见那个时期，有关“汉人”或者“汉族”存在的历史，也是没有达致一种公认的判断的，而由汉人构成为大多数的中华民族，其未来现代化的发展以及在此过程中如何容纳其他的诸多少数民族，显而易见也就成为那个时期的民族学工作者最为热烈讨论的一个核心问题。

那个时期的中国人的自我反省，投射到中国民族学和人类学的问题意识中就成为关于“中华民族凝聚力”问题的讨论，费孝通的那篇名文也差不多是在这个主题引导下，而逐渐发展出来的一种极为有学术影响力的作品。而以费孝通自身的学术影响力去关注这样的问题，在某方面体现出的可能是那个时代极为重要的一个学术论题。同时，也因此而使这个论题在整个中国社会科学界更加得到突显，成为那个时期以及后来时代民族学和人类学家都必然要去共同关注和处理的一个核心理论问题。而且，这个问题在经过了差不多二十几年的延续之后，尽管新的现象的复杂性和多样性已经无法靠单单去关注于“从多元到一体”的这一单方向的认识过程来得到解释，但是，费孝通早期的这篇文章的论旨，依旧是许多中国民族学、人类学研究者理论思考的一个基石。但令人不解的是，即便是到了今天，也没有多少后来的研究者，真正能够从族群关系的现实紧迫性上去进一步修正或者进一步发展费孝通在20多年前所提出来的一些有关民族之间“多元”和“一体”关系的那些最初的看法或者假设。反倒是一些专注于中国历史的研究者对此表达了极大的兴趣，他们试图要在费孝通的这一论断之下去挖掘出来因为“大一统的中央史观”所遮蔽之下隐而不显的地方的多样性。在此意识引导下，地方史和区域史的研究成为一种风潮，并且很多是在西方意识的引导下，而非真正关注于地方性的社会多元

---

① 钱钟书：《钱钟书序》，载锺叔河：《走向世界——中国人考察西方的历史》，中华书局1984年版，第2页。

② 贾敬颜：《“汉人”考》，载《中国社会科学》，1985年第6期；载费孝通等：《中华民族的多元一体格局》，中央民族大学出版社1989年版，第137—152页。

特征。[①] 而且，这样做的根本的思路，仍旧是去勉力考察由多元而融合为一体的历史过程。[②] 但这在我看来，其最终可能还是会落到单单只注意到国家一体论这一方面的历史学撰述学的陷阱之中去。

应该说，费孝通在其晚年所提出的“中华民族的多元一体格局”这一构想，除了有其早期的英国功能论的整体论的影子之外，更为重要的可能是费孝通自己的问题意识的一种自然延展。这个问题意识，实际上是受到其早年刚刚从英国学成归来时所读到的一篇报刊文章的刺激，那便是历史学家顾颉刚1939年2月13日发表在《益世报·边疆周刊》上的《中华民族是一个》一文。[③] 费孝通当时对此文做了一种纯粹学理上的回应，但这回应，实际上可以说掀起了后来有关“中华民族”究竟是“一”还是“多”的学术大争论。显然，费孝通的人类学训练，使其更多地注意到了多样性的族群的存在，认为这是一个本可不用争论的社会事实，但是，这一点认识，似乎也并没有从根本上否定掉顾颉刚从历史与文化以及民族国

---

① 在一项有关成都茶馆的社会生活的区域史研究中，王笛借助大量的历史文献资料重构了20世纪前半个世纪成都作为一个西南地方所有的以茶馆为中心的地方性的生活。不过遗憾的是，他的研究终究还是陷入到了由“小地方”而对话“大国家”的西方国家与社会关系的讨论框架中去，未能因此而真正能够提升出地方性自足的社会特征。关于这一点可参阅：王笛：《茶馆——成都的公共生活和微观世界，1900—1950》，社会科学文献出版社2010年版，第421—444页。另外，有关西方国家与社会关系的框架在中国的不适用性的讨论，亦可参阅本文作者对于另外一本汉学著作所作的书评；赵旭东：《为权力祈祷什么？——评卜正民著〈为权力祈祷——佛教与晚明中国士绅社会的形成〉》，载《中国农业大学学报》（社会科学版），2007年第1期，第187—189页。

② 汪荣祖：《史学九章》，生活·读书·新知三联书店2006年版，第113—114页。

③ 关于这个问题讨论的历史背景的详细考察可以参阅：周文玖、张锦鹏：《关于“中华民族是一个”学术论辩的考察》，载《民族研究》，2007年第3期，第113—114页。

家立场上对于“中华民族”是“一个”的论证。[①] 而到了后来，差不多经过了半个世纪之后，费孝通又稍稍改变了自己单方面去强调民族为“多”的立场，而是暗中将顾颉刚所主张的观念也部分地吸纳了进来，成为一种更具有包容性的“多元一体格局”的主张。无论如何，这都应该属于族群关系认知上的一种新的创造，是在包容性基础上的民族关系构想的一种理论创新。但是，这种主张也可能因为过度强调由“多元”而实现“一体”的过程，私下里为历史的循环论证留下了一个可以侵入的缺口，并且，这种论述也无法真正去面对在现代民族国家既成事实的“一体”状况下，[②] 作为整体的中国文化在不断地分化以及自我差异化上的存在。[③] 这里，一个很有代表性的个案研究就是巫达对于凉山彝族社会中尔苏人的

---

① 关于这场论争，我曾经在另外一篇文章中做了比较详细的介绍，具体的背景性文献可参阅：赵旭东：《不为师而自成师——围绕费孝通教授的一些作品的阅读与联想》，载赵旭东主编：《费孝通与乡土社会研究》，社会科学文献出版社2010年版，第162—174页。另外，查阅最近出版的《顾颉刚日记》（卷四），1939年2月7日顾颉刚因为受到傅斯年（孟真）来信所言《益世报·边疆周刊》“登载文字多分析中华民族为若干民族，足以启分裂之祸”的刺激，而开始写“中华民族是一个”一文，“因写此文以告国人，此为久蓄我心之问题，故写起来并不难也”。文章发表后，国内各大报纸纷纷转载，一时名声大噪，费孝通恰是在这个时候写评论来与顾先生论战的，他的文章发表后顾先生4月23日注意到并全文抄录达五千余字，连续多日都在酝酿写回应费先生文章的文字，如4月24日“草答孝通书三千言，未毕”。4月25日“拟答孝通书，将胸中所欲言者随手写出”。5月1日“写拟答孝通书材料竟日”。5月2日“重作答孝通书，约五千字”。5月3日“作答孝通书三千余字”。5月6日“修改答孝通书毕”。5月13日“孝通信”。5月23日“整日续作答孝通书第二节讫，约七千字”。5月27日“将答费孝通书修改一过……到费孝通处”。6月30日“暑假中应作文（1）答费孝通书（边疆周刊）……”如上引述自：顾颉刚：《顾颉刚日记》（卷四），中华书局2010年版，第197—246页。

② 葛兆光在其最近的研究中明确指出，中国自古乃是一个相当稳定的“文化共同体”，它作为“中国”这个国家的基础，尤其在汉族中国的中心区域是相对清晰和稳定的。参阅：葛兆光：《宅兹中国——重建有关“中国”的历史论述》，中华书局2011年版，第32页。实际上冯友兰在其1948年以英文发表的《中国哲学简史》一书中已经提及了中国的一统乃是文化意义上的，而非是政治意义上的，这是孟子所谓“定于一”的问题，而实现“定于一”途径在中国的社会里借助的一定不是一种“政治上居于统治地位”，而恰恰是“在文化上居于统治地位”。参阅冯友兰：《中国哲学简史》（插图修订版），赵复三译，世界图书出版公司2011年版，第158页。

③ 这一点实际上在20世纪50年代有关“统一的民族语”和“方言”的论争中已经存在，但是那时的语言学家依旧是在强调整体的民族语的形成过程，但是却没有真正注意到方言导致的内部的分化和差异。有关语言学的讨论可参阅：王力、卲荣芬等：《汉语的共同语和标准音》，中华书局1956年版。特别是邵荣芬的论文：卲荣芬：《统一民族语的形成过程——兼谈方言拼音文字》（1952），载王力、卲荣芬等：《汉语的共同语和标准音》，中华书局1956年版，第19—23页。

族群认同的研究，从他的民族志的描述中我们可以体味到，当地人对于自己的认同实际存在有多种的表述，但又会不断地归结到一种的根源上去，即他们会把自己的实际分散的认同追溯到与藏族有着密切族群互动的藏族认同上去。[①] 与此形态近似的是，在对纳西族和藏族族群历史关系的细致考察中，赵心愚特别指出了，在7世纪到20世纪之初的这段时间里，二者的关系在相互诸多的类似“你中有我，我中有你”的依赖性的关系的同时，又都无一例外地可以追溯到古羌人的共同族源上去。[②] 而这种在当今现实社会中的分化和差异化，在很多西方的社会科学的语境中，又是以“身份认同的困境”这样的语句得到表述的。[③] 尽管研究者相互之间的表述有所不同，但是其表达的深层意义却应该是一致的，那就是在我们现代世界的民族国家一体追溯之下的社会多样性如何真正能够得到正视和观照，即在“一”的整体意识之下，多样性如何存在以及表达自身。

实际上，这后一方面的问题，即在一体之下的多元存在状况的讨论，一直受到学术界的忽视，而这一点，又恰恰是激发本文写作的一个最为重要的出发点，因为不解决这个问题，我们实际上也无法真正从民族关系的“多元一体格局”的构想中获得任何对于未来中国社会政治格局发展的有益处的见解。

现实多元而非历史多元

不过，今天如果再去思考族群关系的问题，一种现实的紧迫性在催生着一种理论的紧迫性。从原来作为“一体”的中华民族，去直面整个西方世界及其文化的侵扰，转变到经过了30多年中国经济快速发展而渐渐

---

① 巫达：《族群性与族群认同建构——四川尔苏人的民族志研究》，民族出版社2010年版，第5—6页。

② 赵心愚：《纳西族与藏族关系史》，四川人民出版社2004年版，第346页。

③ 格罗塞：《身份认同的困境》，王鲲译，社会科学文献出版社2010年版，第3—12页。

在所谓“中国道路”之上建构起来一种“大国意识”[1]，在这种转变中，谁也不能否认，作为一种整体的国家的合法性，其不仅具有历史形成上的正当性，[2] 而且已经极为牢固地建立在自近代中国以来既有的经济快速发展和积累之上。但是，如何去应对由此而产生的多种地域差异所造就的包括汉民族在内的多个族群以及不同社群在发展步伐上的差异，这就使得“多元”本身的含义不仅仅是费孝通及其他民族学家当初在提出这一问题时所特别注意到的族群历史发展中的那个历史建构出来的“多元”融合的过程，同时还有一种因为现代经济和现代意识所造就出来的新的族群发展和生活形态转变上的差异性。在一定意义上，这甚至还体现出来一种文化的差异性，而这种差异性的无法弥合，实际上造就了越来越大的在族群关系上的政治情感的“裂痕”，这种“裂痕”也在一定意义上不再是民族关系史意义上的族群在漫长的历史发展过程中相互融合的图景，而是从近代以来所尽力塑造起来的以民族国家为基础的“中华民族”意识中，不断地演变出来的一种现实多元而非历史多元的自我分化的趋势。

尽管，中国古代乃至远古的民族关系，可以甚至也不缺乏提供给我们无限的智慧去借用来处理当下的民族关系，但是，如果我们不能真正对于当下的“一体”和“多元”的相互关系有一个极为清晰的以现实为基础的认识，所有的古代积淀下来的智慧，都只可能因为一种误用或滥用，而导致一种不合时宜的社会后果，使得历史和现实之间无法实现一种真正的结构对接，即我们不仅由此而曲解了历史，同时也对当下的错综复杂的现实不知该如何去做一种积极的应对与安排。

面对上面的诸多疑虑，也许首先要提出的一个问题就是，费孝通的“多元一体格局”的概念框架究竟是在怎样的一种社会背景下提出来的。尽管费先生本人并没有特别明确地指出这一点，后来的研究者也没有真正

---

① 英国人雷默（Joshua Cooper Ramo）博士在2004年发表了《北京共识》这本小册子，在其中，他盛赞中国近30年来所取得的巨大成就，将之统称为“北京共识”（The Beijing Consensus），其代表中国道路的一些核心特征。参阅雷默：《北京共识》，载黄平、崔之元主编：《中国与全球化：华盛顿共识还是北京共识》，社会科学文献出版社2005年版，第6页。

② 黑格尔在其《历史哲学》一书中曾经有这样一个论断，即“只有黄河、长江流过的那个中华帝国是唯一持久的国家”。引自黑格尔：《历史哲学》，王造时译，生活·读书·新知三联书店1956年版，第160页。

在这一点上作更进一步的思考，甚至可能认为，这本该是一个理所当然的既定事实，无需再多追问，但实际的状况却符合那种一般认识论上的思考法则，即特定的观念是与特定的时代紧密相连的。换言之，我们不能跨越时代去把既有的理论教条化和固定化。当然，在这一点上，针对费孝通的这一“中华民族多元一体格局”的主张，大约也不会有什么例外。

在费孝通写作此文的那个时代，乃至于现在的当下，大略也是一样。大凡谈论到民族的问题，很多人是更乐于接受史学家们的那种书写范式，研究者一般不加疑惑地认可一种民族从无到有的人口自然史的发展进程，这似乎成为民族关系研究中的一个无可争辩的事实和书写的前提假设，历史上的民族和民族的历史，几乎成为可以相互替代的一对概念。民族，特别是少数民族，因此不再被看成是跟现代而是更多地跟过去乃至远古的时代紧密地联系在一起的一个概念。这里的一个基本的思考和叙述模式就是，一群人是慢慢地通过战争或者相互的融合而不断地发展起来，这显然成为一种历史主义论者最为欣赏的叙事模式。但是，它也仅仅能够告诉我们过去是怎么样的，却无法真正告诉我们，当下的没有包含在历史过程中的那些异质性的存在，其发生和演变的状况究竟如何？比如，我们在“寻根”意识的引导下，一般注意到的可能是一个族群的形成过程，而很少再去注意到今天的人们，如何逆历史地在塑造着一种“根”的社会意识，并由此而形成一种自我差异性的认同，这一点在汉人社会的族谱研究中，实际上是最早地体现出来了，也通过移民史的研究而得到了进一步的自我强化和固化。[①] 而与此相反的趋势也同样明显，在对20世纪80年代以来的“新客家人”运动的研究中，彭兆荣注意到了在这背后作为一种社会新属性的“移动性”（mobility）的存在。作为一种现代性的折射的移动性在逐渐地变成为日常生活的常态，旅行、移居、迁徙等不再是一种苦行僧般的朝圣或是背井离乡的伤感，而是由此而转变成为一种平平常常的生活以及在移动中的故乡构建。在这个意义上，中心与边缘的固有的关系结构被打破或得到了颠覆，而一种移动的正义也在此意识的引导下不断

① 葛剑雄、安介生：《四海同根——移民与中国传统文化》，山西人民出版社2004年版，第316—321页。

地浮现出来。①

不过，总体而言，在大量的历史学家为我们所勾勒出来的近乎完美和连续的有关民族形成的历史叙述中，实际上是存在着诸多瑕疵和断裂的，但这并不为民族关系史学家所自知。这方面的研究，已经在早期的以顾颉刚为代表的疑古派的史学论述中有诸多的表述，大约成为现代史学理论中的一个不争的事实。但是，后起的史家们，却还像西方人对于永动机的迷信一样，不停地在修补和完善着这些本来已经无法弥合的断裂或残缺。在这里，最为重要的问题可能不是简单的民族如何在历史中形成的问题，它可能仅仅是更大的问题的一个小的方面。最为重要的是，在今天所说的民族还没有形成其自身固化的民族意识的时候，族群分隔已经因为山水生态的阻隔而逐渐地形成并深入人心了。这些不同的人群，可能并不以现代意义上的“民族”来称谓自身，而会因为地域和认同上的差别，各自保留有自己的一个称谓，而其他的人又会从他们的视角来为他们这些眼中的“他者”再安插上一个外加上来的名字或族称，即后来民族学家所喜欢使用的“他称”这一术语概念。

作为一种自然演进的过程，有许多看起来实际并不相关的遗迹，都可以经由人的解释或诠释而相互有机地联系在了一起，由此而成为或建构出一个无法让人去反驳的貌似有着因果关系的历史事实，这是一种历史的书写经常会使用的一种做法。但是，如何能够对于当下发生着的社会现实给出一种解释，往往又是历史学家们所乐于去规避的。因为，他们大多不相信当下的事实有什么实际的存在价值可言。对历史学家而言，“当下”最多只能成为他们的历史谱系的撰写中最为末端的一环而已，甚至似乎是可有可无的一环。最为重要的是，曾经深受西方史学书写范式影响的中国现代史学，它本身也在影响着诸多学科的历史书写样态，民族关系的历史书写当然也不例外。这种书写的一个核心特征，恰如比较早地对中西方史学特点加以剖析的王韬在 1890 年《重订法国志略·凡例》中所指出的那样，相比传统中国史学重在“治乱沿革”与“天地变异”，“西史则兼及

① 彭兆荣：《移动正义：客家政治文化结构中的核心价值》，载《族群迁徙与文化认同——第十届人类学高级论坛暨第二届客家文化高级论坛论文集》，赣州，2011 年，第 58—60 页。

民间琐事，如发明一事，创造一器，必追原其始”。[①] 从这里可以看出，西方史学在中国占据主流之后，直接转变化一种对于谱系源流根源的追溯心态，由此而使得一些传统史料记载语焉不详的断裂，就成为可以借助一种历史的想象而任意加以建构的历史书写的空间。

这种有关民族的历史建构，可能恰恰忽略了一个极为重要的现代民族学的前提，那就是“民族”的概念终究是后起的，[②] 它的含义更多的是具有一种跟西方的启蒙运动所衍生出来的自我与民族意识的觉知相联系的，而并非一定是跟一个独特的族群的历史发展的史实紧密地联系在一起。尽管后来的民族学都试图在历史的脉络中信以为“真”地去追溯一个族群的发展过程，而不是真正地在所谓“民族志的当下”中去理解现代的民族或族群意识的成长和发展的历程。

在费孝通 1990 年 3 月撰写的“中华民族研究的新探索”一文中，他曾经明确地指出了，中国自 1949 年以后从民族研究到民族学的设立的独特发展过程，这个过程是建立在一种对于之前的民族歧视和民族压迫观念加以否定，并高调地强调民族平等的大背景下发生的，[③] 而恰恰是在这样的背景下，努力去了解各个少数民族的历史，便成为当时民族研究的核心任务，并在这个基础之上发展出了一种中国的民族学。[④] 在费孝通看来，这样做的优势即在于，可以在短时间内去了解民族地区历史发展的脉络，为少数民族政策提供一种科学调查的依据；而其不足即在于，由于对局部

---

① 转引自李孝迁：《西方史学在中国的传播（1882—1949）》，华东师范大学出版社 2007 年版，第 1 页。

② 林耀华曾经在 1963 年出版的《历史研究》第二期上发表《关于“民族”一词的使用和译名的问题》一文，文中提到斯大林有关民族的定义：在此定义后续的解说中，很显然，斯大林已经极为明确地提出了“民族”的概念乃是现代的产物。关于这一点可参阅林耀华：《民族学研究》，中国社会科学出版社 1985 年版，第 58—59 页。

③ 这种观念的起始显然可以上溯到民国初创时期的孙中山的民族主义思想，即要求中国民族的自求解放、中国各民族一律平等以及世界各民族一律平等，关于这一点的讨论可参阅：韦政通：《中国的智慧》，吉林文史出版社 1988 年版，第 48—51 页。

④ 1949 年以前的中国民族学也有一个长时间的发展，不过其更加根基于人类学的学科意思，强调具体的个案的研究，因此那个时候民族学是在人类学的引导之下的，当然说成是民族学和人类学等同，也是说得过去的，不过 1949 年以后和之前却有了费孝通所说的那种明显的分别。关于 1949 年以前的中国民族学发展历程可参阅王建民：《中国民族学史》（上卷），云南教育出版社 1997 年版，第 1—10 页。

的民族关系的过分强调，无法将其放置在一个中华民族整体的框架中来进行各民族之间关系的分析。[①]

一种历史的溯源的方法，无可否认地让我们注意到了族群形成过程的时间和事件的维度，但却无法真正去说明和解释与这种形成的过程相悖逆的那个反过程。一句话，历史使得我们有机会注意到了族群“合”的倾向性，而与之相悖的另一方面，即一种“分”的趋势，却被我们经常淡忘掉了。这两个原本相辅相成的方面，在民族关系史学者那里，可能就变成仅仅是注意到不同族群及其分支相互融合的过程这一单一向度，而忽视了另外的一个本来就有的相互分离的向度。而且，更为重要的是，这种相互分离，并非一般学者所认为的那种自我认同下的相互分离，而是因由外在的生活处境造就下来的一种天然的差异，这种差异经历一种文化的过程而不断地得到一种自我的强化，进而形成了族群之间的看起来是文化上的相互分离以及后起的在族群互动过程中所形成和认知固化下来的自我认同。山脉、河流、平原、谷地、森林、草地等的这些自然的样貌差异，都可以成为某种诱发族群相互分离的自然因素。但是，这些自然的因素与族群之间确实又存在着一种极为漫长的历史性的联系，这种历史不是我们后来有目的性地去追溯的在一定观念引导下所型构起来的历史，而是自然的因素与当地人的生活极为密切地联系在一起的对于过去的记忆与遗存，这显然是一种文化的形成过程，而不是后来人所称谓的那个不断被外加上来的虚构的规范书写的历史。

在这个意义上，不论是历史学家，还是民族学家，乃至一般的人类学家，似乎都没有真正注意到费孝通的“中华民族的多元一体格局”这篇论文题目中“格局”两个字其真正的含义所在，有人可能极为简单化地会将之理解成为一种共时性的“结构”，这显然是错误的。其含义应该是一种整体里容括多元的文化模式，它本身既是共时性的又是历时性的，极为类似吉尔兹在讨论印度法的观念时所指出的那种上下之间的连贯性，即所谓“分散在每一个地方都有一个小小法则的章程，本来都是不偏不倚

① 费孝通：《中华民族研究的新探索》，载费孝通：《费孝通全集》（第十三卷），内蒙古人民出版社 2009 年版，第 322—323 页。

地从经典文本、风俗、传说和法令中引申出来，而后便因地制宜了”①。在这里，值得特别指出的就是，“格局”这两个字，在费孝通早年《乡土中国》一书中，他在概括乡土社会特征时所总结出来的“差序格局”概念中，亦使用了这两个字。② 关于这两个字的意义，如果对于费孝通早期的英国人类学的训练以及那个时期英国的人类学传统不那么熟悉，那么，在汉语语境中所造成的结果要么是对此加以忽视，要么就会出现一种误读。③ 忽视的结果是不能从一个整体的角度去审视费孝通言及“多元”和“一体”时的显性的和隐性的双重意义；而误读的结果就可能会更加地糟糕，那就是在把“多元一体”这个概念单方面看成是一个经由历史而形成的一个静态的结果，而不是一个既包含有历史又包含有现实的动态过程。这一点在费孝通的老师史禄国（S. M. Shirokogoroff）所撰写的《乌拉尔—阿尔泰假设的民族学与语言学的诸面相》（Ethnological and Linguistical Aspects of the Ural – Altaic Hypothesis）一书中有非常明确的表白，费孝通曾经在硕士研究生阶段专门跟随史氏读人类学，显然是不可能不清楚这一点的。④

古语所谓“一叶障目”，显然，这种过于理想化的单向度的思维方式遮住了我们开阔的视野，让我们面对纷繁复杂的现实社会正在发生着的各种族群分化的现实，无法给出一种合理的解释。实际上，费孝通使用“格局”这两个字，是非常本土化地把英国功能论传统的人类学有关“系统”（system）和“组织”（organization）的观念，恰到好处地翻译成为汉

---

① 吉尔兹：《地方性知识：从比较的观点看事实和法律》，载吉尔兹：《地方性知识：阐释人类学论文集》，王海龙、张家瑄译，中央编译出版社2004年版，第256页。

② 在《乡土中国》这本书中的“差序格局”这篇文字中，费孝通强调的是所谓“整个社会的格局”，这实际是指一种“社会组织”，参阅费孝通：《乡土中国》，三联书店1985年版，第21—28页。

③ 尽管对于英国人类学的传统可有多种的理解，但有一点是极为清晰的，那就是对于结构与功能的连带性的认识。英国社会人类学的代表性人物之一拉德克利夫—布朗曾经在一篇对于“功能”概念加以澄清的论文中，专门指出了这种结构与功能相互依随存在的连续性，即所谓“通过并借助功能运行的连续性来使得结构的连续得以保持下来”（It is through and by the continuity of the functioning that the continuity of the structure is preserved.）。A. R. Radcliffe – Brown，1965，Structure and Function in Primitive Society. London：The Free Press. 第179页。

④ S. M. Shirokogoroff，1931，Ethnological and Linguistical Aspects of the Ural – Altaic Hypothesis. Peiping：The Commercial Press，Ltd. 第8页。

语“格局”这两个字。“格局”这个概念可能比“系统”和“组织”这两个词汇更加契合汉语自身的表达，它是指在一种更大的由多元现实所构成的并超乎其上又包容全部的“一体”的格局下来谈论各种的民族关系。且这其中既隐含着观照现实社会的共时性关系结构，同时又包含了万变不离其宗的历时性变化的功能性连续的意义。这一点似乎并没有人真正地去加以进一步的厘清，特别是在费孝通所谈论的“格局”与他的老师弗思（Raymond Firth）所讨论的“系统”和“组织”这之间一脉相传的学术传承，而任由各种假借历史叙述的既得合法性而对之加以曲解的静态论的观点不断蔓延出去，无关痛痒于现实发生着的族群关系系统的实际动态演变过程，更谈不上有对其更为深入的理解和把握。①

一体与多元的系统性捭阖

面对上述的反思，我们确实有必要真正回归到“多元”与“一体”本身的系统性意义上去加以理解，否则我们所有的认识都可能因为汉语文字表述上的模糊性和多重解释，无法真正理解费孝通所明确揭示出来的“多元一体”这一面以及他自己隐而未能述及的“一体多元”的那另一面。在费孝通的叙述中，这两者显然是不可能真正地相互分离开的。

除此之外，面对当下的语境，我们又必须要为“一体”和“多元”这两个概念，找寻到更加清晰的可以操作化理解的分析性概念，而不能再

---

① 在费孝通早年翻译的他的老师弗思的概论性著作《人文类型》一书中，在第四章的注释1，弗思专门辨析了他所谓的社会结构的含义，他认为有关社会结构这一概念，大多数的人类学家都会同意的看法是“直接根据经验用它来自一个社会中人们的行为所依据的主要原则”，但是在排斥了结构马克思主义者以及人类学的结构主义的社会结构的概念之后，他更专门指出了“社会结构”与“社会组织”这两个概念之间的区分，认为前者如果是指“在社会中指导人们行为的原则或规范”，那么后者即是指“对人们行为的安排，这些行为是个人为适应他人行为和外在环境而作出的选择和决定”（引自弗思：《人文类型》，费孝通译，生活·读书·新知三联书店1991年版，第98—99页注释1）。如果是这样的界定，我们实际上就会注意到徐杰舜在总结费孝通“中华民族多元一体格局”的理论时将其归类到结构论，即他所下的论断“多元一体论内涵的本质是结构论”可能就需要再加以斟酌，费先生的“格局”概念显然更接近于弗思所谓的“社会组织”的概念，而不是他所谓的“社会结构”的概念（关于徐杰舜的论断可参阅：徐杰舜：《从多元走向一体——中华民族论》，广西师范大学出版社2008年版，第39—46页。）

像以往那样模糊地提出问题，由此而为后来者的理解设置重重迷雾，无法真正在理解上实现一种新的飞跃。

在进入这一分析之前，一对中层的概念是不能不去触碰的，那就是我曾经在概括中国乡土社会特征时所使用的“闭合性”与“开放性”这一对概念，简要地说就是一种社会的“开”与“闭”的辩证关系，借此可以用来理解中国乡土社会自身的发展历程。① 与此同时，我又注意到了中国古典文献《鬼谷子》更具中国哲学意味的一对语汇，即所谓的“捭阖”。“捭”意味着开放性，而“阖”意味着闭合性。但最为重要的一点就是，捭阖的含义意味着二者不是各自孤立地存在的，而是相互依赖形成一种所谓“捭阖”的关系。有了这样的一对相对较为清晰的本土概念作为基础，我们再来看待“一体”和“多元”之间的关系，就可能会更加清晰以及由此而可以获得一种更具动态整体性的对于族群关系变动的深入理解。

一般而言，族群生活的闭合性成为“一体”能够实现的现实性基础，而族群生活的开放性又在一定的意义上使得族群生活的多样性成为可能。“多元”和“一体”之间属于一种相互包含的依赖关系，而一些走极端的做法，往往是只注意到了其中的一面，而忽视了另外的一面。在一定的意义上，“多元”隐含着“一体”，反过来，“一体”必然容括“多元”。在这里，一种中国思想观念中的“你中有我，我中有你”的状态得到了一种相当恰当的表达。这种关系的真正顺畅实现，要求的是一种能够勾连起二者的“智慧”，而不是既定的结构法则。② 并且，更为重要的是，处理这两者间的关系，根本的问题可能恰如韦伯早年在论及德国东部普鲁士省的日耳曼人和波兰人的民族性关系时所指出的那样，问题不是出现在社会底层的多元或者看起来的社会混乱的局面上，而根本是在于国家一体的层

---

① 赵旭东：《闭合性与开放性的循环发展——一种理解乡土中国及其转变的理论解释框架》，载《开放时代》，2011 年第 12 期，第 99—112 页。

② 最近一些研究者开始注意到了在既定的知识探求之外的默会之知，这是建立在会意基础之上的非规则性的智慧，被统称为一种“生存性智慧”，这显然是无法经由理性知识的逻辑推演所能够导出的，而是依赖于个人的不确定性和个体特殊性所产生的“默会知识”或者“实践性知识”。关于这一点的详细讨论可参阅：邓正来：《“生存性智慧”与中国发展研究论纲》，载《中国农业大学学报》（社会科学版），2010 年第 4 期，第 9 页。

次上如何真正能够创造出一种可操作的实践智慧，由此而让底层的日常认识的混乱，可以在特定的时间段得到消解，并经由一种领导权的衔接而统一在一起。[①]

在这里，应该特别指出的是，在传统的社会中，宗教与亲属关系，往往是比较有效、且能发挥实际作用的一种社会黏合剂，它使得人们一方面是在观念上，另一方面又是在人与人的关系上，相互保持着一种致密的结合。今天，这些要素，在特定的并没有真正接受现代启蒙观念的社会中依然还在发挥着作用，但显然已经是在走向一个日趋萎缩的道路，建构法权社会的口号，实际已经为强调人与人之间相互依赖关系的社会敲响了丧钟。而在今天，即从一种摩尔根所强调指出的那种从纯粹以个人为基础，依据人与人之间的关系所建立起来的“社会”（societias），即以人群生存为基础的传统的氏族组织的社会，而转变到以财产和领土为基础，并通过清晰的界限划分来实现领土和财产关系的“国家”（state，civitas）的社会上来之后，[②] 社会的基础在渐渐地发生着一种改变，并也同时在影响着人们表达多样性生活的方式。可以说，自我的权利和国家想象，成为这个时代最为重要的体现出社会的多元和国家的一体的两个极为重要的枢纽性观念的概念，人们诸多的观念表达，都是在这个意义上来重新审视自己在现实社会中的生活与上述两者的适配性。换言之，在传统社会中，位居社会生活第一位的强调人情世故的人与人之间的纽带关系，在逐渐地从现代社会的舞台上消失掉，但这又绝对不是瞬间的消失，即便是退到台后，依旧是在发挥着其自身的作用。[③] 但是无可否认的一个事实就是，新的财产和领土的观念，在逐渐侵入到我们现代人生活的舞台上，而与之相伴随的社会结构的转变中，最为核心的一点就是，这些都已经成为我们构建一种新的社会关系的制度化基础。一种财产权的私人化和清晰化，使得多元性

---

① 韦伯：《民族国家与经济政策》，载韦伯：《民族国家与经济政策》，甘阳等译，生活·读书·新知三联书店 1997 年版，第 106 页。

② 摩尔根：《古代社会》（第一册），杨东莼、张栗原、冯汉骥译，商务印书馆 1971 年版，第 7—8 页。

③ 在中国有关人与人之间关系的实践形态，可参阅杨美惠的细致研究：杨美惠：《礼物、关系学与国家——中国人际关系与主体性建构》，赵旭东、孙珉合译，张跃宏译校，江苏人民出版社 2009 年版。

的社会生活趋向于跟一个个的个体联系在了一起，个体也不再是相互联系在一起去应对社会风险，而是各自独立地承担着社会责任和抵御可能的风险或灾难。而领土观念成为国家能够延续和发展的最为重要的一项合法性基础，保卫领土以及保护领土上居住的全体公民的安全，成为这个充满着极端多样性的社会能够再一次地统一在一起，并能够形成一种共同性想象的观念基础。英国现代早期的思想家霍布斯曾经创造出了“利维坦”这一概念，以此来指称那种依靠强权来实现的现代国家一体的社会治理状态。[①] 而今天，霍布斯的“利维坦”已不再是一个四处游荡的“幽灵”，而是成为一种真正在发挥着其作为庞大的国家机器作用的强制性的力量，既看得见，又能够真切地感受得到。

与此同时，整体意义的国家认同的民族主义也是建立在这个基础之上的，这是一幅当下的现实的图景，而非历史上的那种由个人到氏族再到民族的那条“原始”发展的线路，即在这两者之间，出现了一个断裂，国家的观念使得社会的注意力从个人转变到了领土和财产权之上，这是今天过于看重历史和民族融合过程的民族学家所没有真正自我觉知到的。结果，秉持一种历史连续性观念的研究者，因为不知道这种历史的断裂，而无法去领悟当下的社会结构及其多元分散本身所可能具有的一种新的约束性力量。西方“自由多元主义”的新思潮可能是这种新的政治的极端表现，只是它更为强调在实践中的价值多元，[②] 而没有注意到实际存在的现代国家一体格局在制度层面上自身的影响力。

从“多元一体”到“主体多元”

如果，多元是一种现实，那么，一体便成为一种理想。在传统的以人为核心并以人与人之间关系为基础的社会中，人与人之间的联系会不断地扩大出去，由此而形成了一个带有联合意味的整体性的民族，这是摩尔根

---

① 霍布斯：《利维坦》，黎思复、黎廷弼译，商务印书馆 1985 年版。

② 盖尔斯敦：《自由多元主义：政治理论与实践中的价值多元主义》，佟德志、庞金友译，江苏人民出版社 2005 年版。

意义上的民族构成的进程。一般而言，这种情形与今天的先被赋予了一种民族国家的观念，[①] 然后再去识别出或者归类出各个少数民族的做法显然是大不相同的。

而具有一种历史偏好的民族关系史学家，恰恰可能是过度关注于所谓的历史发展过程本身，[②] 这个过程可能是一个仅仅止于之前摩尔根所敏锐地指出的那个靠氏族联合而逐渐壮大起来的民族的发展过程，而并非关注到了在一种后来所创造出来的民族国家观念影响下对族群代表性的区分与确认的过程。如果研究者忽视了这一点，我们在实际的观察中就可能会犯下把过去当作现实来加以再次建构的可能。更有甚者，我们可能会将一种现实的可分析性彻底地淹没掉，而径直地以历史来证明当下。但殊不知，这二者之间，因为启蒙意识成长之后的发展，而发生了某种的社会学家意义上的结构性的断裂，由此而使二者之间已经不复再保持一种相互的依赖性，这可能才是从历史脉络的梳理中试图去解决今天的多元和一体复杂关系问题的最为关键之处。

传统的社会是以个人与个人之间的联系为基础而成为一广大的社会，这与现代民族国家构成了一种极为强烈的反差，现代的国家以民族和民族主义的建构为核心，恰如吉登斯所言，“民族和民族主义均是现代国家的特有属性”[③]。因此，今天这种社会的形态，因为财产权、国家观念以及公民权意识的成长，而使得人们相互联系的旧的纽带在逐渐地脱解开来，每个个人都转变成为没有相互实质性的依附关系的独立的个体，并以每个个体的独立的身份而去应对整个世界及其所带来的风险和契机。正像梅尼克所指出的那样，现代的民族国家内部存在着的是“不同的个体和社会

---

① 在史密斯看来，民族国家是一个在第二次世界大战之后不断在全世界蔓延出来的观念，由此而构成了一种现代意义上的“民族建构”的时代，并且史密斯强调“主要是非洲和亚洲的社会被完全是新的并且是按照欧洲的模式建立起来的国家所再造”。引自史密斯：《民族主义：理论、意识形态、历史》，叶江译，上海世纪出版集团 2006 年版，第 127 页。

② 在马戎编写的《民族社会学》的教科书中已经率先指出对于族群关系研究的现实维度而非历史维度。对此可参阅马戎：《民族社会学——社会学的族群关系研究》，北京大学出版社 2004 年版，第 16 页。

③ 吉登斯：《民族—国家与暴力》，胡宗泽、赵力涛译，王铭铭校，生活·读书·新知三联书店 1998 年版，第 141 页。

团体”，不仅各自有各自的思想，且善于表达，这些不同团体的思想会“彼此竞争，永无休止”①。在这个意义上，在现代民族国家中消除所谓的对立、差异便可能是一种空想，“而只能在一种确定的根本价值观、彼此容忍以及承认区别与多样性的基础上达成统一”②。在这样的社会中，个人自我意识的成长受到了一种超乎寻常的鼓励，并为之而给予了极大程度的社会赞许。在此意义上，今天的社会多元，实际上也与传统时代的多元有着一种本质意义上的差别。可以简单地说，今天的多元越来越多地是建立在个人主体性的多元之上，这种多元甚至完全可以用“主体多元”这个词汇来加以概括，也就是因为个体的独立主体性的彰显，个体主义的生活方式成为人们生活方式选择的主流，世界也因此而呈现出社会多样性的姿态来，这与传统社会因为山水地理空间差异而形成的多元或多样性的社会与文化形态判若两样，那种多样性实际上是建立在以社会的闭合性为基础的内部相对一体而外部相互构成多元的一种社会格局之上。③ 因此，在传统社会中，内部一体边界的扩展，意味着人群涵盖范围的扩大，但通过一种由中心而向周边的征服与教化的力量，实现从原来的一体再到新的一体的民族认同边界的扩展，其中武力或军事的征伐乃是最为重要的实现民族融合的途径，这种武力征伐，还带来了民族的迁徙和居所的变动。④ 但是，今天在所谓民族国家建立起来之后的国家领土基本确定以及公民资格基本得到认可的前提条件下，国家成长的模式可能就不再是领土扩张以及民族联合的发展模式，⑤ 而是转变成为在既有的领土框架之内，凭借代表性和利益分享原则，在一体框架内部不断出现分化进而导致社会主体多元的社会治理格局，即新的发展进程不再是由分散开来的多元的融合、联

① 梅尼克：《世界主义与民族国家》，孟钟捷译，上海三联书店2007年版，第9页。

② 梅尼克：《世界主义与民族国家》，第9页。

③ 赵旭东：《族群互动中的法律多元与纠纷解决》，载《社会科学》，2011年第4期，第70—77页。

④ 李一氓在《试释汉族》一文中曾经指出了这一点，他认为，“历史上的民族融合，基本上是通过军事手段，军事手段以后，就是大规模的迁徙。而这个融合，基本上是融合于汉族”。参阅李一氓：《试释汉族》，载《文史知识》，1984年第8期。引自李一氓：《存在集续编》，生活·读书·新知三联书店1984年版，第13页。

⑤ 正像李一氓所指出的：“辛亥革命以后，这个以武装强制的民族融合的长过程就算完成了。”引自李一氓：《存在集续编》，生活·读书·新知三联书店1998年版，第15页。

合、结盟等诸多合作形式而发展起来的认同上的一体，而是在一种先赋的国家一体观念下的经由现代主体意识的不断自我强化而发生的分化，并由此而形成社会的主体多元与差异区分的形态。而形成此种主体多元社会形态的最为重要的启动机制便是个人选择机会的增加，在现今的社会之中，选择的观念成为今天每个个体不能不去面对的一种社会生存策略，因为被今天社会所不断强化的自我的主体性所要求的，恰恰就是一种本属于你个人的生活态度的自我选择，离开了这一点，完整的个人意识也便不复存在，即便存在，也一定不再受到社会价值的正向鼓励。

之前的民族关系史的分析，可能仅仅让我们注意到了传统社会族群关系从多元分散的局面而腾升为一体的那一向度，但却因此而忽视了当下社会因为现代观念的转变而带来的作为整体的多元一体格局中另外一种的，即从一体到多元的形态的转变这一向度，这从根本上属于现代社会的族群关系的架构而非传统社会的族群关系架构，且无法直接从对于传统社会的族群关系的历史梳理中自然地发展出来一种对于当下族群关系架构的理解。今天所呈现出来的文化与社会的多元主义趋势，因为现代个体主义的提升，而变成可以任由个人来加以选择和学习的多种的文化表征，而非实际的生活处境所自然形成的多元存在形态。换言之，“多元”成为一种可以借此来证成自身主体性的象征性的符号，当下许多激进的多元主义，都可能是在这样的符号意义引导之下，而在发挥着其对社会和族群关系的独特的影响力。

历史主义的谬误

如果我们单单地注意到了从多元到一体的传统国家的历史成长过程，并以此为基础去分析当下的社会处境，我们实际上就会像盲人摸象一般找错了地方，因为在经历了现代社会的大转变之后，社会构成的格局，已经发生了一种带有根本性意义的转变。

在这个意义上，历史本身都可能成为现代性观念所引导下的自我创造的一部分，福柯的讨论在许多方面都是在这个意义上展开来的。[①] 与此同时，我们更为清楚地意识到的可能是历史如何经由历史编纂者、历史学家的书写而进入到当下的社会实践中来，至少现代博物馆的存在，已经向我们暗示，历史在被不断地重新界定之后，成为我们现代人生活和想象中的一个不可分离出去的部分。而我们离不开历史，不是因为历史成就了我们的现在，恰恰相反，我们因为对于当下的远距离的逃遁，而使得我们无法真正地接触到当下的现实存在，一种吉登斯意义上的“经验的存封”在这里得到了一种最好的说明。[②] 我们因此需要借助历史来为当下找寻到被表征存封起来的当下。这实际上也是我们之所以先入为主地接纳历史来解释我们当下生活的唯一理由，似乎过去的“死魂灵”可以再一次复活一般，这一点也在潜意识层面深度地影响着我们当下的认知和判断。

因此，在一种历史主义的范式影响之下，我们在解读多元一体格局这一并非清晰的框架体系时，大多数的人都可能仅仅注意到了“从多元走向一体”的这一单一的历史形成过程，[③] 这实际从学理的层面上可谓是过去时意义上的“一体”。因为中华民族历史过程中的“多元”与“一体”是一个因国力的盛衰而不断在摆动之中且具有反复性的过程，它可能会因为人群和政治联合范围的扩大与缩小而发生着一种变动，[④] 但今天，特别是1911年以来，现代民族国家的观念开始在中国的领土上慢慢成长起来，[⑤] 这种“一体”和“多元”之间的关系在发生了一种“天翻地覆”的相互转换之后，二者之间传统的周期性逆转的关系，实际已经因为国体

---

① 王治河：《福柯》，湖南教育出版社1999年版，第86—89页。

② 吉登斯：《现代性与自我认同》，赵旭东、方文译，生活·读书·新知三联书店1998年版，第192—197页。

③ 徐杰舜：《从多元走向一体——中华民族论》，广西师范大学出版社2008年版，第23—30页。

④ 在顾颉刚和史念海合著的《中国疆域沿革史》一书中对这一点有极为清晰的表述，可参阅：顾颉刚和史念海：1999/2004，《中国疆域沿革史》，商务印书馆，第1—3页。

⑤ 在历史学家葛兆光看来，这种中国的民族国家的意识，可能更早地可以追溯到宋代，一种在周边“异文明”的压迫之下所形成的“汉文明”的自我意识，其酝酿出了一种真正具有现代意义的“自己独特的传统与清晰的历史”，这种“道统”的观念，即汉人文化的正统性和合理性，在葛兆光看来，“恰恰就成了近世中国民族主义思想的一个远源”。引述自葛兆光：《宅兹中国——重建有关“中国”的历史论述》，中华书局2011年版，第62—65页。

政治架构的彻底转变而被切断开来，极为明确的国家一体下的领土、人民以及主权的观念，让内外之间、上下之间以及中心和边缘之间的关系，都变得极为明确、固定和均质化，并时时受到了强大国家机器的监视和护卫，使其不能有丝毫的变动。因此，国家一体在原则上无真正区分的均质化的清晰图像及其塑造，使得作为一体的国家试图在无人群区分的前提下尽其可能多的去容纳各种的差异和分化，这种实际存在的多元格局，可能会因为不同时期民族和国家意识的微小的变动而有一种宽容度上的改变，但确实已经不再有一个单独的"一体"和单独的"多元"的时代能孤立存在，而是真正被容纳到费孝通所概括出来的民族关系的"多元一体"的整体论框架中，并相互发挥着各自的作用。

在此意义上，我们实际上有必要去转换一种定势的思维，真正去注意到在经历了一种从中华帝国到民族国家的大的社会结构转变的前提之下，我们究竟该如何去看待新的当下既已存在的在一体不变的总格局之下族群与社会多元分化成长的滋生过程，而不是反方向地在旧有的框架之中去看待本已经是不复存在、或者说已经不成其为问题的族群从分散多元走向一体的那个历史的过程，而是要真正去透视在现有制度框架之中多元社会形态发展的过程。这种在既定的国家一体格局下的对于多元社会过程的把握可能会受制于多重的影响因素，并且需要有多学科视角的参与。当然，其中最为重要的一项因素便是人与人之间联系的方式，对这些不同地域和文化观念下的人与人相互联系的方式的考察，于我们理解在一体的结构之下缘何有分化和融合的趋势提供了极为重要的解释信息，特别是在现代意义的个体主义观念影响下的对人与人之间联系方式的转变的考察，它可以让我们真正理解在今天的社会当中，人们可以联合起来或者分化出去的个人、社会与文化的基础究竟是在哪里。[①]

---

① 在此意义上，可能阎云翔对于东北夏家村空间的私密化观念成长的研究堪称是这方面的典范研究，它透露给我们有关在现代观念借助从土炕到单元房的空间的实践转换所能够有的个人联系分化的文化的表达。可惜，这类的细致研究目前依旧是极为缺乏的。参阅阎云翔：《私人生活的变革：一个中国村庄里的爱情家庭与亲密关系（1949—1999）》，龚晓夏译，上海书店出版社 2006 年版。

余 论

如果我们能够极为清楚地意识到，作为一个整体的民族，它是由民族国家的观念而自然生成的一种族群观念，或者如安德森所指出的是一种“想象的共同体”①，那我们实际也就没有必要耗费如此巨大的精力，去费尽心力地证明某一个民族从多元到一体的发展过程。而且，这样的一种努力只可能落到一个由果导因的认识论的谬误中去，就如西方殖民早期曾经借助自我的想象去构想西方以外的人群的发展历程那样。我们似乎也在某种意义上，勉力在构建起一种这样的可能有悖于事实本身的自我与他者的形象，而这种建构，实际上都带有某种在本来断裂的线索之上加以虚构的所谓的“传统的发明”之嫌，② 这可以说是有追溯一个民族的成长史偏好的研究者需要有所自我警醒并有意要去加以克服的。可能在这里，最为重要的一点提醒还在于，过度把原本具有包容性的“多元一体格局”的系统架构而非僵化的结构，单方面地去从“多元到一体”的历史过程的梳理中对此架构加以肢解，那就可能会使我们无法真正从当下的带有多元意味的不同族群生活互动的处境中，去理解他们自身的适应与转化的过程。在这个意义上，我们实际上要做的工作是尽可能全面地理解多元一体的真正意含，③ 如果不是这样，我们便有可能在民族问题的研究上受到过多的事倍功半效应的阻碍而一无所获，这从研究的经济学上来说，也是一件极为不合算的事情。

可能，问题的最为关键之处在于，我们如果把“多元”仅仅看成是

---

① 安德森：《想象的共同体：民族主义的起源与散布》，吴叡人译，上海世纪出版集团 2005 年版，第 153—176 页。

② 霍布斯鲍姆和兰格：《传统的发明》，顾杭、庞冠群译，译林出版社 2004 年版。

③ 对于将“一体”等同于国家，进而将“多元”理解成“国家的分裂”的主张，张海洋最近撰文试图对此进行一种回应，他试图借此来厘清所谓的“中华民族”的真正含义是在哪里，对于国名“中华人民共和”中的“共和”两个字，张海洋认为其“明显具有对国内的民族多样性承认”的含义，这实际上是对把国家片面理解成为“一体”的代表性做法的一种潜在的批评。参阅张海洋：《汉语“民族”的语境中性与皮格马利翁效应——马戎教授“21 世纪的中国是否存在国家分裂的风险”述评》，载《思想战线》，2011 年第 4 期，第 18 页。

一种既定的结果，而不是将其看成是在不断地发展着的一个过程，并且把这种结果的出现，极为密切地跟后来晚出的“民族”的观念扯在一起，那么最后我们会渐渐地发现，我们实际上连最为基本的“多元”的含义都无法理解，更不用说形成一种所谓“多元一体”的整体图像了。因为，就占整个中华民族绝大多数的汉族自身而言，其内部的分化和多样性程度，就已经让研究者不知所措了，说北方话的汉族，与说潮州话的华南地区汉人之间的差异和难于沟通，可能绝非是能够用“汉人”这两个字而一笔带过的，其间的差异很难让我们在这样两个人群中间轻易地画上等号。语言学家的研究甚至向我们暗示，潮汕人的语言可能和位于太平洋岛屿上的密克罗尼亚以及美拉尼西亚人的语言更有相近。因为据说，那里的人的祖先奥斯特尼西亚人，大约是在六七千年以前从中国的南方迁徙而来的。[①] 单就民族语言学的证据似乎就可以认为，从一体到多元的过程，可能更加是一个重要的理解当下乃至历史的一个重要的思考向度。

语言学家甚至比较明确地告诉我们，单就语言的分化传播这一点而言，在中华民族目前为止整体构成的56个民族中，除了每个民族都有自己的文化和语言的传统之外，它们族群内部实际上又构成了不同的方言群，而这些方言群的基础，“最初都是以中原地区扩散开来的汉语为表层语言，各少数民族的语言为底层语言，这样相互作用相互影响而形成的”[②]。这不仅从语言研究的角度，呼应了考古学家张光直对于中国文化在多个文化圈的交互作用之下所形成的假说，[③] 同时也指出了汉语自身的特点，使其可以将各地纷乱的方言统一在“中国”这一整体性的观念之下，这个大约最早出现于《诗经》中的概念，在上古的周代就已经深入人心，而这“中国”之外的区域，却是被名称并非完全确定，且并没有完全传递下来的各个少数族群的观念所围绕。[④] 由此，显然可以推论说，围绕着中国而有的“一体”的社会想象，在中国文化里，不论是古代还

---

① 王士元：《语言的探索——王士元语言学论文选译》，石锋等译，北京语言文化大学出版社2000年版，第29页。

② 王士元：《语言的探索——王士元语言学论文选译》，第128页。

③ 张光直：《古代中国考古学》，印群译，辽宁教育出版社2002年版，第233—308页。

④ 王士元：《语言的探索——王士元语言学论文选译》，第128页。

是今天都不是缺乏的，[①] 甚至可能和一般人所理解中国的观念或者中华民族的观念是从多元走向一体的看法相背离，实际的情形恰恰可能有悖于我们一般的受到历史学家牵涉过多的那种认识，而真实发生的情景是先入为主的中国中心的观念超乎经验的多元而预先凝固在中国文化影响下的中国人的心里，反过来在这一体的背景下，所有的多元会因为各种特殊性的原因，诸如地貌、生态、资源以及山水阻隔而表现出一些不同的形态，并因此而分化成为族群不断地变异分化并且在与周边的文明圈互动的过程中不断地改变着自己的语言、方言、饮食习惯等。

附带地值得进一步指出的是，大凡气度庞大的历史时代，一种整体的民族认同便也可以容易得到实现，比如秦汉及唐代，这些朝代的名称，在今天依旧被用来指称作为一个整体的中国人，不论是外族还是中国人自己都会有这样的认同，由此而标志出了那些时代的文化的影响力之深。在那样的有着开放性的大一统气势的时代里，多样性体现得极为明显，比如在唐代，朝野上下，汉蕃杂处并非是什么令人称奇的历史故事，而不过是平常最为普通的司空见惯的生活场景而已。反之，宋、明、清诸朝，尽管不能说没有门户开放的实践，比如郑和下西洋之类，但整体而言是心态闭锁的，其主流趋势所采取的锁国海禁的政策，使得社会的多元性得到了消弭。而与此同时，国家的一体性也未能真正得到落实，今天我们称中国人（秦）、汉人以及唐人，显然不是在汉族的专一性上来谈论，而是作为一体的中国人所认同并加以认可的一个名字，体现了那些朝代的大国襟怀，而显然不会用“宋人”、“明人”或“清人”这样的语汇或称谓，原因大约如此。

执此之故，一体的结果，显然并非由多元融合所能直接构成，必先要求有大一统的姿态，且配以海纳百川的气度，舍此不仅“一体”的情势难以保障，人们生活实际所出现的自然差异与多元，亦会因为过度受到压

---

① 如杨志强最近在对于清代“苗疆”社会“非苗化”的研究中专门又重提了传统中华帝国“大一统”思想中文化共同体建构中的“文野之别”观念，并强调由此而衍生出来的“华夷之辨”观念其所具有的包容性，以及由此而形成的其所谓的“华·夷”共生的政治“一体”与文化上“多元”的局面。引自杨志强：《前近代时期的族群边界与认同——对清代“苗疆”社会中“非苗化”现象的思考》，载《苗学研究》，2011年第3期，第4页。

制而出现窒息。有鉴于此，对于费孝通晚年早期所提出的多元一体的格局的观念，要去理解它的真正含义所在，而不是简单化的只从历史的维度去证明由多元而一体的民族融合的过程，最为重要的是要去审视和宣扬一种在一体之下的多元存在的可能。稷下学宫的百花齐放，百家争鸣，尽管是一种老生常谈，但不失为对于多元一体当初提出时的不完备而可以提供的一种补充和警示。

在我们重读费孝通《中华民族的多元一体格局》这篇名文时，似乎也不要忘记他在文章结尾时的那个提醒，他说“中华民族将是一个百花争艳的大园圃”。费先生不愧是文章运思的高手和行家，在别人可能会因为其单方面的历史的论证而强调民族融合为一体的单一历史过程之时，他却也在清楚地提示我们，还有另外一个方面的可能性，即在“一体”的“大园圃”中，实际存在的是一种相互区分且有差异的“百花争艳”的“多元”局面。[①] 在这个意义上，费孝通的有关“中华民族的多元一体格局”论证似乎并没有完成，他为我们后来人留下了一个希望，这个希望应该就是提醒我们去更多地注意到，如何在一种现实的“一体”的格局之下去真正领悟和发展“多元”或多样性存在的可能。在无法和费先生直接去面对面对话的今天，在纷繁复杂的族群互动的当下，我们似乎也只能去做这样无奈的学术猜想和论证了。

---

① 费孝通：《中华民族的多元一体格局》，载费孝通：《费孝通全集》（第十三卷），内蒙古人民出版社1988年版，第147页。

自信与互信在民族国家内部和谐关系构建中的重要性

——以蒙古国哈萨克族迁移为例

那顺巴依尔　葛根图雅

内蒙古大学教授　呼和浩特职业学院师范学院院长

一、引　言

古人云："自信者不疑人，人亦信之，吴越皆可同胞；自疑者不信人，人亦疑之，骨肉皆成敌国"（清·史典《愿体集》）。也就是说，相信自己的人不怀疑别人，别人也信任他，即使敌对国家的人都能成为同胞；对自己都怀疑的人不信任别人，别人也怀疑他，即使是至亲骨肉也可能会成为敌人。

"民族国家"作为一个政治主体，她的所有的公民理应仅属于同一民族，但单一的民族组成一个民族国家的"理想民族国家"在世界上从来就没有实现过。一般情况下，一个国家由几个民族（或族群）组成，其中有一个主要或人口多数的民族，其他为小民族，也被称之为少数民族。历史进入所谓民族国家时代以来，各个国家社会一直面临着这一历史时期所包含的一种深层次矛盾，即处理好国内各民族政治关系，使她们整合为一个民族国家。民族国家这一政治框架之内，怎样处理民族之间，尤其是多数民族与少数民族之间的关系是当今几乎每一民族国家所面临的需要处理的课题。

中国作为多民族国家，也一直在探索处理民族关系的途径，并制定了以民族区域自治制度为中心的一整套政策和法规，得到国内外的认可。近年来，中国学界对中国民族政策进行反思，其中有些学者认为，现有的政策存在相当大的缺陷，需要重新制定相关的民族政策。在这些论点的背后，可以感觉到对中国民族关系的未来抱有一种不安、担心、焦虑的心理。

对中国现行民族政策的未来抱有这样一种负面的心态，主要是来源于所谓的苏联教训。这些学者大都认为，前苏联垮台的主要原因归根到底是前苏联的民族政策所导致。而前苏联的民族政策，制度上允许少数民族作为一个行政区域的主体民族治理各加盟共和国，这对日后的解体埋下了顺理成章的伏笔。这种看法，正如郝时远所指出的，完全没有认清前苏联的国家国体特征，即苏维埃联盟。何况，前苏联解体真正主要原因是体制内部的深层次矛盾所引发。

对现有的民族政策的成效肯定不足，又误读前苏联的“历史教训”，在一部分人当中产生了对现行民族政策和制度的怀疑和不自信心态，也弱化了对整体少数民族向心力的信任态度。这种社会心态的后果之一是，对少数民族工作产生了一些负面的影响，如一些少数民族人士误认为，中国少数民族政策将产生大的变动，少数民族权益和地位将会下降。

民族国家结构中，民族问题实际上是大民族与少数民族关系、国家与少数民族关系问题。怎样处理好这些关系，国家和大民族对少数民族的立场很大程度上起关键作用，因为它直接影响少数民族向（离）心力的形成。对政策、制度进行理论反思是不可置疑的，也是十分必要的。我们在将具体少数民族地区社会政治问题与民族政策联系起来反思民族政策缺陷时，重点应当把民族政策放在社会实践及贯彻实施的具体过程中加以考察，这样才能避免盲目地将民族问题的严重性归结于实际并未好好贯彻落实的民族政策，更不至于人为地把现实生活中的民族问题的产生归结于现行民族政策法规的制度性缺陷。

我们反省现行民族政策法规时，参照他国经验教训是必要的。人们将美国、巴西、印度等国家的相关经验当作主要的参照系时，我认为我们邻国蒙古国的一些做法反而对我们有一定的参考意义。2009 年 8 月我曾在蒙古国巴彦乌勒盖省和科布多省做短暂的田野考察，对蒙古国少数民族地区的社会生活有了初步的感性认识。之后收集一些相关第二手资料，研究他们的民族政策，有了更深入的理解。本人发现他们的政策不乏一些值得探究的政治智慧，对中国民族政策研究具有一定的借鉴意义。

二、蒙古国哈萨克族及其迁徙

人们认为，蒙古国在世界上相对而言是单一民族国家。但事实上并非如此。除主体民族蒙古族之外，蒙古国还有哈萨克、霍屯、乌梁海、查唐、图瓦等操突厥语族少数民族，以及为数不多的汉族和俄罗斯族。

虽然蒙古国蒙古族占全国人口总数（275 万多）的绝大多数（约 95%），但少数民族占全国人口的 5%。据 2010 年蒙古国人口普查，哈萨克族人口有 101526 人，约占全国人口的 4%。

蒙古国哈萨克族主要居住在巴彦乌勒盖省。此外，科布多省和乌兰巴托市等地也有一些哈萨克族居民。巴彦乌勒盖省是蒙古国 21 个省中最西部的省份，也是平均海拔高度最高的省份。与俄罗斯、中国接壤。该省建于 1940 年。土地面积 45704. 89KM^2，人口 93017 人（2009 年），其中 88% 为哈萨克族，哈萨克语为他们的第一语言，蒙古语为第二语言。哈萨克族信奉伊斯兰教。

据文献记载，哈萨克人早在 1864 年就从中国新疆地区迁入蒙古境内。蒙古现有的人口普查资料显示，1905 年蒙古西部地区有 1370 名哈萨克人（Diener 2003）。20 世纪 20—40 年代，在现在的哈萨克斯坦当时这一苏联加盟共和国掀起集体化运动时，大批哈萨克人为逃离社会政治运动，迁徙到蒙古国西部，受科布多省管辖，1940 年专门为他们建立了巴彦乌勒盖省。为他们建立巴彦乌列盖省以及使他们在该省成为绝大多数民族的事实表明，“蒙古国不仅容纳了哈萨克人的来临，而且提供了在这一地域结构内保留他们文化独特性的便利”（Diener 2009：172）。

巴彦乌列盖省首府乌勒盖市已成为蒙古国伊斯兰教中心，清真寺和伊斯兰教学校建筑都朝向麦加方向。从小学到中学的教育体系以哈萨克语为主，课本直接用哈萨克斯坦的教材，上大学的学生有一部分留学哈萨克斯坦，一部分去乌兰巴托。

1990 年蒙古国政治经济发生巨大变化，社会主义时期的计划经济体系解体，人们的生活遇到前所未有的危机。这时，巴彦乌列盖省哈萨克族认为，移居哈萨克斯坦将是很好的选择。因为，人们已经获悉，哈萨克斯坦从 1991 年开始接收国外的哈萨克族移民。1992 年 1 月 12 日，哈萨克斯坦总统努·阿·纳扎尔巴耶夫向全世界哈萨克人发出邀请，欢迎哈萨克人回到哈萨克斯坦定居生活。这一召唤无疑对蒙古国的哈萨克人是个极大的鼓舞，大批的迁徙最初是以劳务输出的方式有组织地进行的，到年底迁移人口变得更多。哈萨克族牧民纷纷携家带口，通过俄罗斯向哈萨克斯坦游牧迁移。

巴彦乌勒盖省在 1990 年年初共有人口 9. 92 万人，到 1992 年时人口降到 9. 3 万，1993 年降到 7. 5 万。从 1990 年 9 月到 1992 年 8 月期间，就有 4. 1 万人迁居到哈萨克斯坦。

1993 年之后迁移到哈萨克斯坦的一部分人陆续返回蒙古国。有人估计有 1 万多人。原因是，由于哈萨克斯坦的接待安置工作开展不力，许多人因找不到合适工作岗位、生活无着落、水土不服、思念亲属等原因而陆续返回蒙古的故乡。他们的返回，使盲目迁徙的人受到了教育，迁徙的人数骤然减少，1994 年巴彦乌勒盖省的人口开始回升，达到 8 万多人，到 1997 年时已达到 9 万人。

蒙古国哈萨克族聚居区巴彦乌勒盖省和科布多省是经济欠发达区域，就业机会非常有限，人们谋生的一种选择是外出务工。Joanna Lillis 写道，生活在科布多省的英语老师 Tilek Bakhyt 仍觉得生活非常艰难，希望年幼的侄儿在国境之外有一个美好的未来。他说，实现这一目标，哈萨克斯坦是个不错的地方。

蒙古国的哈萨克族都知道，哈萨克斯坦在实施一项国家政策叫做 oralman（回归者），即以提供资金和国籍身份等措施，鼓励国外的哈萨克族移居哈萨克斯坦。该政策自 1991 年实施以来，已有 70 万国外哈萨克族迁回该国，使国内哈萨克族人口比例上升到67%。其中，从蒙古国移居哈萨克斯坦的移民人数达到8.7万。

蒙古国哈萨克族一般认为，哈萨克斯坦的发展程度要比蒙古国高得多。事实也确实如此。蒙古国的人均GDP不到2000美元，而哈萨克斯坦则达到7000美元（2009）。巴彦乌勒盖的就业机会极为有限，离乌兰巴托的距离长达1200公里，需要整整两天的土路旅行才能达到首都。总之，偏远的位置使该地区人们去蒙古国相对发达地区如首都更加困难。

而哈萨克斯坦的东部城市Oskemen则与巴彦乌勒盖仅47—60公里的阿勒泰山脉相隔，经济相对繁华，生活富裕，对巴彦乌勒盖哈萨克族充满诱惑。向往哈萨克斯坦的主要原因就是寻找更好的生活机会，当然有一些人有政治或文化上的考虑，即要在祖先的故土上成为真正的哈萨克人。但这种考虑不是主要的原因，更不是由于蒙古国国内政治的压力。很多蒙古国哈萨克族人坦言，蒙古国对他们没有什么政治或宗教压迫。曾担任蒙古国国会副议长的哈萨克族政治家和学者扎尔迪汗告诫哈萨克族青年，蒙古国给哈萨克族提供了土地和草场，应该感激蒙古国，对居住在蒙古国的哈萨克族来说，“蒙古国永远是祖国”（Diener 2009：197）。

但也有极少数极端的哈萨克族人提出巴彦乌勒盖省独立或该省加入哈萨克斯坦的要求，对此“蒙古国政府给予坚决否决。由于蒙古国政府尊重哈萨克族人的民族感情、宗教信仰和人权自由，采取协商解决一切问题的政策，通过对话使得蒙古国哈萨克族人的问题得到了较好的解决。要求独立或加人哈萨克斯坦的言论也自行消失了”（图门其其格，恩和1999：205）。

蒙古国政府对哈萨克斯坦也采取沟通协商的方式。哈萨克斯坦政府了解蒙古国哈萨克族人的经济状况和他们的迁徙愿望，所以哈萨克斯坦官员专门访问蒙古国，并对哈萨克族人解释哈萨克斯坦吸引国外同胞的具体措施，包括资金补助和低利率贷款政策。

蒙古国政府对哈萨克斯坦政府政策和国内哈萨克族人的迁徙计划一贯抱有宽容的心态和态度，允许他们自由迁走，同时容纳他们返回蒙古国。换句话说，蒙古国政府允许哈萨克族自由往返迁徙。因为，回到蒙古国的哈萨克族也不一定已经决定永远再不离开蒙古国，他们说不定数年之后再次前往哈萨克斯坦定居。

Lillis 写到，来自蒙古国西部的 Bakhyt 说，“我在哈萨克斯坦生活了几年，发现生活并不那么简单，尤其买房特别难，因为房价非常昂贵”。已经回到蒙古国的他说，如果挣够买房的钱，他会再去哈萨克斯坦。Bakhyt 并不是个别的例子，而是很多蒙古国哈萨克族人的处境。

有人于 2006 年在蒙古国哈萨克族人中进行了问卷调查，从访谈中了解到，迁徙并非是一次性的、大规模的运作。城镇和牧区的各种职业的男女老少，对为什么要迁徙哈萨克斯坦的原因，有很多不同的答复，包括从投靠亲朋好友、改善生计到把子女培养成“真正的哈萨克人”等五花八门的缘由。

很多人已经在两个国家之间来回走动数次，仍未确定下来最终在哪里落脚。所以很难说，蒙古国哈萨克族迁徙哈萨克斯坦的过程已经结束，它是一个仍然在进行着的过程。至少目前，我们无法预测它什么时候结束，或者它会对蒙古国哈萨克族带来什么样的结局。

现在的主要问题是有些哈萨克族的双重国籍问题。有些迁徙到哈萨克斯坦的公民在未退出蒙古国国籍的情况下，加入哈萨克斯坦国籍。而蒙古国宪法规定蒙古国公民只能选择一个国籍。

所以，哈萨克族迁移到哈萨克斯坦的行为，必然与现行蒙古国相应政策法规相抵触，从而引发国家政治层面上的反应。

蒙古国哈萨克族人口 1956—2010 年增长（减负）情况简表 单位：人

年份	1956	1969	1979	1989	1991	2000	2010
人口	38800	58100	71400	90900	102817	94094	101526

三、蒙古国有关少数民族的政策

蒙古国没有颁布专门的少数民族法律，政府有关政策是基于蒙古国现行宪法相关条款的，这些条款及所包含的精神成为蒙古国少数民族政策的法律基础。

宪法有些条款直接提供了保障少数民族权益内容。如该国宪法第八条第一款规定“蒙古语言是国家官方语言”，本条第二款相继规定“本条第一款的规定不触犯操使其他语言的少数民族用本民族语言学习、交往，从事文化、艺术、科学活动的权利”。这就保障了少数民族在蒙古国境内享有学习使用本民族语言的权利。

宪法有关人权的条款为少数民族间接提供了一些权利的保障。如蒙古国宪法中包括：（1）公民选择居住地区的自由；（2）尊重其他民族的风俗习惯；（3）蒙古国行政区划单位的领导，以地方自治领导与国家领导相结合为基础实现之；（4）在蒙古国，国家尊重宗教，宗教崇尚国家；（5）公民享有组建政党和公共组织的权利；（6）公民享有集会和和平游行的权利，等等。这些条款实际上为包括哈萨克族在内的所有少数民族提供了基本的权益保障，同时也将少数民族包容在现代蒙古民族（nation）范畴之内。

蒙古国宪法中，既容纳少数民族也赋予他们自治等基本权益的基本精神，体现在国家对少数民族的具体政策上。例如，在巴嘎班迪总统任期之内，将哈萨克族诺鲁孜节（3 月 22 日）宣布为法定节日。从此哈萨克族在全国范围内庆祝这一节日。国家电视台也将大型的哈萨克族庆祝活动给予现场直播，总统和总理对哈萨克族致以节日的问候。

与此同时，蒙古国宪法的一些条款也在受到挑战。哈萨克族迁徙哈萨克斯坦的过程中就出现这样的现象。蒙古国 1995 年修订的《蒙古国国籍法》明确规定，不认可双重国籍。2006 年修正时，也未作变动。

蒙古国一部分哈萨克族人迁徙哈萨克斯坦在蒙古国政府层面和民众当中没有引起轰动效应，他们冷静地对待并接受了这一部分哈萨克族人的选择。更为重要的是，迁徙哈萨克斯坦的一部分人又重新返回蒙古国的时候，蒙古国民众再一次容纳了他们的回归。

来去自由，成为哈萨克族人的一种权益。但问题是，很多去过哈萨克斯坦的哈萨克族人已经手持蒙古国和哈萨克斯坦两个国家护照，事实上成为双重国籍的人。根据蒙古国驻哈萨克斯坦大使馆的报告，至今 76800 名蒙古国公民获得哈萨克斯坦国籍，其中 46000 人拥有双重国籍，即没有放弃蒙古国国籍（蒙古国家统计局）。

当今民族国家时代，公民对某一国家的忠诚立场，似乎是一条起码的道德要求。以国籍作为自然人对某国负有忠诚义务的依据，双重国籍往往遭到道义上的质疑。但在现实生活中，情况往往更加错综复杂。蒙古国哈萨克族的不断往返迁徙就是这样的例子。到目前为止，蒙古国对哈萨克族的迁徙采取容纳的态度，对手持两个护照的现象也采取默认的态度。

蒙古国民众对哈萨克族的心态也是开放和包容的。我在蒙古国跟普通民众交谈中得知，蒙古国民众认为，蒙古国哈萨克族保留该民族传统文化方面远比哈萨克斯坦和中国的哈萨克族多。很多蒙古族人士认为这是蒙古国应该引以为自豪的事情。他们认为，在乌兰巴托，哈萨克族往往在学习语言方面占有优势。因为，哈萨克语是突厥语族语言，哈萨克族人很容易掌握土耳其语。除外，蒙古语和一门外语是与蒙古国蒙古族一样最起码掌握的语言条件。这样哈萨克族学生比普通蒙古国学生多掌握两门语言。

总之，蒙古国哈萨克族在蒙古民族国家框架之内被归化（nationalization）的同时，也在经历着“跨民族化”（transnationalization）的进程。

四、结　语

蒙古国是人口不到300万的小国，国力有限，军队和警察力量弱小。在处理民族问题和国家统一问题上，蒙古国显示了他们的政治智慧，即中国古人云的“得人心者得天下”。那么怎么得人心呢？尤其在当今世界民族国家框架之内，如何得少数民族的心或向心力呢？蒙古国率先展示了完全信任哈萨克族的心态，得到了对方的信任和认同，从而国家与少数民族、多数民族与少数民族之间建立起来了互信和包容的社会心理纽带。这里没有给“非我族类其心必异”认知预留社会空间。当然，对于分离国家版图的企图，他们以语言和行动给予了坚决的否定。

国家对巴彦乌列盖省赋予最大限度的自治权限，让当地少数民族精英行使地方政治经济权力，实施国家对该省的间接治理，而不是直接治理。其次，国家和全社会对哈萨克族迁徙哈萨克斯坦的行为采取宽容的态度，使有可能激化的矛盾化为乌有，赢得了国内外的赞誉。最后，也是最令人佩服的是，对返回蒙古国的哈萨克族依然采取容纳的心态，使留在蒙古国的哈萨克族相信，对他们来说“蒙古国依然是祖国”。

的确，自信者不疑人，人亦信之，吴越皆可同胞。

参考文献

Holly R. Barcus & CynthiaWerner 2007：Trans – National Identities：Mongolian Kazakhs in the 21st Century，In Geographische Rundschau International Edition Vol. 3，No3，2007.

Alexander C. Diener 2009：One Homeland or Two? The Nationalization and Transnationalization of Mongolia´s Kazakhs. Stanford：Stanford University Press.

Joanna Lillis 2009："Mongolia：Ethnic Kazakhs eye land of opportunity to the west". http：//www. refworld. org/docid/4b067562c. html。

图门其其格，恩和，1999："蒙古国的民族问题与民族政策"，载《西北民族研究》，1999 年第 2 期。

民国时期边疆民族地区的开发及局限

王希恩

中国社会科学院民族学与人类学研究所研究员

边疆治理离不开建设开发，现在如此，过去也是如此。近代中国，边患不断，危机四伏。民国期间，历代政府均将维护边疆稳定视为要务，边疆民族地区由此也得到了一定程度的开发。这些开发有成绩，成为边疆地区步入近代文明的基础；这些开发也很有限，并没有改变边疆民族地区的落后和差距。而这些成绩、局限及其经验都是我们的遗产，值得珍惜和总结。

一

民国成立之初，出于建设新兴中华民国的热情，一些有识之士建组织、发宣言、筹善款，形起了一股振兴实业的热潮。其中建设边疆、扶助少数民族发展也成为他们热衷的议题。1912 年 3 月，黄兴、陈锦涛、宋教仁、蔡元培、胡汉民、徐绍祯、柏文蔚等人发起创办了“拓殖协会”，旨在推进“移兵民以实边，从事拓殖，化荒芜为沃壤，民困可苏，变村落为通都，边封可固。"[①] 这一组织的成立得到了孙中山和民国临时政府的支持。孙中山批示，对拓殖协会的成立，"国家应予协助。所请维持经费三十万元，仰候令饬财政部编入每年预算案可也"。[②] 但是这一指示随着孙中山的辞职而未能兑现。

此后，类似的团体多有建立。仅 1912 年当年，金峙生等以"中华民国国民回族代表"的名义成立了"中华民国共和回民联合会"（后改称"中华民族回教联合会"），其宗旨在于"团结回族、讨论共和"，"创办学堂、考验实业、振兴工商"。黄兴、刘揆一等发起组织了"中华民国民族大同会"（后改称"中华民族大同会"），意在"联合五族同胞，普及教育，振兴实业，共跻大同之化，巩固民国之基"。[③] 1912 年 7 月黎光薰等在北京发起成立"五大民族生计会"，以"开通民智，利用厚生，务使一般人民皆能自谋生活，得享共和幸福为宗旨"；提倡普及义务教育；开办农林畜牧矿务实业；调查官荒，实行垦殖事务等。[④] 唐绍仪等人在北京成立了旨在筹划西藏、蒙古交通事业的蒙藏交通公司，提出为应对日本的侵蒙野心，宜先行建造一军用铁路。[⑤] 为此，他们一面派员分赴内蒙古各旗勘探地形，拟定了四线四期，"足以横贯两蒙，控制西北"的铁路规划，一面密呈中央政府和各省地方大员请求合作和资金支持，促使中央政府批准每年补助建筑经费 100 万元。此外还采用英国东印度公司官商合办的经营方式，发行股票，多方筹集资金。

这些团体胸怀建设边疆、维护统一、联合少数民族共建国家的愿望，在能力所及的范围内做了不少的工作，但限于当时的条件，他们的美好愿望和设想最终都化为泡影。

孙中山为挽救民主共和而发动的"二次革命"、"护国运动"和"护法运动"失败之后，即着手拟订一个发展"国家经济之大政策"，于 1917

---

① 《创办拓殖协会宣言书》，载《徐绍桢集》，四川师范大学出版社 1991 年版，第 121 页。

② 孙中山：《批黄兴等呈》，载《孙中山全集》第 2 卷，中华书局 1982 年版，第 294 页。

③ 《黄兴等致财政总长函》，中国第二历史档案馆编：《中华民国史档案资料汇编》第 3 辑，江苏古籍出版社 1991 年版，第 766 页。

④ 中国第二历史档案馆：《中华民国史档案资料汇编》第 3 辑政治（二），江苏古籍出版社 1991 年版，第 776 页。

⑤ 天津市档案馆：《北洋军阀天津档案史料选编》，天津古籍出版社 1990 年版，第 424 页。

至1919年撰成《建国方略》一书。在该书的“实业计划”部分，孙中山提出了发展中国实业的十项建议，其中第一项“开发交通，修筑铁路十万英里”，第八项“灌溉蒙古、新疆”和第十项“移民于东三省、蒙古、新疆、青海、西藏”，都是直接和边疆民族地区的建设开发相关的。他在阐述这些计划时认为：“殖民蒙古、新疆，实为铁路计划之补助，盖彼此互相依倚，以为发达者也。顾殖民政策，除有益于铁路以外，其本身又为最有利之事业。例如北美合众国、加拿大、澳洲及阿尔然丁等国所行之结果，其成绩至为昭彰。”他提出，为执行这一移民计划，“土地应由国家买收，以防专占投机之家置土地于无用，而遗毒害于社会。国家所得土地，应均为农庄，长期贷诸移民。而经始之资本、种子、器具、屋宇应由国家供给，依实在所费本钱，现款取偿，或分年摊还。而兴办此事，必当组织数大机关，行战时工场制度，以为移民运输居处衣食之备。第一年不取现值，以信用贷借法行之。”①

孙中山先生的设想可谓宏伟详备，虽限于历史条件未能实现，但对致力于国家建设、开发边疆的后世谋划者来说，其借鉴价值是不可多得的。

相对于孙中山和临时政府时期的规划和设想，北洋政府统治时期便有了一些垦殖方面的实务。在内蒙古，袁世凯先是对蒙古王公实行笼络收买，以“维系蒙心”，之后便大兴“蒙垦”，用以增进财力。从1914年开始，北洋政府发布了《禁止私放蒙荒通则》和《边荒条例》等一系列关于放荒的政策条文，大大促进了蒙旗垦务的进程。由于清末民初前后几十年的垦殖和内地人口的大量流入，到20世纪20年代，内蒙古地区的社会、经济面貌发生了很大的变化。内蒙古南部和东部的农业区和半农半牧区持续得到了扩大，一些地区传统的游牧业让位于农业。与此相应，内蒙古地区的民族成分也发生了较大变化。一方面，汉族农民的数量不断增加；另一方面，在农业区由于蒙古族大量迁徙他处，留下的务农者成为当地人口中的少数。在半农半牧区，汉族农民与蒙古族农牧民插花居住，形成了蒙汉杂居的局面。②

---

① 孙文著，刘明、沈潜评注：《建国方略》，中州古籍出版社1998年版，第175页。

② 郝维民主编：《内蒙古近代简史》，内蒙古大学出版社1990年版，第96页。

“放垦”政策并不限于内蒙古，东三省、直隶、西康、青海等地也有着类似的做法，新疆则另有特色。辛亥革命后，杨增新当政新疆，为安置游民和增加赋税提倡“开渠垦荒”，并在1915年设立了新疆水利委员会，筹划全疆水利事业。至1921年，全疆由北向南，先后在迪化、昌吉、呼图壁、玛纳斯、沙湾、乌苏、阜康、吉木萨尔、镇西、塔城、七角井、鄯善、吐鲁番、焉耆、尉犁、若羌、且末、轮台、库车、沙雅、阿克苏、英阿巴特、巴楚、莎车、洛甫等地修筑了渠道，灌溉土地达百万亩左右。水利建设直接促进了农业生产的发展。据统计，1915年，新疆粳糯米种植面积498644亩，产量510798石，而至1918年粳糯米种植面积547904亩，产量554297石；1915年，大小麦种植面积6096186亩，产量6097688石，1918年，大小麦（包括其他麦类）5290649亩，产量7456877石。[①] 在开渠垦荒过程中，杨增新利用的劳动力主要是游民，这样既解决了游民的生活出路，安定了社会秩序，又扩大了生产，对新疆的稳定和开发都起到了积极作用。

南京国民政府建立以后，即于1929年3月在国民党第三次全国代表大会上就民族政策作出表态：“本党敢郑重述明：吾人今后必力矫清朝军阀两时代愚弄蒙古西藏及漠视新疆人民利益之恶政，诚心扶植各民族经济政治教育之发达，务期同进于文明进步之域，造成自由统一的中华民国。”[②] 随后，1929年6月，国民党三届二中全会又通过了“关于蒙藏之决议案”，强调“对于蒙藏各地教育、经济之设施，与交通实业之建设，应由中央政府协助其地方政府，依据本党主义纲领尽力推行。”[③]

据此，国民政府在开发边疆方面做了一些具体工作。如1930年蒙藏委员会全体会议通过了开发康藏交通邮电计划的方案，该方案认为，开发康藏，交通最为重要。在铁路“需款浩繁，一时尚难筹措”的情况下，宜先从修治公路和邮电入手。方案计划分三期实施康藏交通邮电建设，并

---

① 新疆社会科学院历史研究所：《新疆简史》（三），新疆人民出版社1980年版，第28、30页。

② 荣孟源等：《中国国民党历次代表大会及中央全会资料》（上），光明日报出版社1985年版，第646页。

③ 《中国国民党三届二中全会重要决议案》，《中华民国史档案资料汇编》第五辑第一编政治（二），江苏古籍出版社1991年版，第138页。

对每期的内容和目标进行了具体规定。[①] 计划实施后，康藏地区的邮政条件有所改善。如1933年滇康邮路总长为1130里，甘孜经德格至玉树线长1000里，玉树至湟源连接西康、青海线长1380里等。四川、云南、贵州三省的邮政建设也有进步，1935年以后开设邮政局所及信柜21处，邮路约1200余公里。[②] 但交通建设却起色不大。

二

相比康藏建设，南京国民政府对西北投入了更多的关注。这是因为，孙中山在其《建国方略》中既已对开发西北（也包括内外蒙古地区）有着格外的重视，提出了改善西北交通及开发西北资源的一系列构想。1931年“9·18事变”后，为了国防需要，国民政府也希望加快西北开发，改善中国的战略环境，为全面战争做好准备。1931年，时任国民政府建设委员会副委员长的曾养甫在谈开发西北的重要性时说：“根据总理的遗教，从民族历史上观察，从文化上观察，从民生上观察，从国防上观察，从人口繁衍上观察。我以为就国内区域言，最需要建设的地方莫过于西北。”[③] 当然，人们也看到了西北民族问题的重要以及与此有关的外患威胁：“西北以种族宗教之复杂，风俗习惯之各异，毗连苏俄，危险万状，倘不急图经营，后患将不堪设想。”[④]

正是出于这些原因，国民政府统一全国后，即将开发西北确定为“要务”之一。1928年1月，成立了建设委员会和资源委员会，1931年5月建设委员会拟订了《开发西北计划》，1932年12月，国民党第四届三中全会通过《开发西北案》，在国民政府行政院设西北拓殖委员会，其下设国道、劝业、采矿、垦殖四局，主持西北地区的经营开发事宜。1934

① 中国第二历史档案馆：《蒙藏委员会开发康藏交通邮电计划》，载《民国档案》，1992年第3期。

② 中国第二历史档案馆编：《中华民国史档案资料汇编》第五辑第一编财政经济（九），江苏古籍出版社1994年版，第600—601页。

③ 曾养甫：《建设西北为今后重要问题》，载《建设》，1931年西北专号。

④ 刘镇华：《开发西北计划书·序言》，载《西北研究》，1931年第1期。

年4月宋子文从上海赴西安考察西北经济，提出开发西北的四项计划：兴修水利；建设西（西安）兰（兰州）公路；改良农业；兴办卫生事业。5月到兰州后又发表了强调西北开发的演讲。宋子文之后，其他一些中央要员和有识之士也相继到西北考察，发表演说，推动西北开发。当年6月22日，国民政府全国经济委员会第九次常委会通过了《西北建设计划》，同时还通过了《西北水利事业进行办法》、《兴建西北公路进行办法》等。[①] 与此同时或之后，与开发西北有关的学术机构、杂志期刊纷纷建立或创刊，《边政公论》、《西北建设月刊》、《新西北月刊》、《新新疆》、《西北研究》、《西北论衡》等就西北开发问题发表了大量文章。到西北考察调研为社会各界所热衷，除了官方的一些规划之外，一些学者也以个人名义提出了开发西北的构想和计划。

全面抗战开始以后，国民政府对开发西北加大了鼓动力度。1941年秋，国民党中央组织部长朱家骅视察了甘、宁、青三省，途中在兰州发表演讲《到西北去》，“希望同胞们风起云涌，赶快到西北去工作”。[②] 1942年8月，蒋介石视察了陕、甘、宁、青四省，说“我们西北既有如此广大肥美的土地，复有开采不尽的宝藏，不仅我们一生做不完，就是我们后代子孙，在五百年以后，仍然是做不完的。但是我们要求国家能够世世时时生存下去，就必须乘此抗战的时机，由我们这代手里来建立千年万世永固不拔的基础。”[③] 1943年6月，国民党中央设计局组织西北建设考察团，分铁路、水利、工业等十二部门赴西北进行考察。这次考察历时八个月，行程17022公里，结束后撰成“西北建设考察团考察经过报告”进呈国民政府。报告对考察对象分门别类详加论述，提出了许多建设性的方案。[④]

在国民政府的推动下，西北开发取得了明显成绩。1934年3月开建

---

① 《全国经委会常委会通过西部建设计划》，载《经济旬刊》，1934年第1期。

② 朱家骅：《到西北去》，《甘肃省政府公报》，1941年，第513期。

③ 蒋介石：《开发西北的方针》，唐润明主编、重庆市档案馆编：《抗战时期大后方经济开发文献资料选编》，重庆大学建大印刷厂印，2005年，第239—242页。

④ 王荣华：《国民政府时期的西北考察活动与西北开发》，中国史学会、宁夏大学编：《中国历史上的西部开发》，商务印书馆2007年版，第271页。

的西兰公路至1935年5月竣工。1934年至1936年期间，西北修筑了十多条土路、省际联络公路等，使西北地区所筑公路总里程达到了9200多公里。[①] 1905年动工建设的陇海铁路，计划东起连云港，西至兰州，1931年底修到了潼关，1934年修到西安，1945年修到了天水。这在当时是一个了不起的工程。甘新公路及各条新建公路及整修公路，也于抗日战争时期完成。甘新公路全长2640公里，自兰州经河西走廊至哈密，分南北两线至新疆迪化。该路后与境外的苏联铁路相接，成为苏联援华抗战的内运主要通道。此外，西北也增加了不少近代工业，尤其是1939年建成的甘肃玉门油矿，成为旧中国投入开发规模最大、产量最高的石油基地。新疆在抗战爆发前后建立起了电气、印刷、机械、食品、制材、制革、化学等行业，抗战后期又接管了原为苏联控制的独山子油矿。1933年中德合办的欧亚航空公司开通了上海至迪化的航线，1939年中苏合办的航空公司又开辟了新疆哈密—迪化—伊犁—苏联阿拉木图航线。新疆的水利建设也取得了显著的成绩，1937—1943年间，共完成红盐池蓄水库、晋庸渠、天池蓄水库、六运湖渠、大小裕农渠、独山子渠等15处，灌田140万亩，1944年又基本完成了质量较高的沙湾新盛渠，为新疆农业的发展创造了有利条件。[②]

与西北开发相得益彰的是，西南地区也获得了发展机遇。全面抗战爆发后，日军的侵略迫使中国的政治和经济中心大规模西移。1938年国民政府宣布迁都重庆，由经济部拟定的《西南西北建设计划》规定新工业基地以四川、云南、贵州、湘西为主，确立了以西南为中心的大后方经济战略。由此西南地区的工业、交通、农业等都得到了长足的发展。

工业方面，国民政府从战争需要出发，优先发展重工业，特别是冶炼工业，实行“工矿并举”的方针。据此对西南的矿产进行了勘探并在此基础上兴建了一批企业，如攀枝花钒钛磁铁矿、昆明磷矿、贵州修文和云南安宁的铝土矿、贵州遵义和广西桂平的锰矿等。机械工业也有大的发

---

① 刘政美：《抗战前的西北交通建设》，《民国档案》，1999年第2期。

② 姚群民、耿亮：《抗战时期国民政府开发新疆的历史考察》，周勋初主编：《永志毋谖·纪念抗日战争胜利六十周年文集》，南京大学出版社2005年版，第314页。

展，建立起了诸如中央机器厂、中央电工器材厂、中国汽车制造公司、中央汽配厂等大中型骨干企业，能够生产出大如汽车、汽轮机、轧钢机，小至齿轮、轴承、电焊条、各类工具及仪表等上千种产品。从 1940 年到 1942 年，国民政府以国库拨款、银行投资贷款注入的资金共 2 亿元，其中重工业占 83.5%。这样，重工业得到了较快的发展，初步改变了抗战前西南地区轻工业较发达、重工业不足的畸形布局。此外，化工、纺织等也发展很快。[①] 更为重要的是，随着工业企业内迁，沿海地区大量的工程技术人员和工人也随之来到西南，为西南工业的后续发展提供了人才和技术资源。

基于战略后方的特殊地理条件，抗战期间的交通建设在西南开发中具有十分关键的地位。铁路方面，抗战前西南只有滇越线。抗战期间，曾经修建了桂林至衡阳和柳州、南宁至镇南关、柳州至都匀、川滇铁路的一段，后因战事需要，都予拆毁或终止。相对铁路，公路在西南交通建设中的发展规模要大得多。1935 年至抗战结束，川康地区共修筑 6 条战时公路干道，长达 3679 公里。贵州地方贫瘠，历年投资不足，但贵州战时先后修建与改善完成的干线公路仍达 2159 公里，营运里程 3500 公里，对全面抗战建立大后方的交通运输网起到了积极的作用。自“九·一八”事变后，云南公路的修筑就被列入重要议程。1933 年省府规定，各县公路由县长负责督修，作为政绩的主要考核内容。1940 年 9 月日军侵入越南后，大后方的云南成了抗日前线，云南公路的建筑也随之加紧进行。抗战期间云南各族民众共修建省际、省内干道公路 9 条。滇缅公路是一条国际公路，翻越大雪山、怒山、高黎贡山、漾濞江、澜沧江等高山大川，全程 960 公里，1938 年 8 月 31 日全线通车，受到国际舆论的高度赞扬。这些公路的修建和通车，对西南抗战作出了巨大贡献，也使封闭的云南将近 1/4 地区的交通有了初步改善。1925 年新桂系统一广西后，即开始发展公路交通，到 1937 年止，筑成县道 7300 公里，乡村道 15000 余公里，而到 1944 年，县乡村道已发展到 36000 余公里。当时全省有 101 个县市，平均每个县市有公路 360 公里。公路的修建，便利了经济的发展和抗日物资的

---

① 陈东林著：《三线建设：备战时期的西部开发》，中央党校出版社 2003 年版，第 19 页。

运输。为适应战局的变化，贵州、广西等地的水运也得到了一定程度的开发。①

抗战开始以后，国民政府和西南地方当局通过加大农业贷款、改良和推广农业新技术、推进农村合作社和鼓励垦荒等措施也促进了农业的发展。1942 年到 1944 年，四川、云南、贵州三省垦殖面积达 333 多万亩。1940 年广西冬种面积为 360 万亩，1941 年和 1942 年分别达到 750 万亩和 1000 万亩。随着农垦运动的开展，在西部地区还出现了一批近代农垦企业，对传统的小农经济形成冲击，商品经济也有一定的发展。②

随着经济和政治中心的西迁，抗战时期的中国文化教育中心也开始西移。抗战时期仅内迁西南的高等院校就达 56 所。1937 年到 1939 年，东南沿海各高校，除燕京、辅仁等教会学校保持中立未动外，其余大多迁往西南、西北。如北京大学、清华大学、南开大学先迁湖南长沙，组成临时大学，后迁云南昆明，组成西南联合大学；中央大学、复旦大学等迁重庆；武汉大学迁四川乐山；金陵大学、齐鲁大学迁成都；中山大学迁云南澄江；浙江大学、大夏大学迁贵州等。1940 年到 1943 年，特别是 1941 年太平洋战争爆发后，一些高校继续内迁，如上海交通大学、沪江大学迁往重庆；滞留北平的燕京大学亦迁往成都等。抗战时期高等院校的大规模内迁，不但减少了教育损失和人才损失，也改变了西南地区，尤其是边疆民族地区的封闭状态，促进了当地文化教育事业的进步。

三

相对而言，民国时期边疆民族地区的开发主要集中在 30、40 年代。这是和抗日战争为主导的大环境相关的，但也不能说没有政策的因素。从国民党第三次全国代表大会开始，国民政府在其民族政策的表述中每每提到“开发边地”和“土著人民之生计”问题，1931 年国民党的“四大”

---

① 谢本书、温贤美主编：《抗战时期的西南大后方》，北京出版社 1997 年版，第 218—248 页。

② 方素梅：《抗日战争时期沿海沿江经济向西部民族地区的迁移及其影响》，载《广西民族研究》，2004 年第 4 期。

甚至把它列为国民生计建设五方针之一。[①] 1941 年国民党五届八中全会上通过的《边疆施政纲要》的“一般原则”首先就规定：“对于边疆各民族一切设施应培养其自治能力，改善其生活，扶植其文化，以确定其自治之基础”；“以尽先为当地土著人民谋利益为前提”。[②] 这说明，民国政府在开发边疆问题上，主观上还是有改善民族地区发展环境、改善民生这一面的。

民国时期边疆民族地区的开发，在支撑反侵略战争进行的同时，也较大程度上校正了中国近代经济布局的不平衡，使少数民族和民族地区的发展明显提升了一步。没有这个提升，就没有新中国建立后边疆民族地区现代经济和社会建设的开启。那些在这种开发中建立起来的近代企业、铁路、航运、水利、公路、甚至县乡土路，那些因战争而转迁来的大学、研究机构、国家机关以及随之而来的文化信息，尽管或简陋或短暂或片段，却为这些边远民族地区带来了近代文明的一抹光亮，成为其后中国现代化建设的基础。但这种开发没有、也不可能对边疆民族地区的发展状况做出实质性的改变，其原因除了社会制度的制约之外，还在于以下几点：

第一，由于这种开发主要受制于抗日战争的特定历史环境，所以当这种环境变化以后，西部边疆地区发展的动力和机遇便也改变了。西部的经济繁荣主要是在抗日战争前期，大后方的独特优势促成了这种繁荣，当战局发生变化，西部地区的战略地位改变以后，整个经济的状态便趋于衰滞了。而到了抗日战争完全结束，进入解放战争阶段后，西南西北的经济便凋敝不堪，濒于崩溃了。

第二，民国时期的边疆建设和开发，对民族地区的深入程度是很有限的，不论是工业企业的布局，还是文化教育机构的安置，都主要集中在成都、重庆、昆明、桂林、贵阳、兰州、西安等大城市和一些交通较为便利的地区。当然，像中央飞机制造厂建在傣族聚居的瑞丽垒允，华中大学迁往白族集中的大理，新疆的油矿建在维吾尔族较多的独山子等情况也是有

---

① 荣孟源等：《中国国民党历次代表大会及中央全会资料》（下），光明日报出版社 1985 年版，第 48 页。

② 《八中会议通过之边疆施政纲要》，载《边政公论》，1941 年第 1 期（创刊号）。

的，也正是这一点带给了当地少数民族打破封闭的契机。但这类情况仍然属于点状分布，相对于少数民族极为广阔的分布地域，影响还很小，远远没有触动民族地区的社会根基。

第三，限于当时的发展基础、社会状况和财力投入，边疆地区的开发建设也不可能有大的进展。陇海铁路早在1905年便开建了，但至1945年才勉强修到了天水，前后花了40年尚没有完成。1934年时任甘肃省主席的邵力子曾说：开发西北，首先必须解决交通工具问题，“这些工作，本是地方上的人应该做的，但现在确实没有力量，一切无从着手。拿甘肃来讲，经过多年的天灾、匪祸、兵燹，地方早已残破不堪，现在仍因军队过多，所有全省的收入，单是供给军费，还苦不足。甘肃全省教育经费，连小学在内，每年只有五十余万元，不及江苏一个大县的教育经费。”“所以西北情形的严重，决非平常想象所能得到的。现在先要救济西北，挽救目前的危机，然后才谈得到开发西北。”① 所以，西部发展基础的落后和贫困，绝不是两句口号和一时的热情所能改变得了的，边远民族地区的状况当然更是如此。1949年，我国少数民族地区工农业总产值只有36.6亿元（按1952年不变价格计算），其中农业总产值31.2亿元，占85.2%，工业总产值仅5.4亿元，占14.8%。②

由于这些原因，我们肯定民国各届政府在边疆开发上的努力，肯定这些努力在民族地区发展上的贡献，但对其成就却不能评价过高。否则，就没有自新中国建立之初民族地区和内地的差距，就没有我们至今还在为弥补这些差距而做的不懈追求了。

---

① 邵力子：《开发西北与甘肃》，董兆祥等编：《西北开发史料选辑1930—1947》，经济科学出版社1998年版，第22页。

② 《当代中国的民族工作》编辑部编：《当代中国民族工作大事记（1949—1988）》，民族出版社1989年版，第5页。

中国陆疆人口问题治理模式初探

徐黎丽　王　悦

兰州大学教授　兰州大学 2012 级硕士生

人口问题是目前影响中国陆疆安全的基本问题。人口问题突出地表现为两点：第一点是人口两多一少问题。两多为老人多、单身多，一少指总人口呈不断下降趋势；第二点是人口的生计贫困问题。以上人口问题直接影响到中国陆疆安全，因此应该从国家安全战略的高度审视这一问题。本文认为依托口岸建设文化产业、促进陆疆城镇化则是治理陆疆人口问题的有效模式。

“边疆”是个时空概念。从历时性角度和地理空间角度来说，它根据人类发展空间的不断开拓经历了陆疆向海疆、空疆的转变，如陆疆、海疆、空疆是人类生存和发展不可或缺的三维立体空间和一维时间空间；从共时性角度和社会空间角度来说，它又依据人类的生存需要从地理边疆向战略边疆、利益边疆、信息边疆、文化边疆等复合边疆变迁。最终人类生存在由“硬边疆”与“软边疆”交织的国家边疆范围内。对于中国来说，陆疆作为传统边疆的基本组成部分，边疆安全问题除传统的边界纠纷外，还越来越多地与生态、资源、民族及其文化交织在一起。因为中国边疆多为信仰、语言与文化不同的多民族聚居地，不仅“守边、管边、控边”

的分散性和涉外性明显，而且“固边、治边、富边”的复杂性和自治性突出。根据本文作者在中国多处陆疆口岸的调查表明：影响中国陆疆安全的基本问题则是人口问题①。

一、中国陆疆人口问题及其成因

要谈中国陆疆的人口问题，首先要了解中国陆疆人口分布状况。“我国陆地边界长达22800km，自中朝边境的鸭绿江口至中越边境的北仑河口，边疆省区有辽宁、吉林、黑龙江等9个。”② 边境县（旗）、市（市辖区）136个③，可见陆疆地区是中国硬边疆的重要组成部分。但是这个硬边疆必须由人来守卫才能确保边疆安全和谐发展。因此人口自然成为陆疆安全中最能动的因素。但陆疆人口与内地和沿海人口相比，仍然稀少。我们从2011年地理科学研究者王兰辉和吴瑞对中国陆疆人口研究结论中可以证明。这一结论有三点：第一，“我国陆地边疆地区人口绝大部分集中在黑河—腾冲线以东的云南、广西及东北3省，黑河—腾冲线以西的广大边疆地区人烟稀少。50km缓冲区内人口总数为1872.3万，平均人口密度23.9人/km^2，其中人口密度为0的地区占总面积的83.65%，人口密度小于等于55人/km^2的地区占总面积的93.06%。总体上看，边疆地区地广人稀，大部分地区是无人区，人口密度远低于全国均值137.1人/km^2。”④ 第二，陆疆人口空间分布与海拔的关系是：“1. 我国陆地边疆地区人口密度随海拔高度增加而减小，其递减无明显线性关系；2. 人口密度随高程分布极不均匀，跨度很大，低海拔（0—500m）区人口密度最大，人口总数接近边疆地区一半人口；3. 有一半以上的人口分布在高程500m—

---

① 本文为余潇枫教授主持的国家社科基金重大攻关项目《中非传统安全威胁识别、评估及应对》（12&ZD099）第四子课题《中国边疆“双源性”非传统安全威胁识别、评估及应对》系列成果。

② 王兰辉、吴瑞：《我国陆地边疆人口空间分布与地形关系》，《地理空间信息》，2011年第5期，第109页。

③ 2010年各县市数据主要根据《中国区域经济统计年鉴2011》表4—1相关信息整理。来源：http：//ishare. iask. sina. com. cn/f/23673591. html，2012. 11. 21。

④ 王兰辉、吴瑞：《我国陆地边疆人口空间分布与地形关系》，《地理空间信息》，2011年第5期，第109页。

3500m 的海拔地区，3500m 以上人口分布稀少，密度极低。"① 第三，陆疆地区人口与高程、坡度、地形起伏度及坡向之间的关系是："1. 平地人口密度和人口数都明显小于其他坡向，说明边疆地区绝对平坦区域很少；2. 除平地外，各坡向人口密度和人口数差距较小，人口分布较为平均；3. 东、东南和南坡的人口密度和人口比例相对较大，东南坡人口密度和人口比例最大。"② 由此可见，中国陆疆人口的基本情况是：人口密度小，随海拔增高密度更加稀少，多分布于向阳的东、东南和南坡地区。这对国家陆疆安全战略来说则是一个不利的能动因素。即使如此，近年来人口稀少的事实不仅没有改变，又增加了人口结构问题和人口生存问题。下面具体论述：

1. 中国陆疆人口结构问题

中国陆疆人口结构问题可以概括为二多一少。即单身多、老人多和总人口少。在云南中越边境地区，由于家庭生活较为贫困，当地女孩以外嫁或外出打工为多，致使本地女子外流，结果当地不少男子无法娶到妻子而变成"光棍汉"。如 2010 年麻栗坡县猛硐瑶族乡的小坪寨的 78 户人家中，仅 30—50 岁的单身汉就有 10 人，其中 XXX 家的 3 个儿子（分别是 32 岁、28 岁和 25 岁）均没有娶到媳妇。除此之外，还有 9 位残疾人。除其中 1 人先天残疾外，8 人因踩地雷而炸伤致残，8 人中有 5 人为男性且 3 人未娶妻③。另一方面，由于地处中越边境，当地人与邻近地区的越南人接触较多，越南山区的生活水平又较中国落后，所以许多越南女子愿意嫁到中国来。这虽然为当地单身汉娶妻提供了便利条件，但这种婚姻并不牢固。小坪寨人这样描述中越跨国婚姻："越南小姑娘嫁过来以后，过一两年就有可能跟有钱人跑了。"④ 因此，当地单亲家庭的数量和比例多于其

---

① 王兰辉、吴瑞：《我国陆地边疆人口空间分布与地形关系》，《地理空间信息》，2011 年第 5 期，第 110 页。

② 王兰辉、吴瑞：《我国陆地边疆人口空间分布与地形关系》，《地理空间信息》，2011 年第 5 期，第 111 页。

③ 本文调查者李智环于 2010 年 7 月在麻栗坡县猛硐瑶族乡的小坪寨调查结果。

④ 受访人：PYM，男，34 岁，未婚。

他地区。老人多则是指由于青壮年劳动力基本外出打工，致使村里的常住人口以老年人和残疾人为主。一位村民悲哀地说：“我们这里穷，现在年轻人都到外边打工去了，所以村里老人过世了有时连抬棺材的人都找不到!”[①] 中国男子与越南女子组成的家庭，不仅因为多数越南女子为非法入境嫁入中国而不被双方国家认可，而且也因中国边境地区相对内地和沿海较为贫困的现实给婚姻的维持带来了困难。因此就造成了老年人和残疾人居住陆疆的格局。这种人口结构及居住格局从根本上影响着陆疆安全。在东北边疆同样存在此类问题。如中朝边境延边朝鲜族自治州的龙井、图们、和龙等县、市的人口数量逐年减少，使边境地区出现人口稀少化、空巢化等现象。据2006年统计，中朝边境重要城市图们市全市总人口为132795人，比2005年减少637人，其减少率为0.48%；[②] 另一重镇龙井市，2007年全市总人口为25500人，也比2006年减少2107人，减少率达0.9%。[③] 和龙市也不例外。结果，中朝边境地区空巢化现象日益严重，政府不得不对边境地区的行政区域加以缩小或改编。例如，位于图们江边的和龙市勇化、芦果、南坪三个村，原来在行政区域上分属三个乡，但改革开放以来这里的大部分农民不是出国就是迁到大城市生活，农村居住人口无法维持乡政府体制，三个乡只好合并成一个南坪镇。在流失的人口中以年青人居多。据2006年统计，龙井市光新村全村人口为1030人，其中232人已离开此村；新安村全村人口为728人，252人已离开此村；胜地村全村人口为1037人，其中332人已离开此村[④]。在年青人中女性比男性多得多。据韩国法务部统计，至2008年中国朝鲜族女性嫁给韩国男性者达37126人，在韩国国际婚姻中占第一位。[⑤] 结果导致中朝边境男女比例严重失调、朝鲜族出生率低、人口负增长、边境地区民族学校纷纷关闭等一系列恶性循环的社会问题。

---

① 受访人：FWL，男，33岁，未婚。

② 《吉林新闻》（朝文版），2007年3月19日。

③ 《吉林新闻》（朝文版），2008年2月20日。

④ 郑梅花、沈惠淑：《延边朝鲜族农村与建设模式》，延边大学出版社2009年版，第78—80页。

⑤ 仝信子：《跨国民族的民族文化认同与国家认同之互动》，《朝鲜族研究论丛》（6），延边大学出版社2009年版，第60页。

从全国第五次人口普查和第六次人口普查数据来看，中国陆地边境136个县（旗）、市（市辖区）中，44个县（旗）、市（市辖区）人口呈负增长，其中内蒙古15个，辽宁1个，吉林7个，黑龙江9个，云南7个，西藏2个，甘肃1个，新疆2个①，图1是这些省区的人口性别比例图②。由此可见两多一少的人口结构问题是目前危及中国陆疆安全的基本问题。

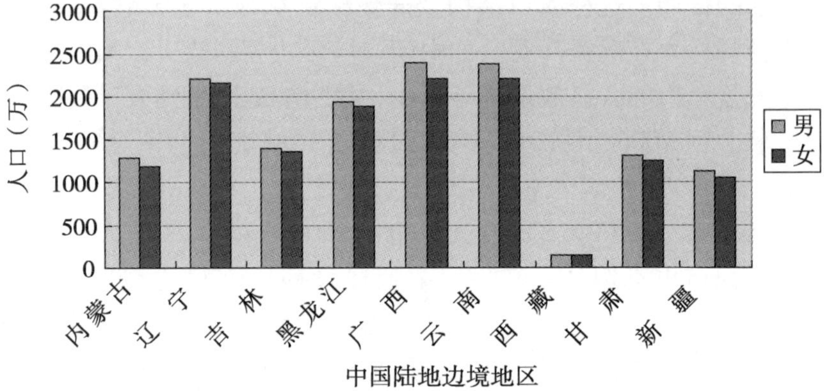

图1　第六次人口普查中国陆地边境地区分性别的人口

2. 中国陆疆人口贫困问题

无论在内地或边疆地区，中国贫困人口在政府和社会的共同努力下减少速度很快。如“1978年时全国共有2.5亿贫困人口，到1995年减少到6500万。”③ 到21世纪初，中国的贫困人口比例已经降到历史最低点。但由于中国东中西部经济发展的条件和速度不同，造成了东中部贫困人口相对少、扶贫速度快；西部尤其是老少边穷的陆疆地区，至今许多地方仍然

① 2010年各县市数据主要根据《中国区域经济统计年鉴2011》表4—1相关信息整理。来源：http：//ishare. iask. sina. com. cn/f/23673591. html，2012. 11. 21。2000年各县市数据主要根据《第五次人口普查分县数据》相关信息整理。来源：http：//wenku. baidu. com/view/755f1e7b1711cc7931b7164e. html，2012. 11. 21。

② 2010年各县市数据主要根据《中国区域经济统计年鉴2011》表4—1相关信息整理。来源：http：//ishare. iask. sina. com. cn/f/23673591. html，2012. 11. 21。

③ 乔晓春：《中国人口问题与人口研究展望》，载《人口与经济》，1998年第1期，第16页。

处于生计贫困状态。即生计贫困仍是影响中国陆疆地区人口生存与发展的核心问题，进而影响戍边质量和国家安全。我们以广西、云南和新疆三省区边境地区说明此问题。在广西边境地区的8个市县中，靖西、那坡和龙州是国家重点扶持的贫困县，其余均为自治区重点扶持的贫困县（市、区）。最明显的贫困表现在恶劣的自然环境与当地人传统生计方式间的矛盾。如直到2010年，位于大石山中的广西大新县新丰村因水源匮乏而仍处于贫困状态。雨季，村民的生活用水源于雨水，旱季则靠村中公共水池雨季储存的雨水或附近锰矿厂用洒水车送来的自来水。村民仅能种植耐旱的玉米。因此每户人家的粮食几乎都是政府下发的救济粮。为了改变贫困现状，村中青壮年劳动力不得不离开村庄外出谋生，留守村庄的老弱妇孺使边境地区的安全受到一定影响。这样的村庄仅仅是广西众多边境贫困村庄的一个缩影①。新疆也有类似问题。如在新疆南疆喀什地区的疏附县萨依巴格乡的阿克提其村，中等收入家庭占61%左右（人均纯收入大约1500—2000元），贫困家庭占35%左右（人均年收入低于1000元），富裕家庭占4%（年人均纯收入大约2000元以上）。据村里的会计讲，贫困家庭的生活很难维持。为此，从2007年开始实行低保政策，县政府对于没有劳动能力的117户低保户，每人每年发放120元低保补贴，这在一定程度上解决了一部分家庭的生活所需，但与其他村民的收入差距依然存在。因此，有手艺的人或做点生意的人，可以拓宽其家庭的生计方式；村干部、小队长和其他有工作的少部分人员等生活相对好过。如小队长200元/月，基本生活有保障；4户富裕人家的人均收入均在2000元以上，如大队书记一年工资3000元②，到2012年10月底，这一地区的村民年平均收入已经上升到3000—4000元，但去掉物价上涨等因素外，村民的生活仍然处于维持温饱状态③。在云南省，阿昌族、布朗族、基诺族等七个人口较少民族和八个“直接过渡地区”少数民族大多数聚居在边境一线，由于贫困面广，贫困程度深，使得政府的新农合政策无法实行。因为“一

① 广西民族大学硕士生雷韵于2010年8月在广西大新县新丰村调查数据。
② 本文调查者冯雪红2007年7—9月在喀什地区疏附县的调查资料。
③ 本文作者于2012年10月19日在喀什地区麦盖提县跃进村的调查资料。

方面大多数群众无力缴纳个人的参合费用；另一方面，受制于新农合制度的总体筹资和保障水平，农民群众看病自付费用负担仍然沉重，有相当一部分特困群众和边民尽管通过医疗救助参加了新农合，但往往因无力支付自付费用而放弃就医。目前，各县（市、区）的贫困医疗救助资金大部分用于资助五保户、特困户参加合作医疗，这些参合人群的二次补偿机制尚未真正建立，不能有效解决特困人群和边境一线农民群众的大额医药费用负担问题。"[①] 因此贫困是云南边境地区少数民族无法享受政府农村医疗保障的最主要原因。总体来看，中国陆疆136个县（旗）中，26个县（旗）、市（市辖区）无资料，其中110个县中有66个县（60%）等于或低于全国农村居民人均纯收入水平[②]。可以说，当内地和沿海人口问题已转移到人口性别和老龄等其他问题时，陆疆地区的人口问题则是性别、年龄和贫困叠加在一起的混合性问题。

3. 中国陆疆人口问题产生的原因

国家陆疆作为国与国之间的过渡地带，既是体现国家以人为本的政治、经济、社会和文化事务的窗口，也是相邻国家以人为中心进行军事、外交、贸易的桥梁。中国陆疆地区担负的连接内外的重要使命必须有足够的人口资源做支撑。但目前中国陆疆人口问题的产生与发展，使陆疆中最能动的因素——人产生了危机，从而给陆疆的安全和谐发展带来了负面影响。要解决这一问题，必须找出问题产生的原因。

本文认为，内地和沿海快速工业化、城市化需要大量的劳动力资源是中国陆疆地区人口问题产生的根本原因。从表面上来看，中国陆疆地区两多一少及其贫困问题与内地有些地区的人口问题相同，而内地人口问题的根本原因则是近几十年来计划生育的结果。正如有研究者所说："在过去的20世纪中，中国人口由约4.5亿增长到近12.8亿，增长了将近2倍。但是在8亿多的人口增量中，只有1亿左右的增量发生在本世纪的前50

---

① 熊官旭、陈光先、李维宇、唐柱生：《新型农村合作医疗长效机制构建研究——基于云南边疆人口较少民族地区》，载《边疆经济与文化》，2011年第7期，第4页。

② 2010年各县市数据主要根据《中国区域经济统计年鉴2011》表4—1相关信息整理。来源：http：//ishare. iask. sina. com. cn/f/23673591. html，2012. 11. 21。

年，而其余 7 亿多的增量均发生在后 50 年。这正是中国人口转变过程的反映：由 20 世纪上半叶的高出生率—高死亡率—低增长率，转变为 50 年代和 60 年代的高出生率—低死亡率—高增长率，最后进入以低出生率和低死亡率为特征的低增长率。目前我国人口增长率已经下降到 1% 以下，成为人口低增长的发展中国家之一。”① 但陆疆地区的情况不同，大多数陆疆地区的家庭至少有两个孩子。加上新中国成立以来由于内地人口不断向陆疆地区迁徙，陆疆地区的人口虽然与内地相比仍然密度小，但其人口总量和增长率则为历史最高。但如今陆疆地区不仅面临与内地一样的老龄化问题、性别比例失衡问题，更面临人口的生计贫困问题。究其本质原因，则是市场经济条件下内地及沿海地区普遍工业化、城市化需要大量劳动力的结果。我们可以从每年的春运流动方向上得出结论。每年春节前的流动人口流动方向总是从北京、天津、上海、广州及其沿海城市向内地和边疆地区流动，而春节后的流动人口方向则从边疆向内地或沿海城市流动。这说明这些城市中有人口赖以生存的生产资料和生活资料，可以容纳边疆的劳动力资源。再从边疆各个省区人口流动的实际情况来看，也印证了多数边疆村庄和牧场的青壮年劳动力都外出打工的事实。如我们在西藏日喀则地区聂拉木县樟木口岸的夏尔巴村、新疆阿克苏地区的阿瓦提县五里桥村、喀什地区买盖提县跃进村、阿图什州的松他克村不仅看到了到国内沿海和内地打工的许多个案，也目睹了不少出国打工回国人员。虽然他（她）们“人口流动行为有可能是不充分理性的，”② 即边疆人口流动不是靠市场经济规律而是靠家族、民族或地方人缘支撑的流动，注定只有少数陆疆人在适应市场经济的前提下走上富裕道路，但已经卷入市场经济大潮中的边疆人只有适应市场经济才能生存。因此大批陆疆人口流出则是造成陆疆人口问题的根本原因。

---

① 左学金：《新世纪中国人口问题展望》，载《人口研究》，2000 年第 1 期，第 31 页。

② 王勇：《改善民生与统筹解决人口问题———第六届中国人口问题高级资讯会综述》，载《人口与计划生育》，2008 年第 5 期，第 7 页。

二、中国陆疆人口问题治理模式

人口问题与人类历史相始终。因此古今中外的人对此都进行过研究，也形成了一些解决人口问题的观点和立场。总体而言，主要有三种："第一种是以新老马尔萨斯主义为代表，坚持认为人口增长是导致人类贫困和苦难的根本原因；第二种是以新古典经济学派为代表，认为人口增长不是问题而可能是进步的一个原因，因为历史纪录证明当世界人口增长时，人类的福利就会提高；第三种是以结构主义为代表，认为人类贫困和苦难与其说是人口增长引起的，不如说是由社会制度和经济安排的运作引起的(哈珀，1998)。正因为对人口增长带来的问题有不同的认识和看法，所以，也相应地产生了三种解决人口问题之道。这就是西方学者总结的"减少刀叉派"（即马尔萨斯主义的主张，即控制人口）、"增大馅饼派"（新古典经济学派的主张）和"制度改进派"（结构主义的主张）。"[①] 中国近几十年来解决人口问题的主要方法则是计划生育，这是完全符合中国国情的正确人口政策。但即使如此，目前我国仍有13亿人口，约占世界总人口的21%，相当于亚洲总人口的1/3，比世界上所有发达国家和地区人口总量还多1亿。因此有人预测：21世纪中国将先后迎来劳动年龄人口、总人口和老龄人口三大高峰[②]。在这种情况下，有学者提出在确立控制人口这样一个最基本的战略前提下，以"控制、提高、调节"相结合的方针为指导把解决人口问题纳入可持续发展的视野[③]。也有人提出以"三派"合流来解决人口问题。"即控制人口数量、搞计划生育，是遏制人口规模过快增长以减轻对社会经济发展、资源环境的压力；发展生产力、发展市场经济，是'增大馅饼'创造更多的财富以满足人类生存和

---

① 李建新：《三种认识和解决人口问题的途径——以中国人口问题的认识与实践为例》，载《人口研究》，2002年第6期，第14页。

② 张艳红：《人口因素对可持续发展的影响》，载《中国国土资源经济》，2006年第5期，第16页。

③ 田小波：《人口与可持续发展是解决中国人口问题的第三个飞跃——中国社会科学院人口研究所所长田雪原访谈录》，载《人口与经济》，1995年第5期，第45—46页。

发展的需要；制度结构改进，是强调分配公平、消除贫困以实现人类共同富裕。”① 还有人认为“现在应当考虑是否将计划生育工作推向新的阶段，开始在全国普遍实行奖励生育一个子女、允许生育两个子女、禁罚生育两个以上子女的第三阶段。维持人口数量简单再生产，总量基本稳定，应该是中国今后人口和计划生育模式的最佳选择。马寅初当时力言计划生育（我国人口多，耕地少，最好是一对夫妇生两个孩子②），也主张最好生两个孩子。”③ 以上解决之道，对于解决整个人类和中国宏观人口问题具有很强的说服力。

中国陆疆作为中国领土的一部分，其人口问题与中国宏观人口问题和人类面临的总体人口问题有共性，也有差异。共性之处表现在无论边疆和内地、无论中国或整个人类的人口问题，都与人生不同阶段有关，正如北京大学人口研究所乔晓春教授从生命历程的角度指出的那样：“人口问题是有密切联系的，人在一生中每个阶段的问题是不能割裂开来看的，否则将不利于解决人口问题，甚至会带来更严重的人口问题。”④ 如老龄化问题均是内地和边疆面临的同样问题。早在2000年，我国65岁以上的老年人口“为8811万人，占总人口的比重为6.96%”⑤；到2004年底，中国60岁及以上老年人口达到1.43亿，占总人口的10.97%⑥。更为严重的是，据联合国有关部门预测，今后近半个世纪的时间内，中国老年人口的负担系数将呈不断上升的趋势。到2050年，劳动年龄人口与65岁及以上老年人口的比例将达到100：30⑦，中国将彻底步入老龄化国家行列。差

① 李建新：《三种认识和解决人口问题的途径——以中国人口问题的认识与实践为例》，载《人口研究》，2002年第6期，第18页。

② 《马寅初在北京大学说我国人口问题》，《北京日报》1957年4月27日。《马寅初经济论文选集》下册，北京大学出版社1981年版，第370页。

③ 胡培兆：《中国的人口问题》，载《中国经济问题》，2008年第5期，第12页。

④ 王勇：《改善民生与统筹解决人口问题———第六届中国人口问题高级资讯会综述》，载《人口与计划生育》，2008年第5期，第7页。

⑤ 郭继严、王永锡主编：《2001—2020年中国就业战略研究》，经济管理出版社2001年版，转引刘家强：《21世纪中国人口问题透析》，载《人口研究》，2002年第6期，第4页。

⑥ 张艳红：《人口因素对可持续发展的影响》，载《中国国土资源经济》，2006年第5期，第16页。

⑦ 马娟.《生育水平下降后中国人口问题与对策》，载《广西社会科学》，2003年第10期，第157页。

异问题就是中国陆疆作为中国的边疆地区，人口问题直接影响着中国陆疆的安全。具体来说就是人口少、老龄化、贫困问题直接影响中国陆疆戍边人口的生存与发展，从而影响戍边的质量、边疆领土和主权的安全。要解决这些问题，本文认为必须从指导思想和具体模式两方面入手。

在指导思想方面：第一，必须树立边疆生态环境资源与人口承载率相适应的意识。马克思说："事实上，每一种特殊的、历史的生产方式都有其特殊的、历史地起作用的人口规律。抽象的人口规律只存在于历史上还没有受过人干涉的动植物界。"[①] 即把人本身作为自然界的一个组成部分，再从人与自然界的认识与被认识、改造与被改造的关系认识人口问题，认识人口问题对于国家或社会可持续发展的重要性[②]。而不是将人的主观能动性扩大到人可以通过自己创造的技术和文化战胜自然的地步。正如美国经济学家埃德温·坎南指出："我们可以这样认为，在任何一定时期，或者在任何一定条件下，或其他条件都保持不变，总有一个可以称之为获得最大收益点。此时人口数量刚好恰当地适应环境，以致无论人口是多于或少于此时，人口收益（劳动生产率）都会下降（或"递减"）。这种人口则被定名为'适度人口'。"[③] 由于我国陆疆地区多为生态环境恶化相对快速的地方，因此更应注重人口与生态环境之间的适度关系。第二，必须考虑人口的文化因素对人口问题的正反两方面的影响。人口学一般将总体人口划分为0—14岁少儿人口，15—59（或64）岁成年或生产年龄人口，60或65岁以上老年人口三个基本组成部分[④]。如果人为控制人口出生数量，势必会影响人生其他阶段的人口性别问题、老龄化问题等。除此之外，人类的经济发展水平和文化素养也会反作用人口出生、成长及死亡等问题。如亚当·斯密就曾说过，"贫困会使人不想结婚，但未必就真的不

① 马克思：《资本论》，《马克思恩格斯全集》第23卷，第692页。转引自胡培兆：《中国的人口问题》，载《中国经济问题》，2008年第5期，第9页。

② 徐丽卿：《可持续发展的"瓶颈"——从自然辩证法角度透视中国人口问题》，载《理论学习》，2002年第2期，第29页。

③ 徐丽卿：《可持续发展的"瓶颈"——从自然辩证法角度透视中国人口问题》，载《理论学习》，2002年第2期，第29页。

④ 田雪原：《论人口与国民经济的可持续发展》，载《中国人口科学》，1995年第1期，第2页。

结婚，贫困还有利于生育。苏格兰高地处于半饥饿状态的妇女常生20个以上的子女，虽然能养活的不多。而奢侈的上等社会妇女，往往不能生育，一般只能生两三个。”① 社会不同阶层的生活方式也会影响人口。如“不妊症，虽为上等社会所常患，但在下等社会，却极少有。女性的奢侈，虽然能刺激享乐的欲望，看来往往会削弱，而且常常会彻底破坏生育能力。”② 文化因素也如此。如中国传统文化因素中的农耕文化、宗教文化、儒家生育观是中国人口数量过多问题产生的根源之一③。游牧文化则因经常迁徙而降低人口的出生率。因此人的文化性因素影响人口的发展。

从解决中国陆疆人口问题的具体模式来看，本文认为依托口岸促使陆疆以文化产业为基础走城镇化道路应是治理目前陆疆人口问题的有效模式。有人提出的西部地区城市化的发展模式已经给边陆疆人口问题的解决提供了很好的建议。如“一是如何培育区域经济中心，特别是在西部地区，需要把城市作为一个经济增长点、作为一个增长极来建设，把城市化和区域产业结构的优化调整、把城市化和乡镇企业集中结合起来进行综合研究；二是需要把城市建设作为农民企业家的创业基地，作为外出打工者的回流基地来对待，注重小城镇的发展对贫困落后地区、劳动力资源富集地区的经济带动作用，重新强调发挥小城镇对周围地区的政治中心、经济中心、文化中心和信息中心地位；三是需要探讨城市化过程中的投资运行机制。”④ 中共十八大报告中也指出：“坚持走中国特色新型工业化、信息化、城镇化、农业现代化道路，推动信息化和工业化深度融合、工业化和城镇化良性互动、城镇化和农业现代化相互协调，促进工业化、信息化、城镇化、农业现代化同步发展。”⑤

对于中国陆疆而言，城镇化需要考虑的因素如下：人口数量、自然与文化资源依托、国家边疆安全、口岸积累的地理与文化传统。从人口数量

---

① 亚当·斯密：《国民财富的性质和原因的研究》上册，商务印书馆1972年版，第72页。转引自胡培兆：《中国的人口问题》，载《中国经济问题》，2008年第5期，第10页。

② 亚当·斯密：《国民财富的性质和原因的研究》上册，商务印书馆1972年版，第72页。转引自胡培兆：《中国的人口问题》，载《中国经济问题》，2008年第5期，第10页。

③ 李红梅：《中国的人口问题与可持续发展战略》，载《理论导刊》，2007年第2期，第14页。

④ 刘家强：《21世纪中国人口问题透析》，载《人口研究》，2002年第6期，第5页。

⑤ http：//wenku.baidu.com/view/058be745a8956bec0975e37f.html。2012.11.28下午15：46分。

上来说，现在陆疆两多一少的人口问题显然不能满足大城市人口数量和质量的需要；陆疆大多数地区的生态和文化资源贮备也不具备建立大城市的条件；但国家在陆疆地区设立的口岸不仅满足了国家政治、外交、经济及文化需要，也是依据陆疆地理、生态、资源、人口的实际情况汇聚成的适合边疆各族人民居住、交流、合作的场所；再从国家陆疆安全的角度来说，陆疆需要不同群体的人来守卫。因此依托口岸走陆疆城镇化的道路，则是解决陆疆人口问题的可行之道。

目前我国对外开放口岸分为一类口岸和二类口岸。所谓一类口岸是指由国务院批准开放的口岸，允许中国籍和外国籍人员、货物、物品和交通工具直接出入国（关、边）境的海（河）、陆、空客货口岸，设有边防检查、海关、海事、出入境检验检疫等检查检验机构，以及国家规定的其他口岸机构。二类口岸是指1998年8月28日前由省级人民政府批准开放的口岸，仅允许中国籍人员、货物、物品和交通工具直接出入国（关、边）境的海（河）、陆路口岸；出入境检查检验手续需依靠其他口岸派人前往办理。到2003年，全国一类口岸245个，其中海（河）运口岸132个，航空口岸52个，铁路口岸17个，公路口岸44个。二类口岸清理整顿后保留的共计149个，其中水运口岸130个，边疆口岸19个①。其中绝大多数铁路口岸、公路口岸和部分水运口岸都设在陆疆地区。如新疆维吾尔自治区共有对外开放的一类口岸16个，二类口岸5个。一类口岸中航空口岸2个，陆路口岸14个。新疆维吾尔自治区对外开放的5个二类口岸是新疆国家二类口岸、边疆宾馆国家二类口岸、乌鲁木齐经济技术开发区口岸、新疆商贸城国家二类口岸、新疆旅客运输公司汽车站口岸②。这些口岸均是各族人民在长期与陆疆地区的生态环境相适应的过程中形成的交通枢纽地带、物产汇聚市场、商品交易场所等。目前这些口岸不仅成为各族人民出卖劳动产品、交换商品的地方，更是他们会见亲戚朋友、进行文化交流合作的中心。加上这些地方也是国家边疆地区的重镇，因此他们的发

---

① 海关总署办公厅口岸处：《中国口岸知多少》，载《中国海关杂志》，2003年第3期，第46页。

② 《新疆的开放口岸》，载《中国改革》，2004年第2期，第45页。

展得到了国家层面的关注，发展速度很快。如内蒙古自治区对外开放口岸已从2个发展到18个。其中，对俄开放的口岸7个，对蒙古国开放的口岸11个。按运输方式划分，铁路口岸2个，航空口岸2个，水运口岸3个，公路口岸11个。国务院批准开放的一类口岸11个，自治区人民政府批准的二类口岸7个。绝大部分边境旗市都有自己对外开放的口岸，特别是呼伦贝尔市已实现9口通商。目前，全区已初步形成铁路、公路、航空、水运等多种运输方式的全方位的口岸开放格局；在全区4200多公里的边境线上，形成了以口岸为依托的沿边开放带，成为我国向北开放的前沿阵地①。但与沿海口岸相比仍有差距。如早在2006年东海沿海地区的水运口岸已经发展成为“以中心城市为核心，以产业关系为纽带，国际与国内资源迅速向长江三角洲、珠江三角洲与环渤海地区集中……东南亚自由贸易区与中日韩自由贸易区的积极推进，也给这些地区物流发展增加了新的空间。”②

因此本文认为，既然陆疆口岸大多是铁路和公路口岸，就以铁路和公路为基础，促进口岸城镇化建设，吸收当地各族人民和各种职业群体就业当地、服务当地，以文化产业逐渐促进口岸城镇化，进而促进陆疆所有口岸向文化产业化发展。这样不仅使当地各族人民通过口岸城镇的经济文化交流，走共同富裕之路、建立和谐融洽的民族关系、巩固陆疆安全与稳定，而且发挥口岸在国与国经济、政治、文化交流中“通”大于“堵”的功能，促进国与国边境地区民众的理解和认识，架起友好交往的桥梁。最终达到以口岸为依托，建设边疆小城镇，确保陆疆安全和谐发展。

---

① 张长虹：《内蒙古口岸建设与存在问题》，载《前沿》，2005年第5期，第58页。

② 何黎明：《我国口岸物流发展现状与趋势》，载《市场周刊》，2006年第4期，第24页。

佛教在汉藏民族关系中的贡献

——兼谈藏区寺院管理中存在的问题

才让太

中央民族大学藏学研究院教授

我们在谈论藏族的时候一般都习惯于谈西藏。实际上从人口、地理、文化等各方面讲，西藏仅是整个藏区的一半。广大的甘青川藏区作为藏人世代繁衍生息的地区同样承袭着丰富的传统文化，无论从生产方式还是风俗习惯都无异于处于藏文化中心地带的西藏自治区。但是当今中国社会，无论学术话语还是政策话语都以偏概全地用“西藏”一词来代替“藏族”，这种漠视西藏自治区以外藏区的存在的做法所导致的后果就是近年来西藏以外的其他藏区发生的事远远多于西藏自治区本身。所以，政府工作人员和学术研究人员应站在“整个藏区”的高度去对待和理解这个民族。在谈论汉藏民族关系的时候也不能忽视这一点，因为河西走廊和西康等藏边社会一直以来就是汉藏文化接触和互动的主要地带，以佛教为主要互动内容的汉藏文明交流首先在这些地方萌生。今天我的论题是佛教在汉藏民族关系以及在应对藏区存在一些问题中所起的作用。不妨这样理解，藏区的所有问题当中，最关键是汉藏民族关系，其中佛教长期以来扮演着重要的角色。

一、7 世纪前的吐蕃宗教及其民族关系

我是从事苯教研究的。我的学术关注点侧重于前佛教时期的西藏宗教和历史。公元 7 世纪之前，也就是吐蕃崛起之前，藏族的文化、贸易、政治、军事、价值观念等与内地不是十分密切，而与波斯等中亚的关系更密切。当时，吐蕃文明通过丝绸之路与中亚和西域诸国发生联系，其中与波斯文明的关系最密切，吐蕃甚至与两河流域的文明发生过互动，吐蕃的麝香、马匹、朱砂等通过丝路贸易至波斯等地，而波斯等地的天珠及其文化传至吐蕃本土，这种丝路贸易及其附带的文明交流使吐蕃的苯教与波斯的祆教等宗教思想逐渐趋于接近，均形成“二元论”特色。但是，公元 7 世纪以后，藏族文化传统与民族关系有了新的转向，即藏族文化开始与东方的汉文化有了更多的接触。这种转向的原因可能有好几个，其中佛教的作用至关重要。

二、佛教传入吐蕃与历代汉藏民族关系

公元 7 世纪因佛教传入吐蕃的需要，松赞干布分别从印度和唐朝迎娶两位公主，开始主动与唐朝接触，从此，内地中原和西藏之间开始有了以佛教为主线的一系列交流。公元 7 世纪一直到 13 世纪，佛教经历了几个世纪的发展，汉藏两个民族把佛教作为交流的桥梁来发展并逐步推向深层，汉藏两个民族在以佛教为主要纽带的文明互动中发生了碰撞、沟通和实质性的交流，其典型的例子就是文成公主进藏和摩诃衍在吐蕃试图传播禅宗的努力。这样的接触越来越多以后，整个文明互动和对话走向了更深层的阶段。作为结果，蒙元时期蒙古皇室通过与萨迦派的接触把整个西藏纳入祖国的版图。在元代的汉、藏和蒙古的民族关系当中，佛教再一次起到重要的作用，为西藏归入祖国版图及其巩固与中央的关系起到了不可替代的作用。

明清时代，历代皇帝奉行“兴黄教，以安众蒙古”策略把佛教置于国家励精图治的考量中，藏族人以另一种眼光看明清皇帝，即把历代清朝

皇帝作为护法者来看待。汉藏两个民族的交流始终以佛教作为主轴和驱动力，明清皇帝俨然以佛教的保护者的姿态出现。这样的关系逐渐走向深入，明朝皇帝给藏族高僧颁发法王等名号。清代时佛教的这种角色更上一层楼，五世达赖喇嘛和六世班禅进京，章嘉活佛和其他高僧大德在内地传藏密等，汉藏文明在佛教界的交流更加频繁和深入。同样，很多汉族的僧人亦在西藏各地从事传法活动，尤其在“藏边”社会这种文明互动非常普遍。从《红楼梦》以及其他明清小说中都可以看到，当时藏族喇嘛在内地传法、做法事的描述比比皆是。

这种以佛教作为主线的文化互动的发生和发展，强化了汉藏民族之间的文化认同感，找到了不少共识，两个民族之间的距离也因为信仰同一个宗教而变得更加接近。由于在历史上佛教在中原大地有很大的兴盛，佛教信徒从未间断。相关统计显示，近几年内地人信仰佛教有上升趋势。在藏族民众的普遍观念中把佛教作为汉藏共有的宗教，进而汉藏民族变得更加亲近。比如按传统，藏族人对与外族通婚有一些顾虑，但如果通婚对象是汉人，距离感就小得多，因为汉藏两族的宗教信仰一样，那就是佛教。老百姓会说我们都是同一个信仰，这种观念在藏区非常普遍。所以，佛教思想促使藏民族排除顾虑，易于认同和接纳汉民族。佛教在国家政权的构建、民族统战工作的实施、民间沟通、文化交流以及文化认同等方面，确实起到了非常重要的作用。

清代，清朝政府完全作为佛教保护者的角色出现。康熙、乾隆还学藏文，修习佛教。所以，当时很多藏文文献把清朝皇帝作为文殊菩萨的化身来描述，即在宗教信仰领域中赋予他们非常高的地位。这种被藏族僧俗民众重塑的带有浓厚宗教色彩的帝王形象在一定程度上象征着国家形象和统治者的形象，对于中央集权的向心力起到重要作用，对于今天多民族国家的政权构建也具有可借鉴和可参考的意义。

民国时期基本承袭清代的民族宗教政策传统，通过与宗教人士的接触来加强祖国与藏族地方政府的关系，始终把佛教作为内地与藏区联系的纽带加以把握。对此，哥伦比亚大学的一位教授还写过一本书，其认为在新中国的构建当中藏传佛教起到了非常重要的作用。中华人民共和国成立以后，党和政府非常重视佛教的地位，佛教界成为新中国两个文明建设的积极力量，是非常清楚的。藏族群众将毛主席奉为神灵的例子比比皆是，从整体来讲，我认为中国的民族政策和宗教政策是比较成功的，改革开放以后我国民族地区的基本稳定就是民族政策的功劳。

中华人民共和国成立初期，党的民族政策和宗教政策得到较好的贯彻执行，喜绕嘉措等高僧大德真诚歌颂毛主席和党的政策，宗教界衷心拥护共产党和社会主义制度，在民族地区工作的汉族干部学习民族语言，民族地区的干群关系和民族关系非常好。毛主席的形象走入佛堂。但是，随着政权的稳固和民族地区的进一步发展，逐渐忽视了宗教政策和民族政策的认真执行。存在的一个问题就是包括宗教信仰自由在内的宗教政策在基层的贯彻执行被忽视。近几年在藏区和新疆地区事件频发，并不是民族宗教政策的失败，而是民族宗教政策没有执行好。结果才导致国家领导人的形象在信教群众的心目中走下神坛，不再是护法神，更不是观世音菩萨和文殊菩萨的化身。这不是好现象。

三、新中国成立以来藏区宗教政策及寺院管理中存在的问题

与历史上的汉藏关系和宗教政策形成鲜明对照的是，“文革”时期的错误思想对藏传佛教造成的摧残是绝无仅有的。这种极“左”的错误思想在政策层面的实施极大地伤害了信教群众的感情、制造了信教群众与党和政府之间的隔阂。现在应该以史为鉴，重新反思这段可悲的历史。由于职业的原因，在学界不能不经常涉及藏区存在的一些问题，大家都认为近几年藏区发生这么多事，主要是因为宗教信仰自由政策没有贯彻好、执行好，僧人的宗教信仰自由没有被充分尊重，所以，出现了一系列反弹的行为。我也觉得藏区的很多问题在很大程度上是宗教问题、信仰问题。我们现在过多地强调“发展”问题，而忽略了宗教问题。在建立新中国的过程中和建成后的初期，为了赢得广泛的统一战线而对民族宗教予以更多的关注，比较重视民族政策和宗教政策，受到了少数民族和宗教人士的真诚拥护。但随着政权的逐渐稳固就忘记了少数民族的贡献，忘记了民族宗教的特殊性，逐渐地忽视了党的民族政策和宗教政策的重要性，对民族政策和宗教政策越来越不重视了。

目前的对藏政策存在这么一个问题，即国家政策层面对藏族传统习俗和传统文化保护方面的重视程度还不够，很多传统的东西被疏忽了。我是搞宗教研究的，经常去基层做田野调查，近二十多年来我走访了全藏区的250多座佛教和苯教寺院，因此可以说对藏区寺院和民众宗教信仰和宗教生活的情况还是比较了解的。在座各位中到过藏区寺庙的人的感触可能都一样，初次去一趟，可能听到的全是“扎西德勒”的声音，看到的是哈达和微笑，给人感觉非常好。但是走访几趟并有了一定的了解，人们之间的交往走向深层以后，听到的就不一样了。我在二十多年的藏区寺院调研当中有一个感受，那就是一旦谈到一些实质性的问题，比如寺院的学经制度、游学传统、学位晋升制度、僧人的人身自由等的时候，听到的就不仅仅是“扎西德勒”，而是一种无奈、无望，甚至绝望。僧人们觉得他们的祖辈世代继承下来的民族文化传统逐渐在流失，主要原因在于地方行政部门的政策处理不当，宗教活动自由得不到充分支持，比如僧人出家人数受到限制而大幅下降，中华人民共和国成立初期有千人之多的寺庙现在只有几十个人，完全满足不了藏族民众的宗教生活需求。这里可以看到他们的两种担忧：一是担忧传统文化的失传；二是担忧宗教信仰需求得不到满足。那么，我们在强调改革开放的成果惠及而得的“幸福指数”的时候是否也应该把“宗教信仰的需求”因素考虑进去？这是今天我们需要反思的问题。另外一个重要的问题是僧人人数受限，因为僧人对于佛教信仰的传承和发展是至关重要的。可能有人问我何以重要呢？因为佛、法、僧“三宝”是构成佛教的三个基本要素，缺一不可。如果没有僧人，佛教的“三宝”就成为“两宝”了，佛教也就不会存在了。因为前两者是在后者的基础上延伸的，没有僧人就不会有佛和法，可见僧人人数受限问题的严重程度了。佛教2500多年继承下来的体系，应该被充分尊重和保护，我认为这不仅是藏民族或者中国的问题，而是人类的问题。佛教是人类创造的一个灿烂的文化传统，在它的发源地印度已经不存在了，在东南亚只有小乘佛教。在佛教的继承方面，中国应该有更大的作为，这应该是对人类文明所做的一个贡献。但在我国藏区，僧人数量骤降，甚至有的小寺院出现“僧人真空”现象，面临寺院后继无人的窘境，日常法会难以正常进行，满足不了信教群众的宗教需求。这里的原因很复杂，但除了受现代化冲击之外，更多的是管理部门对宗教信仰自由政策执行得不够好。僧人这个群体在社会上受到远远多于常人的限制甚至歧视。同样，信教群众也一样受到限制。比如，现在很多拉萨的上班族不敢去朝拜大昭寺和哲蚌寺等寺院，都怕被摄像头捕捉，因此被叫去谈话，甚至失去“饭碗”。所以现在很多西藏自治区的藏人朝佛就来甘青川藏区，这是一种怪现象。

接下来我想谈的一个问题就是僧人长期以来被边缘化和被歧视。除了很少一部分大寺院和著名寺院以外，在农村和牧区推行的发展规划中基本上没有寺院的部分，道路规划中没有寺院，基础设施建设没有寺院，通自来水没有寺院，通电没有寺院。后来，社会保障系统中没有僧人，医疗保险系统没有僧人，所以说僧人这个群体基本上被边缘化，被疏忽掉了。中国这么大，要做的事儿那么多，政策偶尔惠及不到一些群体是完全可能的，也是可以理解的。但是这样的疏忽持续了五十多年，那是说不过去。当然，这里说的不包括那些在人大政协任职的大活佛们以及他们的寺院，他们虽然风光无限，但是在整个藏区的寺院和僧人中只占极少一部分。所幸的是，“3·14”事件之后，这个问题逐渐被重视起来，现在僧人的社会保障和医疗保险等问题已经逐步得到解决。

藏区在西方世界一直被视为“香格里拉”，向往之、推崇之，除了有些许“东方主义”色彩外，西藏的苯教和藏传佛教文化的魅力成为世人了解西藏、重视西藏、向往西藏的主要原因。这个博大精深的宗教文化传统是青藏高原的本土文化和印度佛教文化高度融合并吸收汉族和其他民族文化的内容后形成的一个深层积淀。经过上千年的文化融合，它已经成为中华文明的一个重要组成部分，对这个文化传统的传承和发展是中国人对人类文明的一个重要贡献。在上千年的传统中，对于藏人来说，寺院就是学校，所以有村落的地方基本上有寺院。寺院作为苯教和藏传佛教文化的主要载体和传统教育机构，有其完备的学经制度和学位晋升制度，在承袭宗教传统文化方面一直扮演着至关重要的角色。比如，作为藏传佛教各教派中最大派系的格鲁派寺院以其严谨的学经制度而著称于世。格鲁派僧人入门后一般在小寺院学习，掌握了基本的理论知识后开始游学到中等寺院学习，最后通过考试进入西藏三大寺等大型寺院学习。其中，成绩出众的学生经过学院（藏语称“康村”）遴选而参加西藏传召大法会，在传召大法会上就佛学的内容进行辩论而出众的僧人会被授予拉然巴格西学位。这是藏区各教派寺院各种学位中影响最大也是最难取得的学位，是很多僧人一辈子梦寐以求的人生目标，是光宗耀祖的大事。藏人普遍认为这种荣耀不光是一辈子的，而是几辈子，甚至是永恒的。除了格鲁派以外，藏传佛教其他各教派和苯教都有各自的学经制度和学位晋升制度。这就像内地的孩子和他们的家长们做梦都想让孩子们考上清华、北大一样，更优秀的还要留学上牛津、剑桥、哈佛一样。藏族人就靠这样一个学经制度和游学传统创造了博大精深的藏传佛教文明，赢得了世界的尊重，因而，藏学研究如今已经成为世界性的显学。

中华人民共和国成立以后，藏族寺院完备的学经制度和学位晋升制度逐渐被废除。按现在的宗教管理规定，对僧人必须进行属地管理，一辈子不能离开自己的寺院，这跟藏族传统的寺院教育运作模式大相径庭。按照传统，僧人学经有上千年的游学传统，是一种自下而上、从寺庙到寺庙的游学过程。在游学过程中，寺庙之间的辩经和交流互动非常重要，并且这种游学传统是在全部藏区范围内，并非仅仅局限于西藏自治区境内。但是，现在的管理方式不仅将历史上的主寺和属寺之间的传统关系切断、肢解，而且在同一个教派中游学的传统也废止了，因为僧人不能到其他寺院去学习，更不能跨县或者跨省去其他寺院学习，他们的学习无法提高，更不要说拿到学位了。这种人为的传统寺院教育体系的断裂使藏族文化的继承面临前所未有的困境。这种做法就像将小孩一辈子固定在一个学校里学习，一直让他上小学，不让他升中学、大学。这不仅使学僧们无法升学取得更高的学位，还直接危及藏族传统文化的传承。藏传佛教的传承方式是上千年来形成了行之有效的传统方法和教育模式，这种方法和模式是符合中国藏区实际情况的，同时也能够满足藏族僧俗民众的宗教需求和信仰愿望。一种知识体系或文化传统的存在是为了能够满足人们的求知需求和信仰需求的，它存在了上千年，也是在不断的调整和整合中形成的，因而也具有很强的合理性和可操作性，具有坚实的社会根基。藏民族挚爱这一宗教及其信仰体系，他们愿意为保全这一宗教传承而舍弃一切。“文革”等过于偏激的几次社会运动使藏族传统寺院教育系统完全被肢解了、断裂了、废止了，损失惨重。

如今，在中国被废止的行之有效的藏传佛教寺院教育体系却完整地被照搬到了印度的藏人社会中，这个系统包括三大寺辩经系统、五明学院、学位制度等较完整的内容。这就是为什么国内那么多僧人冒着生命危险越过边境去印度学经的主要原因。他们可以在印度找到完整的学经体系，可以游学，可以逐步升学，可以拿到他们梦寐以求的传统的佛教学位。这种现象不难理解，如果我们废止国内从小学、中学、大学、研究生和博士生的教学体系，或者把这个教育体系搬到境外去，希望学习的年轻人同样会想尽一切办法逃到境外去学习。拉萨的三大寺的规模严重萎缩，不再招收西藏自治区之外其他藏区的学僧们学习，而印度藏人中的学经体制则可以接受他们。三大寺就是藏传佛教中的清华和北大，如果把清华和北大搬到境外，那么学生就肯定会逃到境外去上清华和北大，这是毫无疑问的。僧人外逃事件从未中断，国家也重视僧人外逃的问题，但始终未能根本解决。他们的外逃想当然地被认为是受到藏独势力影响所致，其实不尽然，至少大多数人是为了去印度包括三大寺的各个寺院学习佛学。至于出去以后会受到什么影响就说不定了。其实，只要把国内藏传佛教寺院教育体系搞好，给藏族僧众以充分的信仰空间和学习环境，允许他们在国内藏区寺院里自由择校（寺）和升学即保证他们的“游学”传统，僧人外逃问题不难解决。只要能够在国内学习，拉萨三大寺和传召大法会才是最正统的学习环境和考取学位的地方。现在的寺院管理体制和机制没能满足僧人们的学经要求和群众的宗教诉求，所以，很多求知心迫切的僧人逃到印度学习系统的佛法。这些学僧一般是僧人中的精英，很多人学有所成，但是，学成回国以后又不让他们进寺院，不让他们在寺院讲课，他们只能流浪到社会上，形成了新的不稳定因素。所以，我们要做的是找出源头、分析原因、妥善解决，把藏族寺院教育体系改善好，把藏族寺院管理模式改革好，尽快恢复国内僧人的游学传统，三大寺等各个教派的主要学经寺院向全部藏区开放，尽快恢复传召大法会，这才是利国利民的上策。地方管理部门有他们的难处，他们担心出事，宁愿废弃上千年的学经传统，也不愿意恢复传召大法会，不让学僧们游学。其实，这样做的代价太大，从表面上看似乎杜绝了出事，实际上伤害了太多的人，造成了更大的隐患。

跨地区的宗教活动受限也成为问题。本来几处社区是某位活佛的传统影响范围，当活佛所在的主寺办大型宗教活动时，所有属寺都要参加。但管理部门要求按照行政区划进行管理，不能跨县或者跨区进行宗教活动，这与活佛和寺院的传统影响范围不一致。寺院遇到的最大的困境是地方政府不让办跨区域宗教活动，这又造成了政府和信众之间的矛盾。实际上这是传统，几千年来一块属于某一教派的社区民众在宗教意义上是血脉相连的，这块区域可能是同一个教派、或者民众所信奉的某一活佛转世系统很长时间的宗教影响范围，这些信众需要特定活佛来布教、灌顶、超度。这对于一个全民信仰的民族来说是很重要的。所以说，现在的宗教政策还是缺少一些人性化的东西。

现在藏区地方上要求孩子 18 岁之前不能进寺学习，以前藏区不存在这个问题。那时寺院是唯一可以学习的地方，是从小培养学僧的地方，就像学校一样，孩子在寺院一直学习，一般到 18 岁的时候已掌握很多知识。现在出家要等到 18 岁之后，那么藏族的宗教传统和传统文化就无法传承，18 岁以后上学也无法正常完成学业。所以很多人担心，觉得这样的规定不好接受。但这个规定又与九年义务制教育有着密切的关系，宗教管理部门也不好放开。

由于藏学研究的需要，我走访了很多寺院，十几年前开始我在访问寺院时发现僧人们对现在的寺院管理模式以及他们所受到的种种限制普遍感到无奈和绝望，因为很多他们应该做的事现在做不了，看得出来对他们全方位的限制深深地伤害了他们的自尊心。本人在同行中谈论过这个问题，很多人都有同感，认为这样的宗教管理方式可能会导致一些严重的社会问题。但同时也认为，僧人不会用激进的方式表达自己的不满，因为佛教徒由于其教义强调慈悲和忍辱而不怎么直接表露个人的喜怒哀乐，这对他们来说是一种修行，也是一种他们追求的境界。但后来的结果的确出人意料。一些不合情理的规定和蛮横的执行持续时间越长、范围越广，不稳定因素也就越多，非常容易造成群体事件。如果这些不满情绪再遇到境外分裂势力的煽风点火和推波助澜，就会酿成大家都不愿意看到的后果。还有，在藏族宗教信仰的金字塔中，僧人处于顶端位置，作为全民信教的民族，藏族人特别尊重僧人、保护僧人、信奉僧人。僧人在藏族社会享有这样的待遇是上千年形成的历史文化积淀，已经固化为信教群众的行为方式和生活习惯。僧人群体的感情受到伤害，等于一个民族的感情受到伤害。这就是为什么近些年在藏区发生的一些事件中有僧人的地方就跟着俗人，僧俗血脉相连。

结　语

我一直坚持认为佛教具有博大的胸怀和无私的精神。博大、宽容和慈悲成为当下很多民族的共识，也是很多民族共有的价值体系，佛教的这种核心价值观对于中国道德价值体系的进一步完善具有补充和启示意义。更难能可贵的是，佛教的“有教无类”的“去民族化”价值体系对汉藏民族的共存和交融提供了思想基础，所以 1300 年之后的今天佛教仍然是汉藏民族之间沟通心灵的桥梁。佛教也给汉族与蒙古等其他佛教信仰民族的交融以及对中华民族大家庭的构建做出了很大的贡献。但是，今天政策层面对佛教的定位出现了问题，看不到佛教在历史上的贡献，也看不到佛教在当今社会的积极意义，夸大了它的消极面。在这种认识的指导下，才出现了上述一系列不合情理的管理政策出台，导致了许多不良后果。现在的藏区寺院管理制度不符合中国的大国地位，应贯彻“百花齐放”的方针，给佛教信仰的僧俗民众更宽松的信仰空间。包括藏传佛教的藏族文化是中华民族文化的重要组成部分，而这些中国化了的佛教文化的传承要靠寺庙僧人。我们非常希望能有一个更加宽容、更加宽松的环境，使佛教能够以充满生机的状态为中国两个文明的建设作出更大的贡献。

草原文化的传承与现代化

齐木德道尔吉

内蒙古大学教授

有人问，作为内蒙古的主体民族，蒙古族现在关注什么？内蒙古自治区提出来建设文化大区、文化强区的战略。现在我就讲一讲那里正在发生的事情，我们正在关注的问题。

“草原文化的传承与现代化”是一个老题目了。从内涵上讲，草原文化是在以蒙古高原为中心的亚洲北方草原特定的自然地理环境中，由阿尔泰语系的匈奴、突厥、鲜卑、契丹、蒙古、女真、满族等三大族系的草原民族，在其形成、发展过程中创造的生产和生活方式的总和。中国几千年的文化和历史，实际上就是农耕民族所创造的文化与游牧民族所创造的文化互相之间的交流的过程。所以研究草原文化实际上对中国有重大的影响。

草原文化是一种内涵丰富、形态多样、特色鲜明的文化：从精神层面上看，草原民族具有天人合一、崇尚自然的宇宙观；敬畏大自然，与大自然和谐相处的自然观；合理取舍、永续利用的生态观；描摹自然、歌颂自然的文化观。从自然层面上看，其生物的多样性、生态景观的丰富性和环境条件的平衡性体现得最为完美。从历史层面上看，这里是人类先祖的栖息地、人类文化的发源地、历史上许多北方民族的发祥地、汉民族与北方少数民族的融合地、东西文明的交汇地。

自治区对草原文化立了大的课题正在研究，也归纳了一些最基本的精神。我自己认为就草原文化的基本精神体现在崇尚自然、践行自由、英雄崇拜、以人为本、兼容并蓄之上：崇尚自然——草原文化是以游牧生产方式为基础的文化形态，而游牧生产是迄今为止唯一以不破坏生态为前提的生产方式，将人与自然和谐相处当作行为准则和价值尺度，成为草原民族最为宝贵的文化结晶。践行自由——逐水草而居的生活方式为游牧民族提供了相对宽阔的生活天地和自由环境，“自由”的因子已经成为他们生命的重要组成部分，并深深熔铸于其民族性格之中，体现在民族文化的各个方面。英雄崇拜——作为草原文化集大成者的蒙古族是拥有英雄史诗最多的民族之一，崇尚英雄已成为蒙古族的传统。蒙古族是英雄辈出的民族，成吉思汗被世界公认为“千年风云第一人”。草原文化是孕育英雄的文化，也是象征英雄的文化。以人为本——草原民族尊重人才，尊重知识，并十分注重法制建设，远在公元前的匈奴帝国就已制定了法律。成吉思汗颁布大扎撒，为确立法治国家奠定了基础，产生了深远的影响。兼容并蓄——以宽容的态度对待外来文化，承认文化多元的合理性，积极学习借鉴各民族先进文化。这种兼容并蓄的文化观在草原文化的发展史上占据着主导地位。

草原文化从物质文化的层面上看特色鲜明，丰富多彩：以毡帐为代表的住宅文化，尤其是克服迁城的建设风格，城镇建设中特别强调从草原文化里挖掘最有价值的一些文化内涵，使之变得物质化，体现在城市的布局设计、建筑设计中；以驯马养主的马文化；还有奶食肉食为主的饮食文化。草原民族并不是没有农业，并不是不种地，有有限的农业，但农产品的交流也是非常多的；以毛皮、金银首饰为特色的服饰文化非常灿烂，内蒙古的服饰文化，以各个部落为特色；多元的草原城市文化，游牧民族并不是说没有过城市，我们可以举出许多富有草原特色的文化，元大都也申遗成功。

任何文化不可能是一成不变的，都需要传承和转型。从转型的角度来看，公元6—9世纪，蒙古族建立了横跨亚欧大陆的蒙古帝国，进而统一了中原，将草原文化的影响扩大到东西方。草原文化的变迁是漫长的发展过程，第一次最明显使得草原文化、游牧文化发生变化是在清代，蒙古社会以及生产关系的变化导致内蒙古草原文化的首次变迁，蒙古语产生了巨大的变化，形成了清代蒙古语方言的新布局，主要表现在语音方面，语法和词汇方面也有自己的特点。第二次是在清末，随着新政的推行，蒙禁被取消，在蒙地涌入大量的内地移民，大片牧场被开垦，在内蒙古地区形成农业半农业区域，导致民族和人口构成发生了质的变化，蒙古族成为少数民族，导致内蒙古地区的草原文化的再次转型——纯粹的游牧经济，除了部分地区外，代之以半农半牧的经济形态；纯粹的蒙古族聚居区，有一大部分成为蒙汉混居区；大量的牧民，转而从事农耕；接近内地的地区产生了许多以汉民为主的城镇，旅蒙商遍布草原腹地。第三次是近代内蒙古草原文化的形成，东部是科尔沁、喀喇沁文化区，中部是游牧文化区，西部是蒙汉混合文化区。清代形成的内蒙古草原地域文化，经过民国时期，再传承到今天。现在我们正在面临第四次转型，也是最要命的一次发展，草原文化转型的关键时期：大量乐观蒙古人进城或者务农，大量的蒙古牧民失去土地和草场，被迫从事其他产业；草原上的生产者，也不仅是蒙古人，而且有了大量的汉族牧民；游牧已经成为了历史，定居的房屋代替了毡包；随着社会的变迁蒙古语言的使用范围急剧缩小，民族教育随之萎缩；大量蒙古族青少年在丧失母语，改学汉语；随着草原的承包，五畜共存以及动物多样性的自然形态正在消失；气候变暖，导致水分蒸发量加剧，草原湖泊迅速干涸，加速草原的荒漠化。

现在我们面临着一个重大的抉择，怎么使草原文化现代化？内蒙古自治区所面临的草原文化的现代化问题，有着与蒙古等国不同的前提和条件。中国的草原文化具有深刻的中原农耕文化的影响，人口的增加，加剧了超载超牧，草原已经不堪重负。在工业化高速开展的今天，草原所承担的任务与责任更加重大。内蒙古2011年发生了“5·13”事件，就是这个原因造成的。我当时也提出了一些提议，如从制度层面加以重新设计，努力为草原文化的保存和传承创造条件。如草原承包制，都是一大堆错误的东西，牧民现在自觉在改变，形成合作社，整个生产关系正在开始变化。还要千方百计地保护草原文化产生的源头，结合国家非物质文化遗产保护工程，在不同的草原类型区域开辟出人口数量合理、牲畜配置科学、文化教育设施齐备的游牧文化保护区，从根本上创造草原文化良性发展的条件。切实落实有关保护和发展民族语言的政策，不致使蒙古语言文字走向消亡。抓好民族教育，重新构建适应新的形势的民族教育体系，以确保民族文化传承的稳定性。最近我正致力于研究这个题目。为从转移到城镇的牧民提供就业机会，提供相应的社会保障，帮助他们平安地转行。在城镇化过程中，开展城市建设的文化定位研究，以确立每个城镇的鲜明的草原文化特色，开展以草原文化为特色的民族文化旅游事业，展示草原文化，弘扬草原文化。积极从事草原文化产业，以推动草原文化事业的有效和长期的开展，深入挖掘草原本土生态保护知识。

（根据录音整理）

60 多年云南省增进民族团结的经验总结和现实思考

郭家骥

云南省社会科学院研究员

云南是一个多民族的边疆山区省份。全省有 5000 人以上的世居民族 26 个，其中 15 个为云南所特有，16 个民族与境外同一民族毗邻而居，2010 年少数民族人口 1534 万，占全省总人口的 33.4%。全省有 8 个自治州、29 个自治县、197 个民族乡（现存 148 个），是全国民族成分最多、特有民族最多、跨境民族最多、民族自治地方最多和实行区域自治少数民族最多的省份。云南的民族问题和民族关系，在全国具有典型性和代表性，总结 60 多年来云南在边疆民族地区治理中如何增进民族团结的经验，对其创建全国民族团结进步、边疆繁荣稳定示范区做出前瞻性思考，具有很强的现实意义。

新中国 60 多年云南边疆民族地区的治理及其民族关系，大体可以划分为四个时期：1950 年—1956 年，是社会主义民族关系初步建立和形成时期；1957 年—1965 年，是社会主义民族关系曲折发展时期；1966 年—1978 年，是社会主义民族关系遭到严重破坏时期；1979 年至今，是社会主义民族关系巩固发展时期。其中，前一个时期，云南为建立社会主义民族关系进行了艰辛的但却是成功的探索；后一个时期，是云南民族团结进步事业的黄金时期。因此，对60多年来云南边疆民族地区治理的经验总结，主要就讲这两个时期。

一、新中国成立初期实现民族团结的有益探索

（一）中央访问团深入民族地区慰问少数民族群众

为了宣传党的民族政策，加强民族团结，中共中央和政务院于1950年7月向云南派来了由40多人组成的中央访问团第二分团，带着毛主席、周总理的题词和药品、绸缎、布匹、盐巴、茶、糖、针线等少数民族的生活必需品，作为礼物赠送给少数民族。中央访问团来到云南后，云南省委又抽调了一批干部扩大访问团组织，补充了大批物资，先后访问了宜良、楚雄、大理、丽江、保山、武定、普洱、蒙自、文山等9个专区，怒江、中甸、宁蒗、澜沧等42个县（含设治局），往返行程近2万多公里。访问团每到一地，都向各族人民传达党中央和中央人民政府的亲切关怀，宣传党的民族政策，深入少数民族山寨调查研究，倾听各族人民的呼声，并协助普洱、蒙自两个专区和元阳县成立了民族民主联合政府，协助西双版纳地区成立了实行民族区域自治的筹备委员会，因而受到了少数民族群众的热烈欢迎。历时10个月的访问活动，对于疏通民族关系，促进民族团结起到了重要的作用。

（二）做好事，交朋友

由于历史遗留下来的民族隔阂和敌特的挑拨离间，少数民族普遍存在着“石头不能当枕头，汉人不能交朋友”的历史偏见。为了用事实消除少数民族的疑虑和偏见，1952—1953年，全省先后组织了3000多人的民族工作队到各族村寨开展“做好事、交朋友”活动。省委要求工作队员从挑水、扫地、带孩子、缝补衣服和栽秧、割谷等最简单的小事入手，帮助群众做几件看得见、摸得着的好事，以此来广交朋友，逐步消除历史偏见。实践证明，在千里边疆开展的做好事、交朋友活动，确实起到了消除隔阂，增进了解，疏通民族关系的作用。

（三）扶持发展生产，改善人民生活

做好事、交朋友打开了工作局面，但要实现民族团结还得帮助少数民族发展生产，以打下民族团结的经济基础。为此，党和政府对民族地区执行了“一少（要的少）、二多（给的多）、三公道（价格公道）”的经济政策。拨出大笔资金对生活极端困难的少数民族群众进行无偿救济；运去大批农具、盐巴、粮食、布匹等生产生活必需品以满足群众的迫切需要；以合理价格收购当地的土特产品以增加群众收入和购买力；无偿发放耕牛农具帮助群众开田开地发展生产，帮助独龙族人民学会了种植水稻，帮助在深山老林中生活的苦聪人出林定居。此外，党和政府还积极在全省民族地区进行交通和邮电通讯设施的建设，帮助一些民族发展其传统手工业生产。还向边疆民族地区派去了医疗队、防疫队，教育工作也得到恢复和发展。所有这些措施，都受到少数民族群众的热烈欢迎。

（四）争取团结民族上层人士

中华人民共和国成立初期，全省共有少数民族上层（含宗教上层）13000多人，其中12800人分布在边疆民族地区。除村寨头人约1万人外，按其当时政治统治和社会影响范围，相当于乡级的1800多人，相当于区级的900多人，相当于县级以上的115人。[①] 由于民族上层在少数民族群众中具有深厚的传统影响，他们的向背往往可以左右本民族群众的向背，故做好争取团结民族上层的工作，便成为当时解决民族问题的关键。为此，进驻边疆地区的人民解放军、地方干部和民族工作队，每到一地都首先争取团结民族上层，取得上层同意后再去开展群众工作，培养民族内部的新生力量，进而推动上层进步。“通过上层，联系群众”，然后“依靠群众，团结上层”，成为20世纪50年代初云南边疆民族工作发展的一条特殊规律。[②]

---

① 参见王连芳主编：《云南民族工作的实践和理论探讨》，云南人民出版社1995年版，第187—188页。

② 参见王连芳主编：《云南民族工作的实践和理论探讨》，云南人民出版社1995年版，第193页。

(五)开展民族识别工作和废除带有歧视或侮辱少数民族性质的称谓和地名

中华人民共和国成立初期，全国自报登记的400多个民族名称中，仅云南省就有260个，初步归并后仍有132个，经过1954年的民族识别工作，确定云南共有少数民族24个。[①] 1979年又确认“基诺人”为单一民族。随着人口的增长，使今天云南人口在5000人以上的世居少数民族达到25种。根据中央人民政府政务院1951年5月16日发布的《关于处理带有歧视或侮辱少数民族性质的称谓、地名、碑碣、匾联的指示》，云南省委省政府依照本民族意愿，按本民族自称分别确定了傣族、拉祜族、景颇族、独龙族的族称，废除了带有歧视和侮辱性质的“摆夷”、“山头”等他称和许多带“犭”旁的称谓，并将自称繁多的彝族各支系统称为“彝族”。与此同时，又将含有歧视、侮辱少数民族之意的县名作了更改：改缅宁为临沧，改蒙化为巍山，改顺宁为凤庆，改镇南为南华，改平彝为富源，改镇越为勐腊等。1987年5月，又将“卡佤山”改名为阿佤山。这一举措，收到了很好的效果，少数民族群众普遍反映说：“这才是民族平等，民族团结”。[②]

(六)调解民族之间和民族内部的历史纠纷

由于历代统治阶级实行民族压迫政策，蓄意挑拨民族关系，造成了一些民族之间和民族内部的历史纠纷。为了疏通民族关系，加强民族团结，云南省各级党委、政府本着“民族平等，合理解决，互相协商，双方让步，大家满意”的原则，做了大量调解工作。例如，新中国成立初期德宏傣族景颇族自治州较大的民族纠纷有数百起，有的已发展成为械斗。盈江县铜壁关区景颇族内部的一场械斗已延续了9年，死亡200余人，荒芜田园达4000多亩，严重妨碍了民族内部的团结，影响着社会安定和群众

① 参见黄光学、施联朱主编：《中国的民族识别——56个民族的来历》，民族出版社2005年版，第106页。

② 参见王连芳主编：《云南民族工作的实践和理论探讨》，云南人民出版社1995年版，第204页。

的生产生活。后经政府派出的工作队耐心调解，对双方因械斗造成的损失由政府予以补助，终于使双方达成了互谅互让的协议，停止械斗，还订立了“团结爱国公约”。又如宁蒗县小凉山彝族地区，历史上冤家械斗极为频繁。其中瓦渣和朴约两个家支之间，从清道光年间开始发生冤家械斗，一直延续到20世纪50年代初，长达百余年。械斗中有600多人丧生、200多人伤残。民族工作队深入彝族村寨，奔走于两个家支之间，说服了双方头人，举行了“钻牛皮”的盟誓仪式，终于停止了冤家械斗。再如，经过召开民族代表会议，调解民族纠纷，原普洱区即今思茅、临沧、西双版纳等地的各族土司、头人和少数民族代表，于1951年1月1日，按照佤族传统习俗在今宁洱县举行隆重的剽牛、喝咒水仪式，共同立下了这样一段山盟海誓：

“我们26种民族的代表，代表普洱区各族同胞，慎重地于此举行了剽牛、喝了咒水，从此我们一心一德，团结到底，在中国共产党的领导下，誓为建设平等自由幸福的大家庭而奋斗！此誓。”①

有40多名各族代表在誓词后面郑重签名并勒石成碑，今天，这一民族团结誓词碑仍然高高地耸立在普洱市，誓词充分表达了普洱区各族人民团结一致的心愿，是中国共产党民族团结政策结出的硕果。

（七）分类指导，顺利完成民主改革和社会主义改造

根据云南各民族分别处于原始社会末期、奴隶制、封建领主制、封建地主制和资本主义工商业初步发展阶段的实际，分别创造性地采取了“直接过渡”、“和平协商”、“缓冲”、“适当放宽”等多种特殊政策和特殊方式，顺利完成了云南民族地区的民主改革和社会主义改造。马克思、恩格斯在《共产党宣言》中指出：“人对人的剥削一消灭，民族对民族的剥削就会随之消灭。”“民族内部的阶级对立一消失，民族之间的敌对关

① 云南省民族事务委员会编：《云南民族工作大事记》（1949—2007），云南民族出版社2008年版，第9页。

系就会随之消失”。[1] 这就是说，随着民主改革、社会主义改造的基本胜利完成和各民族内部剥削阶级的消灭及剥削制度的废除，云南就基本建立和形成了各民族劳动人民之间平等、团结、互助、和谐的社会主义民族关系。因此，邓小平指出：“我国各兄弟民族经过民主改革和社会主义改造，早已陆续走上社会主义道路，结成了社会主义的团结友爱、互助合作的新型民族关系。”[2]

二、改革开放以来增进民族团结的成功实践和经验

1978 年 12 月，中国共产党召开十一届三中全会，认真清算了“文化大革命”中及其以前的“左”倾错误，作出把全党全国工作重点转移到社会主义现代化建设的战略决策，由此开始了具有深远意义的伟大历史转折。在这一历史转折过程中，云南省委省政府结合云南实际创造性地贯彻落实党的民族政策，开创了云南各民族共同团结奋斗、共同繁荣发展的新局面，使云南的民族关系进入历史上最好的时期。

（一）结合云南实际创造性地贯彻落实党的民族政策

党的民族政策是民族团结的生命线。代表中华民族及其各民族根本利益的中国共产党和中央人民政府，把马克思主义民族理论与中国民族问题的具体实际相结合，制定并实施了民族平等、民族团结、民族区域自治和各民族共同繁荣的民族政策，走出了一条解决中国民族问题的成功道路。结合云南实际，创造性地贯彻落实党和国家的民族政策，是云南民族关系长期和谐发展的前提条件和根本原因。

（二）各级党委政府高度重视民族问题，切实加强对民族工作的领导

云南民族众多、少数民族人口占全省三分之一且遍布全省所有地区这

---

① 《马克思恩格斯选集》第一卷，人民出版社 1972 年版，第 270 页。
② 《邓小平文选》第二卷，人民出版社 1983 年版，第 186 页。

一基本省情和客观实际，就使民族问题在云南不是某一地区或某一部门的问题，而是涉及全省所有地区、所有部门的全局性大问题。民族问题在云南除具备自身固有的长期性、复杂性等特点外，还具有全局性特点。这一特点就使民族问题对云南的政治、经济、文化、社会和生态各方面发生全面影响，并自然成为关系全省稳定与发展的重大问题。因此，历届省委省政府高度重视民族问题和民族工作，提出了"在云南工作，不重视民族工作，不研究民族问题，就是不称职的领导干部"；"在云南，不谋民族工作，就不足以谋全局"等一系列重要观点。全省各级党委、政府把民族工作置于全局工作的突出位置，列入重要议事日程，构建了党委抓政策、人大抓法制、政府抓落实、政协抓监督的民族工作机制。省委成立了民族工作领导小组，协调民族工作中的重大问题；省、州（市）、县各级政府的民族工作机构不断得到加强，充分发挥了民族工作机构的职能作用；在乡镇或村委会还设立了民族工作专门干部和信息联络员。从省到县形成了党政一把手亲自抓、分管副职协助抓、职能部门具体抓、各方面齐抓共管的民族工作社会化局面，为民族地区的发展稳定提供了根本保证。

（三）因地制宜，因族举措，实事求是地进行分类指导

因地制宜、分类指导，是云南在民主改革和社会主义改造中创造的成功经验，在改革开放进程中，这一经验又增加了"因族举措"这一新鲜内容。改革开放以来，根据云南民族地区的自然地理环境、社会发育程度、产业特点和民族特点，云南省委、省政府在多年探索研究总结的基础上，将全省民族地区划分为民族自治地方、民族贫困地区、边境民族地区、散居民族地区和城市民族工作 4 种类型，2002 年又细化出人口较少民族地区，2008 年又细化出傈僳、拉祜、佤、景颇 4 个民族作为特困少数民族，共分 6 种类型进行工作指导。在民族自治地方，以贯彻落实民族区域自治法为核心，制定各种优惠政策，促进经济社会全面发展；在民族贫困地区，加大扶贫攻坚力度，在基础设施建设、小额信贷、安居工程、温饱工程、易地开发、科技扶贫、教育扶贫等方面给予更多的扶持和帮助，加快脱贫致富步伐；在 25 个边境县，大力推进"兴边富民行动"，实施温饱扶贫、教育扶贫、科技扶贫、文化扶贫 4 项工程，努力实现富

民、兴边、强国、睦邻的目标；在散居民族地区和城市民族工作中，贯彻实施《云南省民族乡工作条例》和《云南省城市民族工作条例》，加大对民族政策和法律法规的检查执行力度，切实维护少数民族群众的合法权益，还专门设立了散居民族工作专项经费，解决少数民族群众的特殊困难和问题；在人口较少民族地区，实施以“四通五有三达到”为目标的扶持规划，协调上海对口帮扶资金集中投入，以尽快解决7个人口较少民族的温饱问题；对4个特困少数民族，正在调查研究制定更加特殊的发展规划和扶持政策。在各类民族地区开展工作，都正确处理好共性和个性、普遍性和特殊性的关系，探索总结“一族一策”、“一山一策”、“一族多策”的成功经验，在不同类型地区选择典型，因地制宜、因族举措地探索发展路子并积累经验，有目标有步骤地扎扎实实推进民族团结进步事业。

（四）坚持各民族共享改革开放成果，推进共同繁荣发展

从根本上说，我国社会主义初级阶段的民族问题，集中地表现在少数民族和民族地区迫切要求加快经济文化的发展上，云南民族地区存在的诸多问题，归根结底也是经济社会发展严重滞后造成的。因此，云南省委省政府和民族地区的各级党委政府，始终坚持“发展是硬道理”、“发展是党执政兴国的第一要务”的指导思想不动摇，坚决贯彻落实党和国家的民族政策和民族区域自治制度，并紧密结合云南实际制定特殊优惠措施，千方百计加快少数民族和民族地区的经济社会发展。向全省人民作出“现代化进程中决不让一个兄弟民族掉队”的庄严承诺，举全省之力扶持人口较少民族、特困民族和苦聪人、芒人、山苏人、坳瑶等特困族群加快发展，大力实施“兴边富民工程”，边境地区群众行路难、看病难、上学难等问题得到有效缓解。这些措施，有力地增强了各民族的凝聚力，为云南的民族团结进步事业打下了坚实的社会基础。

（五）保护与发展民族文化，建设民族文化强省

1996年12月，基于在改革开放和社会主义市场经济条件下，云南民族文化一方面受到猛烈冲击，另一方面又显示出无比珍贵的价值，中共云

南省委六届四次全会首次提出了建设富有特色的“民族文化大省”的目标。其后，经过反复的调查和研讨，省委省政府出台了一系列推进民族文化大省建设的政策措施，省人大在全国率先制定了《云南省民族民间传统文化保护条例》，各州（市）、县也纷纷制定了各自的民族文化发展规划。在这些措施的推动下，云南少数民族的古籍、文物、语言文字的抢救保护和民族图书出版、民族体育、民族广播电影电视等民族文化事业得到全面发展；培养了一批从事民族文化艺术研究和表演的专业人才，认定了一批民族民间文化传人；深入实施“千里边疆文化长廊工程”，以少数民族文化为题材的各类优秀作品在全国频获大奖，成功打造了一批民族文化精品和民族文化知名品牌，初步形成了民族工艺、歌舞、节日、服饰、饮食、建筑、医药、旅游等民族文化产业，推动民族文化大省向民族文化强省迈进。《云南印象》、《丽水金沙》、《印象丽江》、《勐巴拉娜西》等成为展示云南民族文化的精品剧目。五彩缤纷的民族文化与多姿多彩的自然生态环境紧密结合，推动了云南民族地区旅游业的跨越式发展，香格里拉、丽江、大理、西双版纳等民族地区，成为国内外游客向往的世界著名的旅游目的地。民族文化的繁荣发展增强了少数民族群众的自信心和自豪感，也培育了各民族“各美其美”的文化自觉、文化自信和文化自强意识，“美人之美”的文化尊重、文化开放、文化包容和文化欣赏意识，“美美与共、和而不同”的文化和谐共存意识，树立起各民族文化“多元一体、和而不同”的理念，为云南的民族团结进步事业打下了坚实的心态基础。

（六）大力培养选拔少数民族干部

政治路线确定之后，干部就是决定的因素。培养、造就一支宏大的、德才兼备的少数民族干部队伍是做好21世纪民族工作和解决民族问题的关键，直接关系到少数民族和民族地区的发展及民族团结、边疆稳定的巩固。因此，云南各级党委政府高度重视民族干部的培养选拔工作，始终将其作为管根本、管长远的大事来抓，在坚持干部队伍“四化”方针和德才兼备原则的前提下，在同等条件下优先录用少数民族干部，尤其是对人口较少特有民族和干部成长较为缓慢的少数民族，采取“先进后出”、

“小步快跑”、“破格提拔”等特殊措施，实现了全省人口在5000人以上的少数民族在省直机关至少有一名厅级干部的目标，独龙、德昂、阿昌、布朗等民族，自新中国成立以来在省直机关中第一次有了本民族的厅级领导干部，成为各民族共同管理国家事务的重要标志。全省16个州、市的党政主要负责人中，有16位少数民族同志，县级党委书记中，少数民族占33%。一大批忠诚于党和人民事业的少数民族干部，在各地区、各部门成为建设云南、繁荣云南、稳定边疆、协调民族关系、带领各族群众脱贫致富奔小康的骨干力量，在推动民族团结进步事业中发挥着不可替代的作用。

（七）开展多种形式的民族团结创建活动

一是加强党的民族理论、民族政策、民族法律法规和民族基本知识教育，把民族知识教育纳入全省中小学校德育教学内容，确定命名了一批民族团结教育基地和434所中小学为全省民族团结教育学校；用12种少数民族文字翻译出版党和国家的重要文献，充分发挥广播、电视、报刊等宣传媒体的优势，把党的各项方针政策及时传达到各族干部群众。二是在全省各地广泛开展“民族团结月”、“民族团结周”、“民族团结日”活动，利用各种媒体和各民族的传统节日、传统体育活动，大力宣传党和国家的民族政策，使“汉族离不开少数民族，少数民族离不开汉族，各少数民族也相互离不开”的思想深入人心。三是开展民族团结和兴边富民示范村创建活动。仅2003—2007年，全省民委系统就投入8000多万元，创建了308个民族团结示范村。近年来又创建了一批民族团结进步示范社区。四是建立健全维护民族团结稳定的长效机制，在实践中不断总结推广民族团结目标管理责任制。截至2007年，民族团结目标管理责任制已延伸到全省1330个乡镇、8671个村（居）委会及社区、1510个宗教活动场所、698个企业和农场。仅2002年—2007年，全省民族工作部门累计排查和调处涉及民族关系的矛盾纠纷和隐患5116起。[①] 有力地维护了民族团结

① 参见格桑顿珠：《五年来的云南民族工作报告》，载郭家骥主编：《云南民族地区发展报告（2007—2008）》，云南大学出版社2008年版，第8页。

与边疆稳定。五是大力表彰民族团结进步模范。改革开放以来，省委省政府先后召开了6次大规模的全省民族团结进步表彰大会，大张旗鼓地表彰了一大批民族团结进步模范集体和模范个人，各州（市）也相继表彰了一大批模范集体和模范人物，在全社会树立了维护民族团结光荣的良好氛围。

（八）不断完善民族法律法规体系，强化法制保障

率先在全国颁布实施《云南省实施<中华人民共和国民族区域自治法>办法》、《云南省民族民间文化保护条例》、《云南省促进民族自治地方科学技术进步条例》和《云南省迪庆藏族自治州民族团结进步条例》等法规。改革开放以来，全省制定和修订的自治条例、单行条例和变通规定共计149件，民族工作全面步入有法可依、依法办事的轨道。特别是一些自治州、自治县制定的针对性、操作性很强的单行条例，对维护自治地方合法权益，推动自治地方经济社会发展起到了重要作用。坚持不定期开展民族法律法规和民族政策落实情况监督检查。除人大、政协以及有关部门组织的经常性检查外，省委省政府先后多次组织开展全省范围内民族政策大检查，有力推动了有关法律法规和政策的贯彻落实。①

（九）按照“团结、教育、疏导、化解”的方针，妥善处理民族关系

民族关系对于任何一个多民族国家和地区都是至关重要的政治和社会关系，多民族的中国和云南自然不会例外。改革开放以来，云南省委省政府和民族工作部门，深刻认识做好民族团结稳定工作的核心是从法律和政策上保障各族人民的平等权益，因而在日常工作中，着力促进自治地方与非自治地方、边境与内地、山区与坝区、城市与乡村协调发展；处理好人口较少民族与人口较多民族、自治地方自治民族与非自治民族、散居民族与聚居民族、城市居民与进城务工少数民族之间的关系，促进各民族和睦

---

① 参见国家民委、中央统战部、《求是》杂志联合调研组：《团结共谱同心曲和谐花开彩云南——云南促进各民族共同团结奋斗、共同繁荣发展的经验与启示》，载《求是》，2011年第17期。

相处、和衷共济、和谐发展。同时正确区分两类不同性质的矛盾。对于人民内部矛盾，在实践中逐步总结提炼出“团结、教育、疏导、化解”的方针，切实解决群众的特殊困难和问题，最大限度地增加和谐因素，减少不和谐因素。严格防止不同民族个体成员之间的摩擦纠纷发展成为群体性事件；防止不同民族群众经济交往中的一般问题演变为伤害民族感情的严重问题；防止非对抗性矛盾转化为对抗性矛盾；防止敌对势力利用民族问题进行渗透破坏。坚决维护法律尊严、人民利益、民族团结和祖国统一。①

（十）实行民族团结目标管理责任制，保障了云南的民族团结和边疆稳定

云南省民委系统在全国首创的民族团结目标管理责任制，将民族团结、边疆稳定这项涉及各级、各地、各部门、各方面的纷繁复杂、千头万绪的工作，以责任制的形式分解落实到各级、各地、各部门、各方面的党政组织之中。形成了纵向到底、横向到边的全省上下左右、方方面面协同配合、齐抓共管的系统化、网络化工作格局。确保了各类影响民族团结、边疆稳定的矛盾纠纷在萌芽和隐患时期就能得到及时、有效地排查调处，使小事不出村、不出厂矿，大事不出乡镇，把矛盾处理在基层，解决在萌芽状态。有力地保障了云南的民族团结和边疆稳定，为全省改革开放和全面建设小康社会营造了良好的社会环境。

三、云南创建我国民族团结进步边疆繁荣稳定示范区的思考

《国务院关于支持云南省加快建设面向西南开放重要桥头堡的意见》（国发【2011】11号）中，明确提出要通过桥头堡建设，把云南建设成为我国民族团结进步、边疆繁荣稳定示范区。这既是党和国家对过去云南民族团结进步事业和民族工作的充分肯定，又是国家对未来云南的殷切期

---

① 参见格桑顿珠：《五年来的云南民族工作报告》，载郭家骥主编：《云南民族地区发展报告（2007—2008）》，云南大学出版社2008年版，第11页。

望，是国家在全国发展的战略格局中给云南的战略定位，是国家对云南的战略需求。云南必须在如何解决民族问题这一世界性难题上给全国做出示范，才算尽到了云南对国家的责任，完成了国家赋予云南的使命。因此，云南应在中国面向西南开放的桥头堡建设中，在国家的大力支持和帮助下，在民族问题领域“守正创新”，即一方面理直气壮地坚持为实践证明完全正确的解决民族问题的理论、道路、制度、政策、法律和工作经验，另一方面又以改革创新的精神，不断探索新形势下解决民族问题的新思路和新方法，积极推进“示范区”建设。中共云南省委书记秦光荣同志已从民族经济发展、民生改善保障、民族文化繁荣、民族教育振兴、生态文明建设、干部人才培养、民族法制建设、民族理论研究、民族工作创新和民族关系和谐十个方面对“示范区”建设提出了要求，我们则从云南最有希望尽快取得突破的五个方面，做一点探索与思考。

（一）在民族工作创新上做出示范

改革开放以来，云南民族工作部门在省委省政府和社会各界的大力支持下，在民族工作上实现了9个率先：率先实行民族团结目标管理责任制，率先制定落实民族区域自治法的地方性法规，率先在边境地区实行免费义务教育，率先制定实施扶持人口较少民族发展政策，率先提出并实现25个以云南为聚居区的少数民族在省直机关至少有一名厅级领导干部的目标，迪庆藏族自治州率先制定民族团结进步条例，率先制定民族民间文化保护条例，率先在中小学开设具有地方民族特色的民族团结教育课程，率先制定实施少数民族和民族地区经济社会发展专项规划。[①] 率先是什么？率先就是敢为人先，开拓进取，善于创新，敢于和善于做别人和前人没有做过的事情。9个率先标志着云南已经在民族工作上为全国做出了创新示范，今后在这方面做出创新示范的空间还很大。比如，城市化进程中的民族关系协调机制如何建立？怎样保障散居少数民族群众的合法权益？如何依托桥头堡建设加快跨境民族的经济社会发展？等等，都是全国民族

---

① 参见国家民委、中央统战部、《求是》杂志联合调研组：《团结共谱同心曲和谐花开彩云南——云南促进各民族共同团结奋斗、共同繁荣发展的经验与启示》，载《求是》，2011年第17期。

工作面临的共同问题，云南的民族工作完全有可能做出创新示范。

（二）在保护和繁荣发展民族文化上做出示范

早在1996年，云南就在全国率先提出了建设民族文化大省的构想，2000年又率先制定了民族民间文化保护条例。在建设民族文化大省、民族文化强省战略的指导下，云南在保护和繁荣发展民族文化的工作中走在了全国的前列，为全国做出了示范。但是，云南的民族文化也面临着在现代化城市化进程中自然流失加速、民族文化传承人后继乏人、对外文化交流合作严重滞后、在民族宗教文化领域的对外交往中处于严重的被动地位、重文化产业开发轻文化事业发展、甚至为开发而不惜破坏文化遗产等亟待解决的问题，急需云南先行一步，为探索解决这些问题积累经验，做出示范。

（三）在生态文明建设上做出示范

云南是世所罕见的生态环境多样性和生物多样性富集的区域，地处澜沧江、怒江、金沙江—长江三江上游，是祖国内地和周边国家重要的生态安全屏障，具有重要的生态地位。因此，国务院文件赋予云南的战略定位中就明确指出，要通过桥头堡建设，把云南建成“我国重要的生物多样性宝库和西南生态安全屏障”。云南生态环境多样性和生物多样性富集的区域同时也是民族文化多样性富集的区域，早在历史上就形成了“三多一体”的良性互动，但在以GDP增长论英雄的传统发展模式影响下，云南民族地区的生态环境也遭到很大破坏。今天，在科学发展观指导下，云南民族地区完全可以尽快恢复“三多一体”良性互动，在生态文明建设上为全国做出示范。

（四）在民族干部和人才培养上做出示范

当今时代，人才资源已成为经济社会发展的第一资源。云南民族团结进步边疆繁荣稳定示范区，归根结底要靠各民族的干部和各方面人才来创建和支撑。过去云南已经在民族教育和民族干部培养上走在了全国前列，今后也必须继续走在前列。为此，应该进一步在少数民族人才培养和干部队伍建设中积极探索寻求突破。比如，在今天公务员和事业单位“逢进必考”的规范面前，怎样将其与贯彻落实党的民族干部政策结合起来，真正将掌握少数民族语言文字、熟悉少数民族文化、有培养潜质的人吸收进党政机关和事业单位中，将其培养成各民族的领导干部和各项事业的人才。再比如，在农村基础教育收缩校点、集中办学的背景下，在高等教育的高额费用面前，怎样确保每一个农村少数民族儿童都能读书，每一个考上大学的农村少数民族青年都能读完大学。如此等等，都需要研究制定一些政策来取得突破，为全国民族地区做出示范。

（五）在民族理论研究上做出示范

新中国成立60多年来，云南的民族理论研究为云南民族地区的稳定发展和民族关系的长期和谐，做出了积极的贡献，功不可没。早在民主改革时期，云南的民族学学者就提出了云南是一部“活的社会发展史”的省情认识论，原始社会末期民族直接向社会主义过渡的“直接过渡”理论，得到省委和中央的采纳付诸实施，顺利完成了民族地区的民主改革和社会主义改造。改革开放以来，云南的民族学人类学学者先后提出了云南民族地区生产力跨越式发展的理论，云南处于社会主义初级阶段低层次的“四低四高”省情认识论，云南建设民族文化大省的理论，云南建设民族文化保护村（区）和民族文化生态村的理论，以及生态环境多样性、生物多样性和民族文化多样性“三多一体”良性互动的最新省情认识论，等等，对云南的经济社会发展、民族文化繁荣和社会和谐稳定做出了积极的贡献。面向未来，云南建设民族团结进步边疆繁荣稳定示范区的任务和实践，向云南的民族理论研究提出了更高的要求。云南的各级党委政府应该加大投入，组织和支持科研院所和大专院校从事民族学人类学研究的专家学者，紧紧围绕“民族团结进步边疆繁荣稳定示范区”建设的各种理论和实践问题，开展深入的调查研究，为“示范区”建设提供理论指导和智力支持。同时不断总结和提炼云南“示范区”建设的经验和理论，为国家解决民族问题这一世界性难题做出理论贡献。

滇西北各民族宗教的相互影响及其启示

杨福泉

云南省社会科学院副院长、研究员

滇西北是举世瞩目的生物多样性和文化多样性非常富集的一个区域，该区域有“三江并流”、“丽江古城”等世界自然和文化遗产，也是“藏彝走廊”和“茶马古道”的重要区域。多元化的宗教信仰是滇西北各民族文化的重要构成部分。本文论述了滇西北各民族宗教以及相互影响，诸如整合多种宗教因素而形成新宗教，跨族宗教信仰，各民族圣境灵地的共同信仰，不同民族之间的活佛转世等。并提出当下面对宗教的变迁，应该借鉴历史经验促进滇西北各民族宗教的可持续和谐和民生幸福。

一

云南省是中国少数民族最主要的分布地区之一，滇西北（云南西北部）主要指丽江地区、怒江傈僳族自治州和迪庆藏族自治州。无论从自然和人文地理上讲，在中国乃至在世界上都具有非常突出的地位，滇西北地区地处青藏高原至云贵高原的过渡地带，位于喜马拉雅山东坡的横断山区域。

国内外学者认为滇西北是全球生物多样性最为丰富的地区之一。滇西北的民族文化丰富性、多样性亦构成了该地区的突出特色。历史上，滇西北是滇川藏三省区民族进行经济文化交流的重要通道。该地区有纳西、藏、傈僳、白、彝、回、普米、怒、独龙、苗等10多种民族，绝大多数属于汉藏语系藏缅语族。

滇西北是历史上著名的“藏彝走廊”和“茶马古道”的重要地段。在漫长的历史发展中，滇川藏周边各民族相互间频繁地进行经济和文化交流，形成了一个独特的民族文化大走廊。滇西北迄今产生了世界文化遗产丽江古城、“世界记忆名录”纳西东巴古籍和世界自然遗产“三江并流”等联合国教科文组织授予的世界级文化与自然遗产。

自从2000年开始的云南省人民政府和美国大自然保护协会（TNC）致力于进行“滇西北保护与发展行动计划（含建设大河流域国家公园）”的国际项目，促成云南成为中国国家公园建设的试点省，比如香格里拉县的普达错成为中国第一个国家公园。

滇西北的宗教非常多样化，有各民族的原始宗教，其中有广泛引起国内外学术界重视的纳西族东巴教、彝族的比摩教等，东巴、比摩以及独龙族的南木萨、怒族的于古苏、董木沙、普米族的韩归等皆属于类似祭司的宗教专家，他们的宗教知识诸如仪式、读经和占卜等技能大多靠从小习得。此外还有属于原始宗教范畴的各民族民间巫术信仰，其巫师比如纳西的桑尼（桑扒）、彝族的苏尼、傈僳族的尼扒、独龙族的乌、怒族的衣苏等，他们大多是偶然患病后因为行为举止诡异且能与鬼魂等“通话”被视为“神授”而成为巫师。

从元代以来，藏传佛教逐渐传入滇西北地区，各种教派都先后在滇西北形成影响，有噶举派、宁玛派、萨迦派、格鲁派；元代伊斯兰教传入滇西北地区；明朝期间，汉传佛教、道教传入滇西北地区。19世纪末来自西方国家的基督教、天主教传入滇西北。宗教多元化的形成与滇西北各民族的迁徙流动、杂居混居而形成的融合和互动的历史密切相关。多元宗教也是促成滇西北文化多样性和当下文化与旅游互动繁荣发展的重要因素。

二

宗教互渗表现之一：整合多种宗教因素而形成新的宗教。

各种宗教共存于滇西北各民族中，随着历史上的民族迁徙流动和各民族之间经济文化交流的增多，宗教信仰方面也逐渐形成了相互渗透和相互影响的格局。如纳西族东巴教，是融合了古代本教、唐代传入的雍仲本教和纳西原始宗教（原生性宗教）以及藏传佛教、道教等因素形成的一种独特的宗教形态。①

而纳人（摩梭）信仰的“达巴”则与东巴教同源异流，保持了以口诵为主的仪式和占卜传统，尽管也有几种象形文字的占卜书，没有发展到如东巴教一样由庞大的图画象形文经卷的程度，而东巴教则发展到了有庞大的仪式系统和大量相配套的经书。丽江纳西人信仰的东巴和宁蒗县永宁乡、四川盐源、木里等地纳人（摩梭）形成了纳西本土宗教口诵与书写两大传统和仪式系统。普米族的韩归教也是融本教、藏传佛教和普米族原始宗教于一体的一种民间宗教。

宗教互渗表现之二：跨族宗教信仰。

各民族的“跨族宗教信仰”在滇西北各民族中，“跨族宗教（教派）信仰”的现象是比较普遍的，自从藏传佛教噶玛噶举教派在明代传入滇西北以后，在整个明代都占据藏传佛教的统治地位，一直到清初，藏传佛教格鲁派在清朝的支持下逐渐在迪庆藏区占据了支配地位，但噶举派依然在滇西北纳西等族地区影响深远，有著名的噶举派滇西十三寺。丽江地区（今丽江市）和迪庆藏族自治州维西县的纳西族普遍信仰藏传佛教噶玛噶举派；而中甸（今香格里拉县）的不少原来信仰噶举派的纳西人因受改宗格鲁派的藏族的影响，也逐渐改信格鲁巴派。而丽江和维西一些地方的藏族因为和纳西族毗邻而居或混居，因此也信仰东巴教，比如笔者在丽江市玉龙县塔城乡调研时，就了解到不少这样的事例。民国《中甸县志·大事记》中记曰：“东跋教（即东巴教）为摩些谬种民族之古教……凡第

① 杨福泉：《东巴教通论》，中华书局2012年版，第1—24页。

三区三坝乡七伙头所管之摩些民族，悉信奉之。即良美、吾车、木笔三乡之摩些族人，虽与汉族同化已久，然对于东跋教，依然信仰。甚至第二区小中甸乡之少数藏人，亦以其血统中有摩些关系，于绝对崇信喇嘛教外，仍不敢漠视东跋教，每逢年节，必延东跋念经祭天。足见此教创始之久也。”① 由此可见有些地方的藏人信仰东巴教的习俗由来已久。

据笔者调查，过去，松赞林寺在举行一般法会时，都由佛教僧侣主持，但在卜算当年收成如何且念什么经等事时，则多由小中甸的纳西东巴来占卜。从这种现象中可以看出过去纳西东巴教与藏族宗教活动之间的关系。

摩梭人（纳人）除了信誉本民族的达巴教之外，则普遍信仰藏传佛教格鲁巴教派，但也有一些摩梭人信仰藏传佛教的萨迦派。宁蒗县永宁摩梭人的藏传佛教信仰最初始于元世祖忽必烈南征云南大理时的 1253 年。他率军经过四川省的盐源、木里、甘孜、阿坝、永宁、丽江等地。忽必烈为了利用和争取藏族宗教上层人士的支持，派人去凉州召萨班（萨迦第四祖）到六盘山和他会见，因萨班年老未去，而由八思巴代替前往六盘山会见忽必烈，此后八思巴一直追随忽必烈左右。忽必烈征大理时，当地的纳人和普米土酋随军参战有功，以后元朝便分封了一些纳人和普米土酋为当地世袭土目。由于元朝的扶持和八思巴的宗教活动，萨迦派在永宁得以兴盛。元至正十三年，在永宁的格姆山下修建了者波萨迦寺。寺院最兴盛时，僧人多达 500 人。另外还有蒗蕖萨迦寺和挖开萨迦寺，僧额各为 200 名。这三座寺的寺主历来由当地土司之弟世袭，宗教活动受土司的管理。格鲁派约在公元 16 世纪末传入永宁，永宁最大的格鲁派寺庙是扎美寺。建于明嘉靖三十五年（1556 年），该寺规模庞大，僧侣众多，民主改革（1956 年）前有喇嘛 700 余人。笔者曾在信仰萨迦派的永宁乡扎实村等做过调研，当时该村信仰萨迦派的僧人还有 13 个。

19 世纪末，天主教和基督教分别传入滇西北地区，怒江州的傈僳族和怒族逐渐信仰基督教，20 世纪 30 年代之后，独龙族的部分群众也开始

① 民国《中甸县志》，段绶滋纂修，段志诚、和泰华标点校注，中甸县志编纂委员会办公室 1991 年 8 月印，第 135 页。

信仰天主教。这几个民族信奉基督教的信众不断增多，至今基督教已经成为傈僳族的主要宗教信仰。19 世纪，天主教也传入了滇西北的德钦、维西等藏区。初期经历了与信仰藏传佛教的藏族信众的激烈冲突，后来也逐渐安顿下来，产生了如茨中教堂这样著名的天主教教堂。该村是个兼有纳西族、藏族、汉族、傈僳族多民族混居的村子，随着天主教的传入，该村藏、纳西、汉、傈僳族中信仰天主教的信众也逐渐增多，其中信仰天主教的村民最多，其次是藏传佛教。

有的民族信仰其他民族宗教的某些仪式或巫术

在滇西北，除了上述某个民族皈依信仰某种宗教的情况之外，还有这样的现象，即信仰其他民族宗教的某一部分仪式或巫术。因此，滇西北各民族宗教相互影响的又一具体表现是各民族宗教专家在宗教活动中的互相配合与协作。比如迪庆藏族自治州的不少藏族、彝族认为纳西族的东巴在占卜方面的法力特别大，所以很多事要请东巴占卜。如藏传佛教第一大寺松赞林在举行一般法会时，都由佛教僧侣主持，但在卜算当年收成如何且念什么经等事时，则多由小中甸的纳西东巴来占卜。

1999 年 7 月，笔者在中甸县（现香格里拉县）三坝乡调查，据当地大东巴习阿牛介绍，他从小就跟藏族人交往多，会说藏语。他常常被藏族人请去做法事，为藏人做得比较多的是“烧天香”、结婚请神，驱鬼等。特别是当他们家中有人有了病痛，就常常请东巴为他做仪式治病。有时东巴与喇嘛一块请。三坝有的纳西人有了病痛灾难等，也请喇嘛念经。

习阿牛的儿子习世林也是个东巴，他告诉我，藏人常常请纳西东巴为他们烧天香（“凑巴季”，指烧刺柏枝等物来祭神祈福）。常请东巴举行驱鬼镇邪的仪式，他很多次应古宗之邀去为他们做这样的法事。而当地的纳西族也常请喇嘛举行法事，如得病后请喇嘛念经。在三坝乡，藏人向纳西东巴求取名，纳西向藏族喇嘛求名的事相当多。有时，喇嘛给藏人占卜，会告诉他，他应该取个纳西名字才会顺利，藏人就会来找东巴求名。纳西东巴给纳西人占卜，有时也会发现对方应该取个古宗名字，才会顺利，就告诉他去找古宗的活佛或高明的僧人求取名。因此，在三坝乡，纳西族和藏人之间相互求取名，相互认干爹干妈的不少。笔者上世纪 80 年代末和 90 年代初在中甸县（今香格里拉县）三坝乡进行田野调查时，曾多次碰到彝族群众来找纳西东巴占病因卜。

永宁纳人（摩梭人）的本土原始宗教是“达巴教”，在藏传佛教传入之前，在纳人中的影响是很深的。藏传佛教在纳人区域普及起来后，纳人的宗教信仰就逐渐形成了二元状态，一方面，信仰藏传佛教的人日益增多，另一方面，很多特定的仪式和礼俗又必须依靠达巴，喇嘛和巫师达巴各有不同的功能和职司。如在丧礼上，只有达巴才能胜任旨在送亡灵回归祖先之地的“洗马”仪式以及为死者镇压鬼怪，清除路障之职。因此，就形成了在丧礼等一些仪式中同时请喇嘛和达巴各司其职地做法事的习俗，丧家请几个或十几个数十个喇嘛为死者念超度的佛经，请达巴举行“洗马”仪式，为死者开路，而火化死者的时间则由喇嘛决定，火化死者时，全体喇嘛为死者念超度经。火化后，将一些骨头装入一个麻布袋内，携带回家，由达巴在院内主持祭祀仪式，为死者开路，将他的灵魂沿着祖先来时的迁徙之路回归到祖先生活的地方“斯布阿纳瓦”（与纳西人送亡灵的终点站相同）。届时要用一只鸡为死者陪祭，如果死者是斯沛（头人），则用一头绵羊（正式结了婚和与阿夏长期同居者则不用鸡陪祭，因他们已经有了伴侣），用鸡牲的意思是认为死者无伴侣，孤独，因此用一只鸡（男死，用母鸡；女死，用公鸡）象征伴侣陪伴他（她）回归祖地。达巴在祭祀时还要说：这不是鸡，这是你的“楚咪”（即妻子），它跟你一道去，无论做什么事情，它都同你在一起。①

迪庆藏族自治州的很多藏族、彝族和丽江市、迪庆州金沙江边聚居的汉族十分相信纳西东巴和桑尼的占卜术，每遇婚丧嫁娶和不生育、有病灾等，常常请纳西东巴占卜。直到当代，香格里拉县东巴教圣地三坝乡白地以及江边纳西村的东巴祭司和桑尼巫师常常都要接待不少来求卜的远近藏族、汉族和彝族的民众。比如香格里拉县（过去的中甸县）三坝乡永壳村有一个远近闻名的女巫桑尼，名叫母妞。笔者于 1998 年到永壳村里访问过这位纳西女巫。据母妞家人和村里的人讲，她在方圆数百里内很有名，很多藏族人很相信她的卜法，来自中甸（今香格里拉县）、德钦县洛

① 《宁蒗县纳西族社会及其母系制调查》（宁蒗县纳西族家庭婚姻调查之二），云南人民出版社 1986 年版，第 113 页，

吉、安南、尼西的藏族人常常向她求卜。除了来自山南海北的人登门求卜外，她有时也被人家专程请去卜卦看病，常常去中甸等地为藏族人占卜。

圣境灵地（sacred landscape）的共同信仰

滇西北各民族普遍有神山、神泉、神林等的“圣境灵地”信仰，这些信仰基于各民族的自然崇拜。随着各民族文化的交流和互渗，产生了不同民族共同信奉一个灵地圣迹的宗教现象。如香格里拉县三坝乡的白水台是纳西族东巴教的圣地，对纳西人有很大的影响，同时，对远近的藏族人也有很大的影响。除了东巴所说的白水台有男性神之外，民间还有白水台上有女性神之说。在白水台上有一堵巨大的石壁，状如一个妇女的腹部，石壁底部有一个形似女阴的裂口，里面有水。远近的妇女常来这儿烧香求子，因此裂口周围被熏成黑色。人们认为这是能赐子赐福的白水台女神的象征。除了求子的妇女，男子也在这儿祭拜求福，当地老人告诉笔者，按规矩，拜者默默祷告后，要以额头碰这石壁三次。白水台不仅是纳西族的朝圣之所，也是附近藏族、彝族民众虔诚地祭拜的神圣所在，每年阴历二月八，藏族和彝族民众都来祭拜白水台，藏族民众的祭拜之态最诚，即使下着雨，也要向白水台磕五体投地的等身长头。

白水台上面林木深处有个清澈见底的泉眼，纳西人视之为灵泉，认为是司掌着大自然的神灵“署”的住所，因此，当地的东巴祭司和普通纳西人常常来祭拜这一灵泉，灵泉附近有专门的烧香坛。藏族也视这个灵泉为神圣之泉，也常常来祭拜，在泉水附近有很多藏族人拴挂的经幡，与纳西东巴插在泉水边的木牌画交相辉映，两种不同文化共同尊重大自然的意识展现在这个清澈的泉水边。

丽江古城的重要水源地黑龙潭（玉泉公园），是纳西族、汉族和藏族民族共同信仰的灵泉，各族民众常去祭祀黑龙潭的自然神和龙王，藏族民众在泉畔挂了不少用于祈神求水的经幡。

神山的信仰也折射出长期以来形成的民族关系，如丽江玉龙雪山是纳西人的神山，是纳西民族神三多的化身。而玉龙雪山与周围的几座佛教神山有着密切的关系。位于云南藏区迪庆藏族自治州德钦县的卡瓦格博（即梅里雪山）是在滇川藏甘青数省藏区都闻名遐迩的神山，在藏族的信仰里，这座神山与纳西人的神山玉龙雪山也有神秘的关系，在卡瓦格博神山的南端，有一座神女峰，藏民称之为“面茨姆”，相传她是卡瓦格博的妻子，是丽江玉龙雪山的女儿，所以，她老是面向家乡。相传玉龙雪山和卡瓦格博（梅里雪山）都属羊，玉龙雪山山神（也就是纳西本土保护神）三多有一个藏族和一个白族妻子，从中也可以看出这种从神山信仰中折射出来的纳西族与藏族历史上的密切关系。

不同民族藏传佛教活佛的相互转世

藏传佛教对滇西北的藏族、纳西族、普米族等的影响比较大。所以，也就出现了藏传佛教活佛在不同民族中转世的现象，其中尤其以在纳西族与藏族之间相互转世较多，滇西北藏传佛教的发展繁荣与这两个民族特别密切相关。

丽江噶玛噶举教派 17 世东宝活佛自玛塔清仁波切是四川稻城的藏族，而 15 世是纳西木氏土司（通判）木曙东之长子，原名木槐青；16 世东宝活佛也是丽江古城的纳西族。香格里拉县东坝纳西族大东巴习阿牛的儿子翁堆于 1984 年到四川省巴塘县白松乡出家当藏传佛教僧人，在雪山上的一个岩洞里静坐学经 6 年。1997 年被认定为四川省乡城县白依丁真岭寺第三序位四郎翁堆五世活佛，系藏传佛教宁玛派活佛。在家庭里就产生了两种宗教信仰如何和睦共处的考验与磨合。

笔者 2000 年 1 月到维西县塔城乡其宗村调查，维西县塔城乡其宗行政村是个纳西、藏、傈僳诸民族杂居的地方。纳西族人多信仰噶举派。笔者拜访了藏传佛教止贡噶举教派寺庙来远寺第六世活佛让迥·仁波切，他生于 1976 年，属龙，今年 24 岁。父亲是当地的藏族，母亲则是当地的汉族。他于 14 岁去西藏直贡噶举派寺庙止贡替寺受戒和学经，举行灌顶仪式。在西藏被认定为来远寺活佛，于 1995 年正式坐床。他的前世即第五世活佛是个纳西人，汉名叫木云龙（又名木云龙·浪回），1910 年生，是丽江县黄山乡普济村人，在十三四岁时就被认定为来远寺活佛而来到寺中。他于“文化大革命”期间不堪折磨，在其宗村附近跳金沙江自尽身亡。让迥·仁波切活佛于 1997 年到北京佛学院读了两年书。据他讲，他也到丽江县普济村认过前世木活佛的家和亲戚。

在三坝乡的东坝，有个奇特的纳西家庭，这个家庭是东巴世家，已经有 30 多代的东巴传承历史，属于纳西祭天派中的“古闪”群体。如今在迪庆藏族自治州和丽江纳西族、藏族地区远近闻名的大东巴习阿牛即是这个家庭现在的家长。他的第五个儿子习世林（东巴名东齐）也是个出色的东巴。习阿牛的第四个儿子翁堆于1984年到四川省巴塘县白松乡出家当藏传佛教僧人，在雪山上的一个岩洞里静坐学经6年。1997年被认定为四川省乡城县白依丁真岭寺第三序位四郎翁堆五世活佛，系藏传佛教宁玛派活佛。这是一个集著名东巴和藏传佛教活佛于一家的纳西家庭。

在德钦县升平镇，信奉伊斯兰教的数百回民与信奉藏传佛教的藏族杂居在一起，相互通婚，共同赶马进行长途和短途贩运，两种截然不同的宗教共处一地，互相尊重，相安无事。本地信仰伊斯兰教的回族因为长期以来和藏族通婚，除了保留着自己的伊斯兰教信仰之外，有的回族也有改信藏传佛教的，在衣食住行等方面也受到藏族文化习俗的深刻影响。笔者20世纪90年代在德钦县升平镇看到，“藏回”的男子女子都喜欢穿藏式服装和佩戴藏式的绿松石、珊瑚等饰品。他们一般都会讲藏语。香格里拉县三坝乡哈巴村的回族因地处纳西族乡，还会讲流利的纳西话。“藏回”这个称呼在德钦县升平镇等地被本地回族普遍认可。笔者上世纪90年代在迪庆藏族自治州进行田野调查就了解到，迪庆藏族自治州有的“藏回”家庭既有信仰伊斯兰教的成员，也有信仰藏传佛教的成员。不少“藏回”民众中有到藏传佛教寺庙去烧香磕头和在家里举行藏传佛教式祭祀礼俗。

如香格里拉县金江镇车轴村，就有白、汉、苗、藏六种民族聚居，村民们会讲汉、纳西、白、苗、藏、傈僳、怒7种语言，至今村中依然在使用的有汉、纳西、白、傈僳4种语言。村中有龙王庙、玉皇阁、山神庙、北岳庙等八座庙，囊括了佛教、道教和民间信仰。① 又如，德钦县燕门乡茨中村有藏、白、纳西、傈僳、汉、怒等民族，不论是汉族，还是纳西、傈僳族，当他们来到茨中后，经过几十年、上百年与当地藏族共同生活，在生产中他们相互影响、相互学习、相互交融，使茨中形成了既有藏民族特点，又兼容了汉族、纳西族、傈僳族特征的多元文化。据藏族学者章忠云1999年的调查，茨中村569个村民中，信仰藏传佛教的有214人，57户；信仰天主教的有355人，70户，其中藏族有41户，208人，汉族10

① 萧亮中：《车轴——一个遥远村落的新民族志》，广西人民出版社2004年版，第9页。

户，53 人，傈僳族 3 户，14 人，纳西族 16 户，80 人。而早期茨中村的村民则普遍信仰东巴教，到后来才逐渐发生了信仰上的变化。[①]

怒江傈僳族自治州贡山怒族独龙族自治县丙中洛乡也是个藏传佛教、基督教、天主教并存的乡，也是在最初各种宗教的冲突斗争中最终形成了和谐共处的局面。仅丙中洛乡的茶腊村，就存在三种典型的宗教信仰现象，据舒丽丽的调研报告，茶腊村共有 76 户，是一个以怒族为主体民族，杂有傈僳族、独龙族、藏族、白族、汉族等民族的多民族聚居区，村中流行怒、藏、傈僳、独龙、汉这五种语言，该村总人口 318 人。其中，信仰藏传佛教的家庭 47 户，信教人口 110 人，占全村总户数的 61. 8%，总人口的 34. 6%；信仰天主教的家庭 17 户，信教人口 57 人，占全村总户数的 22. 4%，总人口的 17. 9%；信仰基督教的家庭 5 户，信教人口 13 人，占全村总户数的 6. 6%，总人口的 4. 1%。该村信仰多种宗教家户有 7 户（藏传佛教—天主教家庭 4 户，基督教—藏传佛教家庭 1 户，藏传佛教—天主教—基督教家庭 1 户，天主教—基督教 1 户），占全村总户数的 9. 2%，总人口的 43. 4%。[②]

多元宗教信仰也深入到云南藏区的家庭中，德钦县有一户藏族家庭，夫妇和两个女儿信仰藏传佛教，而大女婿是回族，信仰伊斯兰教；小女婿是纳西族，信仰东巴教。信仰 3 种不同宗教的人组成了一个家庭。[③]

三

形成上述各民族宗教相互影响的多样化格局，与下面一些因素密切相关。首先，滇西北在历史上是民族迁徙的通道和长廊，是“藏彝走廊”[④]的重要构成部分，也是“茶马古道”的重要区域。分布在滇西北的各民

---

① 章中云：《滇西北地区保护与发展行动计划——云南藏区多元文化的保护与发展前期调查报告》，未刊稿。

② 舒丽丽：《对贡山独龙族怒族自治县丙中洛乡茶腊村多元宗教文化的田野考察》，载李志农主编：《全球化背景下的云南文化多样性》，云南人民出版社 2010 年版。

③ 勒安旺堆主编：《当代云南藏族简史》，云南人民出版社 2009 年版，第 224 页。

④ “藏彝走廊”，是费孝通先生提出来的概念。因该走廊上分布的民族以汉藏语系藏缅语族族群为主，也有学者认为可以称之为“藏缅语族”走廊。

族历史上长期相邻而居、聚居或杂居，相互之间在经济、商贸、文化、生产生活诸多方面有密切的关系。这种密切关系也反映在宗教信仰上，即使像藏传佛教与基督教、天主教这种最初产生过激烈冲突的异质宗教，也逐渐地实现了相互间的相安无事到和谐共存。

滇西北以明代纳西木氏土司为代表的民族头人对外开放兼包并容的开明政策，也是形成滇西北各民族宗教和谐共存并相互影响的重要因素。丽江木氏土司在明代的势力范围包括了如今的丽江市、迪庆藏族自治州、怒江地区等，囊括了几乎整个滇西北地区。木氏土司在明代从中原大量引进各方面人才，汉传佛教、道教和藏传佛教在此时也先后进入滇西北地区，在木氏土司的大力扶持下得以繁荣发展，当时一些重大的宗教文化工程如藏区首部鸿篇巨制的雕版大藏经（丽江—理塘版）也在滇西北应运而生，极大地促进了藏传佛教在滇西北和康区的繁荣。各民族的本土原始宗教与外来的佛道教在滇西北和谐共存。

清代，伊斯兰教等在滇西北得以长足发展。到清末，基督教、天主教传入滇西北地区，在初期与藏传佛教等也产生过剧烈的冲突，但后来就逐渐形成了相互包容、和谐共存的局面。

滇西北各民族宗教能形成上述和谐共存和相互渗透影响的关系，有如下几点启示：

1. 各民族的和睦相处基于各民族之间的相互包容和宽容，基于相互尊重各自的文化习俗，各民族在长期交往的过程中发现了各自文化的特色和优长，即文化的“普世价值”。而这种文化上的相互尊重与地方头人的开明态度和开放政策也密切相关。

2. 因为滇西北各民族长期以来有经济贸易上的广泛交流和文化上的“各美其美”，民族之间没有因为历史上有过战争等激烈的矛盾冲突而成为世仇，相反，在长期的经济文化交流中，这些历史上的恩怨得以化解，形成新的民族关系。比如纳西族与藏族的关系，就是典型的两族修好的例子。两个民族认同为兄弟，相互通婚、贸易，在商贸上形成了独特的

“房东制贸易”,[①] 在村寨的山林管理上也形成了两族协作的现象。[②] 两个民族的宗教上也产生了如上所述的你中有我、我中有你的现象。

3. 滇西北各民族的宗教文化形成了迄今相互影响、和谐共存的局面。这种宗教的和谐局面与长期以来滇西北各民族在政治、经济和文化上的交往密切相关，而宗教上这种和谐的关系又反过来促进了各民族的文化和商贸交流、民族之间的团结和社会的和谐。当前，滇西北各民族的宗教信仰随着社会文化的变迁在发生变化。各民族的原始宗教信仰在衰落，藏传佛教、汉传佛教、道教等的信众以及社会性别等也在发生着变化，基督教、天主教信仰的地区分布同样在发生变化。面对这样的变迁，探讨和重温历史的经验，加以借鉴，对于促进当下滇西北各民族宗教的和谐，发挥其积极作用，促进这个区域的民生幸福和社会发展是很重要的。

---

① 杨福泉：《纳西族与藏族的历史关系研究》，民族出版社 2005 年版，第 327 页。

② 杨福泉：《藏族、纳西族的人与自然观以及神山崇拜的初步比较研究》，载《西南民族大学学报（人文社科版）》，2005 年第 12 期。

20世纪以来中、缅、英民族、宗教政策与中缅北界跨境民族的跨境迁徙

高志英

云南大学西南边疆研究中心教授

民族（族群）迁徙的动因因时因地不尽相同，但大多以寻找经济资源与区域内族际关系紧张为主因。而在20世纪以来中缅北界区域内族际关系紧张，则更多的是以国家民族政策作用于族际关系，进而在民族跨境迁徙行为中显现出来。本文通过20世纪以来中、英、缅三国政府民族政策对中缅北界跨境民族的影响及其作为生存选择的跨境迁徙的研究，以期为我国政府反思与制定民族宗教政策提供参考。

一、选题缘由与社会历史背景介绍

本文选题，主要考虑以下几个因素：

地缘关系与历史渊源：“中缅北界”大概指今天中国云南省怒江傈僳族自治州与保山市及其以西与缅甸克钦邦相接壤地带，在1960年中缅划界之前为“中缅北界未定界”，史志记载：“北段未定界范围极广，如小

江流域、江心坡、浪速地、俅夷地、坎底、户拱各部均是。”[①] 此所谓“未定界”，从《华阳国志·南中志》、《后汉书·西南夷传》的记载看，被中国中央王朝设置地方政权历史最早可以追溯到东汉永平年间。唐代樊绰《云南志》（《蛮书》）记载也说明唐代今天缅甸克钦邦及其北部的坎底坝皆属于中国西南地方政权南诏所设置之丽水节度与永昌节度管辖。[②] 元明清时期则先后由中央王朝在该区域的代理者茶山长官司、怒江登埂与六库两白族土司、丽江与维西纳西族土司等分段所“遥领”。1886 年英国通过武力战争将缅甸纳为其在 1857 年占领的印度的一个省，缅甸成为英国殖民地，中缅两国邻里关系演变成中、缅、英三国关系。1948 年 1 月 4 日，缅甸脱离英国 60 多年的殖民统治，建立缅甸联邦共和国。1960 年中缅划界，原一度在中国中央王朝式微背景下一度成为“瓯脱”[③]（既不属于中国，也不属于缅甸）之地的少数民族成为中缅跨境民族。但是，山水相连的地缘关系，历史悠久的政治隶属关系基础上的国家认同感并不以现代民族—国家建构而隔绝中断。

族缘关系：处于藏彝走廊氐羌系统民族自东向西迁徙的核心区域，自北而南有独龙族、怒族、傈僳族、景颇族（克钦族）及其支系茶山人、白族支系勒墨人等在历史上就迁徙频繁并跨界而居。文化上，据清末调查资料记载：“山居不洁，信鬼嗜好，性恶，刀耕火种，无文字，用木刻记事者，傈僳种也……凡居碧罗、高黎贡诸山及各土司之穷山深谷者，傈僳种也……而野人、浪僳、怒子、俅人，虽其名称不同，实皆傈僳种也……余故曰：野人、浪僳、怒、俅，皆傈僳同种者也。”[④] 可见中缅北界跨境民族区域文化的一致性特征极为明显，其中还交织着因共同族源、共同语

---

① 尹明德：《中国方志丛书·云南北界勘查记》，（台湾）成文出版社有限公司据民国·滇缅界务调查小组报告民国二十二年刊本影印，第 61 页。

② 樊绰：《云南志》，方国瑜主编：《云南史料丛刊》第 2 卷，云南大学出版社 2000 年版，第 56 页。

③ 李正亭：《中缅疆界变迁中的“瓯脱”问题》（《阿坝师范高等专科学校学报》，2008 年第 6 期）认为：“贡山西南部边界外的情况，则既不属于云南丽江府，也不属于缅甸，当属瓯脱地。这一区域虽然在明朝时曾为中国边疆土司所有，但入清以后，大部分已沦为既不属于缅，也不属清政府的“瓯脱地”。

④ 李根源：《滇西兵要界务图注》，方国瑜主编：《云南史料丛刊》第十卷，云南大学出版社 2001 年版，第 807 页。

言、共同宗教信仰、共同风俗习惯的跨境民族之间的根深蒂固的民族认同感。

教（宗教）缘：20 世纪以前的漫长历史时期，中缅北界跨境民族长期共享基于山地生产生活环境的万物有灵的自然崇拜。“自英人经营后，英美教士极力宣传，各种土人，亦渐有信耶稣教者。”① 20 世纪初，英国、美国为主的西方传教士将基督教传播到中缅北界各跨境民族当中，在此形成一个“基督教文化圈”，彼此共享基督教文化。传统的自然崇拜与西方基督教基础上的宗教认同感也较为强烈。尤其是基督教信仰与该区域的政治风云变幻相交织，并成为跨境民族跨境迁徙的主要因素之一。

跨境经济互动关系：该区域跨境民族历史上由东向西迁徙的原因，还在于地广人稀、自然资源丰富的中缅北界地区的吸引力。“在迈立开江及恩梅开江各源头，英人尚未经营以前，汉人即有往还其地与土民贸易者。故土人日常所需之物，如三脚、铁锅、布线、盐、茶等品，全赖我方汉人输入。现英人虽经营其地，但所需货物仍多向我汉商交易购买，罕用钱币，以物易物。”② 由互通有无、以物易物交媾起来的经济交往网络，也影响到跨境民族对于“汉地”的地域或国家认同。③

在 20 世纪中缅北界社会急剧变迁的特殊时空中，先后有中国国民党与共产党、缅甸独立前后的历届政府以及缅甸独立前的英国政府三个国的多种民族政策先后并多方作用于中缅北界的跨境民族中，跨境民族以跨境迁徙作为一种生存选择模式，映射着不同时期不同政府的民族政策在民众心目中的认同情况。

二、跨境迁徙——基于中、缅社会发展差异的生存选择

20 世纪以来的各个历史时期，中、英、缅三国政府对于该区域各族

---

① 尹明德：《中国方志丛书·云南北界勘查记》，（台湾）成文出版社有限公司据民国·滇缅界务调查小组报告民国二十二年刊本影印，第 188 页。

② 尹明德：《中国方志丛书·云南北界勘查记》，（台湾）成文出版社有限公司据民国·滇缅界务调查小组报告民国二十二年刊本影印，第 188 页。

③ 傈僳语称中国为“黑扒”，即“汉人居住的地方”。

所采取的民族政策不同，各族民众对其反应也不同。以下分阶段来论述：

（一）20世纪中、英两国政府的民族政策下的跨境迁徙

从民国时期到20世纪70年代，在中缅傈僳族、怒族、独龙族以及茶山人、勒墨人中,[①] 有一首广为传唱的傈僳族歌谣《去密支那吧》，翻译成汉语是："去密支那吧！吃不用舂的大米，穿不用织的衣服；到嘎门底（有版本为密支那）去吧！喝不用背的水，吃不用打的鱼（直译是鱼儿自己翻起了白肚皮）。"这首歌谣表达的是20世纪前半期傈僳族等对密支那、嘎门底的向往，因当时英政府所统治、经营的缅甸密支那、嘎门底等地，其社会经济发展远远要超过长期被中国封建中央王朝以及后来的国民党政府所忽视的怒江地区，因有碾米机而不用舂碓舂米，因有织布机而不用织麻，因有自来水而不用背水，因有机械作业捕鱼（或许是电触鱼）而不用撒网打鱼。总之，同一时间内两地的生产生活条件形成强烈的对比，从而促发了傈僳族跨境迁徙的欲望。这在下面两段民国年间分别对国民党政府与英国殖民政府的文献记载中也得到印证：

"英人强占（小江一带）后，分设营房及厅属于近小江之两山腿。即东山为营房、电线房、邮政房、储物房、官站、修路员住房、医药房、学校、山官住房、操场、兵官房。西山为警察房、厅公署、足球场。稍北为汉商住房……此地为小江流域之中心，住兵百余名……平常发生口角事项，由山官判理，大事则由厅官或密支那府官判理。讼事不取钱，审问时态度和平，好言相劝，即或有罪，亦不过入拘留所管押数日。英人强占区域后，无匪患，如有失落金钱货物情事，报明查实追还，或由公家赔偿之。其法律之严禁而切戒者，一戒酒，二禁赌博，三禁吸售鸦片，四不得携带军器，五禁止为匪，六不准滋事。此六种为法律所不许，倘有犯者，则捕而拘罚之。如经商贩卖五谷物品等项，则保护之，货币疏通，概系印洋，奖励人民开垦，无钱则借给之，或买给牛器以辅助之。至两三年开荒

---

① 由于长期相互杂居与接触交往，怒族、独龙族、茶山人、勒墨人也多会讲傈僳语，文化上相互习染。

成熟，乃收其本利。汉人到此，与土民发生口角冲突情事，处罚汉人重于土人，故汉人多受土人欺侮。拖角厅属设厅官一员，月俸印洋数百元。下设山官一员、助理一员，月支薪工印洋约十元。所有官员因安出差，另给旅费颇优。宗教以耶稣教为主，时派教士往各寨讲演。教育亦相当注意，大寨人口多者，则独设一校，小寨则数寨共立一校。人民有病，由头人送入医药房治疗，不取分文。①

在其他地区英军在政治、经济、文化、教育、宗教、医疗等方面的苦心经营也莫不如此，而其作为殖民者之用心也是昭然若揭的。但是面对此等边疆危机，国民党地方政府与驻军更多的精力是用在搜刮百姓上。

"驻傈僳社区之汉军，以及贸易边地之汉商，多系奸诈之徒，自私自利，盘剥傈民，欺之侮之，用种种伎俩而凌辱之，蹂躏之，戏弄之，俾傈民无以自容，无以自忍，无以自耐，饱受着诸多不平条件所压迫。是以傈傈自由之天赋，似有被汉人夺去，竞相谓曰：'汉人没有好的，乌鸦没有白的。'对于汉人之印象，有如是之恶劣焉。"②

中国傈僳族，尤其是怒江流域傈僳族所处自然环境就与缅甸北部地区的自然环境有天壤之别，前者还要承受来自国民党政府（当地民众心目中就是"黑扒"，即汉人，"黑梅"，即汉人军队，指 1912 年民国政府组织的殖边队与后来的国民党军队）的欺压，使其生活难以为继。国民政府因为应对边疆危机而进行的"殖边"运动，也因为一些殖边官员对当地民众的欺凌而激化了矛盾。1912 年的"里吾底事件"就是因为殖边军队的暴行——杀死 12 个村民而激起的反抗，最后迫使大部分村民跑往缅

---

① 尹明德：《中国方志丛书·云南北界勘查记》，（台湾）成文出版社有限公司据民国·滇缅界务调查小组报告民国二十二年刊本影印，第 199 页。

② 西南民族学院图书馆编：《云南傈僳族及贡山福贡社会调查报告》，西南民族学院图书馆，1986 年。

甸。[①] 1935 年，不堪设治局官员欺压盘剥的福贡县傈僳族、怒族人民组织起义，杀死贪官，劫持监狱，最后在国民党军队残酷镇压下，迫使 700 多户，6000 多名傈僳族逃往缅甸。[②] 因此，无论是傈僳族歌谣《去密支那吧》，或是当时调查报告所记载，都显示出当时中缅北界跨境民族之跨境迁徙的背后，就是政府在民族地区的态度及其经营之于边民人心向背的重要性。当时的调查者就说得好："英人经营所占各地，恩威并用，且法简易行，土人已于不知不觉之中入其牢笼。然其心未尝不向我。我如英人之法同样地施之，使其归我，易如反掌耳。"[③] 忙于内战、基层官员疏于自律的国民党政府以其政权的最终覆灭而对其疏于民生进行交代了，那么当今的中国共产党不是应该从中得到更多的启示吗？

（二）1949 年前后新旧政权更替时期的跨境迁徙

1949 年前后新旧政权更替时期，在中缅北界各族中又掀起了第二次因社会原因引起的"跑缅甸"高潮。

个案一：因对中国共产党政权的疑惧而"跑缅甸"——泸水县政府副县长、傈僳族教会头人祝路球"跑缅甸"之路

1. 祝路球（1919—1979. 3. 18），教名路坷约，傈僳族，泸水县称戛乡称戛大村子人，是泸水县宗教界与缅北宗教界的知名人士。祝路球从 9 岁起就开始信仰基督教，14 岁就在泸水县麻栗坪教会举办的第一期教牧人员培训班里学习，并担任打字员，起教名为路坷约。22 岁开始担任传道员，深受广大群众的爱戴和尊敬。1950 年泸水县解放以后，祝路球主动用傈僳文写成很多标语，宣传共产党的政策和解放军的纪律。同年被选为泸水县人民代表、保山专区政府委员。1951 年，被选为傈僳族联合政府副县长。1952 年，开始"三反"运动期间，祝路球对突如其来的政治

---

① 史富相：《里吾底事件真相》，载《史富相文集》（内部资料），怒新出（2006 年）准印字 16 号，第 118 页。

② 史富相：《里吾底事件真相》，载《史富相文集》（内部资料），怒新出（2006 年）准印字 16 号，第 94 页。

③ 尹明德：《中国方志丛书·云南北界勘查记》，（台湾）成文出版社有限公司据民国·滇缅界务调查小组报告民国二十二年刊本影印，第 210 页。

形势变化没有思想准备，对党的政策产生了怀疑，便告假回家。不久，县委和县政府两名公安人员全副武装去接其回县政府，他认为其中必有文章，于是决定暂时避开政治上的冲击，在 2 月出境到缅甸密支那。祝路球的副县长职务一直保留到 1956 年，希望他能够早日回到泸水来。1958 年，祝路球第一次返回泸水，到边境听到国内正在搞“整风肃反运动”，阶级斗争的风浪又使他失望地重返缅甸。到 1967 年他再一次下定决心回国，当他来到中缅交界的大坝地河时，得知国内正在搞“文化大革命”，迫使他不能回国。“文化大革命”结束之后，祝路球最后下定决心回国。在临行前的时间里，他日夜写作新中国成立后 30 年的怒江地区民族情况和泸水县新中国成立后变化情况，共几十万字，一份留给侨居缅甸的傈僳族侨民，自己携带一份准备交给泸水县人民政府。一切准备就绪即将启程归故里，不幸突然暴病，于 1979 年 3 月 18 日在缅甸辞世，由缅甸政府出资修建坟墓安葬于密支那故穆村。当笔者前去调查时，看到村民拿出久藏的祝路球照片回忆其在缅甸传教往事，看到他静静地长眠于缅甸傈僳族村外的坟墓，也看到他建盖的缅甸傈僳族圣经学校。

2. 西方传教士误导下的“跑缅甸”。在怒江地区史志中，多有记载因外国传教士的煽动而使傈僳族、怒族、独龙族等“跑缅甸”的记载：

“1947 年，当中国人民解放战争的浪潮席卷全国，各列强国家瓜分中国的野心濒临破产的时候，马道民（美国牧师）不甘心他在福贡苦心经营了多年的宗教侵略毁于一旦，遂于 1947 年 9 月只身返回福贡，在上帕区衣块比村召集纳它尼、王阿加、友阿加、拼（批）提、杨更子、毕也敏、腊八、尹利亚等十多名教牧人员，秘密集会，策划布置应变措施，煽动教牧人员反对共产党……为了控制福贡的教会，马道民又于 1948 年将福贡当地教会负责人纳它尼接到缅甸，在明勒滇为他修建了住房，建立了专门培训教会头人的机构，通过纳它尼将福贡的教会头人通知到明勒滇进行特殊训练。然后派遣回境，进行策反活动。当时福贡派往缅甸受训的教头有阿邓四（依垮底人）、肯扒朵（排尺人）、叶展（达普洛施朵人）。他们在明勒滇受训之后，马道民把他们留在明勒滇，一人管理僳族教会，一人专管从福贡出境的教徒。马道民通过那些经常往返于福贡的教徒刺探收集福贡的情报（这三个马扒后来回到福贡，1956 再次出走缅甸）。[①]

莫尔斯（法国传教士）……每听到学生游行，他都有些恐慌，并表示过忧虑。如果国民党失败了，共产党胜利了，他的安全就保不住了。1948 年他曾说过："苏联来了是不准我们信教的……" 这话是对丹当的密子扒瓜斯说的，这与新中国成立后瓜斯对共产党始终有疑虑，最后终于逃跑缅甸是有关系的。新中国成立前夕，莫尔斯对他的前途不妙早有预感，他把牧师的权力交给丹朱的斯蒂华，斯蒂华在德钦藏族土匪叛乱时（1950 年）逃往缅甸。莫尔斯于 1951 年被关押在昆明，不久即被驱逐出境。继任马扒的是瓜亥（扒当村人）。1953 年掌握贡山基督教大权的瓜斯派瓜亥、乔欧到缅甸区探路和联系，至 1954 年，瓜斯即带领丹当教堂附近的教徒逃往缅甸，至拉达果。都是些年轻力壮的人和孩子老人少的家庭。[②]

这些教徒到缅甸后追随莫尔斯家族从缅甸葡萄被迫北迁印度，后来又南迁密支那，莫尔斯女儿在书中写道："1950 – 64 – Base of mission operation moved to Putao area, N. Burma. Morse helped resettle some 20, 000 Lisu and Rawang Christians who moved down to plains from famine – stricken mountain areas, More than thirty Christian village established. It become one of the most prosperous and progressive areas in Burma. [③]

由此，我们就不能不问，在终于推翻了国民党的统治，同时共产党也在积极宣传民族政策，并以赠送粮食、布匹、盐巴、锄头、刀子、牛等生存生活用具而逐渐赢得人心的同时，为何仍然有相当一部分边民信任外国传教士，并且愿意跟随他们逃往缅甸？这从傈僳语对于基督教传道员、皈依基督教以及祷告的含义中也可以看出来："马扒"——老师：福音与新

---

① 李道生：《福贡县基督教情况调查》，载怒江州政协文史委员会编：《怒江文史资料选辑》（上卷），德宏民族出版社 1994 年版，第 1098 页。

② 付阿伯（傈僳文稿）：《福贡基督教传播史略》，怒江州政协文史委员会编：《怒江文史资料选辑》（上卷），德宏民族出版社 1994 年版，第 1112 页。

③ Eugene Morse: Exodus To A Hidden Valley, 6. Published in the United States of American in 1974 by Reader's Digest Press, New York.

生活方式的传播者、引领者；“特厄索”——信仰基督教（读书）：关于文字的民族自信；“瓦枯”——信教、祷告：从上帝、教友群体中获得不怕鬼、不怕异族欺压的崭新、文明生活的开始。

怒族传说，他们的祖先与白族一样，都是有文字的，但是白族的文字写在纸上，而怒族将字写在皮子上，后来被狗吃了，从此就没有文字了，而白族一直有文字流传下来。独龙族也传说，他们的祖先与汉族是两兄弟，木刻记事结绳记日，后来老大将字刻在石板上，文化技术和生产都得到发展，成为今天的汉族。而老二用岩羊血将字写在岩羊皮上，岩羊皮被狗偷吃了，就没有文字了，一直保留着刀耕火种、刻木结绳，成为今天的独龙族。类似传说在傈僳族、景颇族中也存在，说明已将是否有民族文字作为一个民族是否进步的表征，势必影响其民族自信。而在基督教传播之前，沉重自然压力幻化的超自然力量使这些民族的自然崇拜对象极多，祭祀仪式也极多，已成为又一个沉重的精神压力与聚居负担，基督教关于信了上帝就不怕鬼来侵扰的宣传，给他们极大的力量而拥有极大的吸引力。加之基督教在这些民族中所规定的不抽烟、不喝酒、不偷盗、结婚不要彩礼等教会教仪，对他们是一种“文明生活”的诱惑。再则在日常生活中，传教士给民众免费治病施药，教他们缝纫、接生、讲究卫生，并团结起来抵抗国民党地方政府的欺压，广大基督教徒在外国传教士与尚未很了解、很信任的共产党政府之间，选择了前者并且跟随其“跑缅甸”就理所当然的了。这是与传教士的长期努力分不开的。20 世纪 40 年代的调查报告就说：

基督教因多数西洋传教士长期之努力，在傈僳社区中已渐普遍。即使南部原信佛教之傈僳社区，已多改信基督教矣。基督教对彼等发生之影响可谓甚大。其日常生活中衣服已较前整洁，食时必祈祷上帝，住处亦较为整洁；因传教士常来之故。房中原供奉家神之位置也改悬耶苏、玛利亚之像或其他圣经故事。星期休息并作礼拜，过复活节、圣诞节，取消原有之各种鬼神的祭祀、信仰，改变其婚丧仪式，保持诚实的习惯，服从传教士的意旨，放弃烟酒之嗜好等，均其荦荦大（端）者。虽此种影响好者较多，但也不免因此而发生许多问题，盖边地之传教士多外人，故边民因信奉基督教，也无形养成对外人尊崇及服从之习惯。尝见边地县区中有地方行政官不能召集之群众解决事端，教士能召集之、解决之，故教徒渐渐有“教民”之称。然此种现象之养成，自不能尽责外人，吾地方政府及非教徒，亦有应反省警惕者。①

在此，我们要关注的重点不是当时外国传教士如何“蛊惑”本地民众，仅从大量信徒或者跟随传教士，或者自行迁徙缅甸的人口数量来看，对于新生的人民政权的疑惧无疑是存在的。而当时民国政府的统治已成为历史，但是我们今天难道就不需要“反省警惕”吗?

（三）1960 年中缅划界：中国茶山“无人村”与缅甸茶山洋铁皮房村

1960 年的中缅划界，对于景颇族支系茶山人是一件记忆深刻的历史事件。通过划界，使从 1910 年起就被英军占领，之后被缅甸占领的片马、古浪、岗房地区面积 153 平方公里的土地终于归还中国，但因缅甸政府所谓“给地不给人政策”，诱胁 200 多户，约 1000 余茶山人全部迁到一江之隔的缅甸，中方片马、古浪、岗房地区田园荒芜，空无一人。在一些中国景颇族与缅甸克钦族历史记忆中的祖源地——茶山老寨子也成为“无人村”。

与此同时，在小江西岸的缅甸境内却产生了一些“洋铁皮房村”。这些村落布局整齐划一，房屋设计依据茶山建筑传统，宽大明亮，透风避潮，比之他们自己原来居住的矮小的茅草房形成强烈对比。而功能之齐备，可以看出当时房屋设计者的用心良苦，如茶山人房子，在一栋主房里分人房与鬼房两个世俗与神圣空间，二者界限分明，因此，房屋的过道、门、火塘的朝向、数量都极有讲究，即平常时间绝不允许人去打扰鬼，客人更不能接近鬼房。这些“洋铁皮房”除了考虑到晒台、厕所等之外，对于住房的设计也特别考虑了其传统宗教信仰，特意有一间专门作为鬼房。此外，缅甸政府还给茶山人定量发放粮食、盐巴、钱、锄头、砍刀等，这显然是以中国政府对边民的政策对待这批边民，其笼络、安定人心

① 西南民族学院图书馆编：《云南傈僳族及贡山福贡社会调查报告》，西南民族学院，1986 年，第 65 页。

的目的是很明显的。

不过，两三年之后，缅甸政府无力远顾这一批偏居边地的茶山人，物资救济也并没有持续跟上，再加上地方武装抓丁派夫，一些茶山人就悄悄“跑中国”。今天片马地区 300 多茶山人就是当时跑回中国的茶山人及其后裔，年纪大一些的茶山人对这段短期内往返迁徙的经历记忆犹新。无论是迁或返，皆是中缅两国政府当时民族政策所致，在此我们可以反省的是，在近年实施的“安居工程”、“兴边富民计划”、“扶持人口较少民族政策”等过程中，我们是否可以把工作做得更细致更到位一些呢？也让边民说一说共产党盖的安居房比缅甸政府盖的“洋铁皮房”更牢实、更能够满足民众的要求呢？

（四）魂兮归来——“文革”前后跨境民族的“跑缅甸”与回国

从 1957、1958 年开始，“民主补课”、“大跃进”、“人民公社”、“文化大革命”等一波高过一波的政治运动也波及边疆地区，导致该区域第三次“跑缅甸”高潮。以下个案就是其中的代表：

个案二：缅甸密支那伊洛瓦底江北岸的马肯村——20 世纪傈僳族西迁缅甸后形成的傈僳族村落

从英国传教士富能仁传、马肯村建村纪念碑与村民口述看，这个分布在缅甸伊洛瓦底江东岸，与密支那城仅一江之隔的 1000 多傈僳族人口的傈僳村子，在 1902 年只有两户傈僳人家，并由这两户傈僳人将英国传教士汉森接到马开，从此开始了傈僳族信仰基督教历史的马开村，在短短一百来年时间里，从 2 户人家到上千人口，并建盖了可以容纳上千人的基督教堂。村民大部分就是 1957、1958 年开始直至“文革”结束这一阶段“跑缅甸”者及其后裔，他们在中国境内还有许许多多仅仅分开三代的至亲，其中有相当一部分是笔者在怒江生活时的熟人。笔者在怒江的少年时期，曾听说某某村某某家一夜之间就“跑缅甸”了，也看到有“跑缅甸”者中途被民兵追回被拴在革委会大楼柱子上批斗，父母、亲戚会赶来打骂他们，但是不久又会听到这些父母与亲戚也一同“跑”了。其中，就有笔者在马开村调查中又见到了，有的则听到住在缅甸某某地方的消息。总之，他们离开中国的时间是如此之短，无论老少对于该时期国内政治运动词汇都能够用汉语说出来，可见这一段历史给他们留下了深刻的记忆。可以说是当时中国接踵而至的政治运动迫使他们“跑缅甸”，当然不尽然是因为被批斗，更多的还是因为“阶级斗争为纲”而忽略经济发展，使边民吃不饱穿不暖就“跑缅甸”的。但在调查中发现，也有村民又嫁回中国，也有人回怒江定居、打工，每天都有村民围着笔者打探国内形势。看来，他们人在缅甸，心却没有完全落下来。

个案三：阿肯“马扒”——“大跃进”时互助组组长阿肯“跑缅甸”后的“马扒”生涯及其归国之路

我名叫肯李麦，傈僳族，出生于腊乌村抗吾本组。我在腊乌当组长（合作社），到 1958 年时已经当了两三年，娶了一个腊竹底傈僳族媳妇，我们两个都信仰基督教，我们的婚礼是在教堂办的，我们结婚五六年了也没有孩子。我还会做生意，主要从事买卖猪、牛生意，也曾到密支那批发铁锅、砍刀、布匹等。1958 年，搞“大跃进”，凡是教头、地主、富农、商人等都逃不过批斗会。那个时候，腊乌的梯田都修好了，挖了好几条水渠，其中从上帕腊修河、阿尖底河两大河到腊乌的水渠规模最大，解决了水稻种植用水问题。虽然修了水田，家里也有吃不完的谷子，说实话，真有点舍不得。但我寻思着，我是一个基督徒，我不想弃教，我还会做生意，准逃不过批斗会，趁还未被批斗，我就想逃到缅甸避一避。于是就带着媳妇开始了逃往密支那的旅程。去密支那的途中遇到很多困难，我心里面也想过要回腊乌，但又不敢回。回来肯定会被抓去坐牢。邓麦等人折回来后听说也被关在牢里面好几个月。后来，我掐指一算，我离开腊乌已经有 36 年了，我在密支那也想念我的亲人，但不知道中国这边的形势如何，也一直不敢回来。一待就待了那么多年。

2010 年笔者去密支那调查时，见到肯李麦时的第一件事就是被带去看他已修好的坟墓。他说因为害怕爬山（他说腊乌是山旮旯，爬不动），决定在密支那度过余生。2011 年一场大病，让他更加思念腊乌的亲戚，于是携妻带女，卖了坟地、房子以及家具、猪、鸡等，于 2012 年突然归国。他回国的第一件事就是要办理回国落户手术，这样就可以免费做白内障手术，也可以领取养老保险金。另外，回来后可以在村子里进教堂做祷告对他也是一个很大的吸引力，他说他在缅甸教堂里服务了三十几年，一直都修不起这么好的教堂。在回腊乌之前的三周，医生嘱咐肯李麦的妻子，肯因为有高血压，只能吃瘦肉，也不能吃盐，就拿瘦肉先在火上烘干再煮，不能放盐。看到肯病得比较严重，邻居都劝他们暂时不要回腊乌了，可他们一家三口还是带病回到了腊乌。现在肯的病也基本好了，每天坚持吃降血压药，身体也在一天天康复。肯李麦妻子说："有上帝在保佑着，我们一路上回来也很顺利，没遇到什么困难，不用怕。"

三、思考与启示

（一）国家政策与跨境民族跨境迁徙关系具有明显的时代特征

每一个时期中缅北界跨境民族的跨界迁徙显现出不同的时代特征，一个傈僳语的"缅甸结"（直译"去缅甸"）却衍生出如此多的含义：即 1949 年中华人民共和国成立之前的"走缅甸"、"去缅甸"，20 世纪 50—70 年代的"跑缅甸"，20 世纪 60 年代的"跑中国"，80 年代以来的"回中国"。因此，同样的本地民族词语，在不同时期却寓含着不同的政治意义，其中合法与非法的意思很清楚。这也是与不同时期中缅边界的政治风云与国家的民族政策相对应的。

（二）20 世纪以来中缅北界跨境民族的跨境迁徙在一定意义上是一种生存选择

傈僳族还有歌谣唱：这里不是长住地，这里不是久留谷，往前另找新天地，前面另寻新地方。只要居住地的自然资源差不多消耗完了，只要有异族压迫，酷爱自由的傈僳人就又踏上迁徙之路。同一区域内共享区域一致性文化的众多跨境民族亦莫不如此。他们在 20 世纪以来的跨境迁徙，只不过是逃避生存压力的一种生存选择而已，其背后凸显的更多的是国家民族政策的影响。

综上所述，国家政策成为20世纪中缅北界跨境民族跨境迁徙的主要动因，因此，国家认同在一定意义上是对国家民族政策、宗教政策的认同。而跨境民族的国家认同、宗教认同与边疆稳定、国家安全有着千丝万缕的联系。那么，国家民族政策在边疆地区不唯是一个社会发展、民族进步的意义，还是关乎国家安全的重大问题。

中美民族政策的价值视域：马克思的人类解放理论

——从“二代民族政策”说起[①]

于春洋　贺金瑞

内蒙古工业大学副教授　中央民族大学教授

无论是历史上的“大熔炉”政策，还是在当代获得很大成功的“马赛克”政策，美国民族政策在本质上从未突破“政治解放”的范畴。实现政治解放而又止于政治解放，这不仅是认识美国民族政策的重要线索，而且可以衡量其维护资产阶级狭隘的阶级利益的价值取向。从马克思人的解放理论入手分析可以发现，中国的民族政策实践历经民族自决、联邦制到民族区域自治的艰辛探索，其价值目标是通过政治解放、民族解放而最终实现人类解放。这不仅是把握中国民族政策的关键，而且是实践马克思主义人类解放理论的重要成果和价值显现。当代中国民族政策的实践价值定位，是各民族人民当家做主、各民族人民共同富裕和各民族人民真实平等。

---

① 本文系2012年教育部人文社会科学基地重大项目《百年共和的经验与启示：少数民族和民族宗教对现代中国建立、建设和治理的贡献和潜力研究》（项目批准号：12JJD850002）的阶段性成果。

自有学者在2004年年底提出理解我国民族关系的“新思路”以来，学界对于我国的民族问题走向、民族关系现状、民族政策功过等问题的关注程度持续高涨，进而，随着2008年拉萨“3·14”事件、2009年乌鲁木齐“7·5”事件的相继发生，学界呼吁民族问题“去政治化”的声音更是此起彼伏、不绝于耳，似乎“去政治化”是解决我国民族问题的灵丹妙药。到了2011年9月，更有学者撰文提出所谓“二代民族政策”，对“去政治化”问题“做出了全方位的‘政策理念设计’”[①]，试图以“去政治化”的方式来“促进民族交往交流交融一体”，进而用所谓“二代民族政策”去替代以“民族区域自治”为核心内容的“一代民族政策”。[②] 笔者认为，这种思路既不可取、也不可能，甚至非常危险。其根本原因在于，“二代民族政策”倡导者所借鉴的所谓“国际经验教训”是建立在对这些国家的“种族、族群政策及其实践的误读和编造”[③] 基础之上的，其观点既不符合这些国家的民族问题实际，更无法适用于我国民族问题的实际。

本文以马克思人的解放理论作为研究视角，尝试在中美民族政策比较分析的基础上理解我国以民族区域自治为核心内容的现行民族政策建构，进而指出当代中国民族政策的价值定位，并以此批驳“二代民族政策”的理论缺陷。

一、美国民族政策的价值考量：实现政治解放而又止于政治解放

在“二代民族政策”的提出者那里，美国的民族政策俨然成为解决民族问题的灵丹妙药，字里行间洋溢着对于美国民族政策所谓“成功经

---

① 郝时远：《中国民族政策的核心原则不容改变——评析“第二代民族政策”说之一（上）》，载《中国民族报》，2012—2—3。

② 参见胡鞍钢、胡联合：《第二代民族政策：促进民族交融一体和繁荣一体》，载《新疆师范大学学报（哲社版）》，2011年第5期。

③ 郝时远：《美国是中国解决民族问题的榜样吗？——评“第二代民族政策”的“国际经验教训”说》，载《世界民族》，2012年第2期，第1页。

验”的推崇和青睐。然而，通过回顾美国民族政策的发展脉络可以发现，无论是20世纪中期美国民权运动发生之前的“大熔炉”政策，还是后来的以“肯定性行动”为标志的当代美国带有多元文化主义色彩的“马赛克”政策，其本质从未突破过马克思“政治解放”的范畴。实现政治解放而又仅仅止于政治解放，这是理解美国民族政策的重要线索。

（一）种族歧视的民族“大熔炉”政策

“美国虽然早在《独立宣言》中就已宣称‘人生而平等’”，但是让人颇感意外和遗憾的是，“在较长的历史时期里，该国一直奉行歧视性的民族政策”①。美国民族“大熔炉”政策所倡导的种族融合在很大程度上仅仅只是“盎格鲁—撒克逊民族”的融合，而对于其他族裔则更多表现为种族歧视基础之上的隔离、排斥、驱赶甚至屠杀。

从国家结构形式的宏观范式入手，作为现代联邦制国家的典型，美国的联邦制结构决定了其联邦政府全面负责全国性事务，州政府则负责处理地方性事务。这样一种中央与地方的分权模式似乎把民族因素排除在了国家结构建构之外，然而在实质上，这种分权模式正是“建立在白人种族政治基础上的权力结构设计”，因为从历史角度考察，美国所确立的市民社会“是建立在把黑人、印第安人等非欧洲人排除在外的基础之上的”，而且在很大程度上，正因为把这些“劣等种族”作为参照对象，美国才得以建构起了白人种族群体内部的民族认同。② 由此，在民族国家的初创阶段，美国基于对“劣等种族”的歧视而建立起了一个无论“人种、民族属性和宗教”都“高度均质的社会”③。显然，这种“高度均质的社会”是以对印第安人、黑人等“劣等种族”平等权利的剥夺为代价的，从人口构成的角度看，“美国的人口，除印第安人以外，在1790年共

---

① 杨恕、李捷：《当代美国民族政策述评》，载《世界民族》，2008年第1期，第21—22页。

② 郝时远：《美国是中国解决民族问题的榜样吗？——评“第二代民族政策”的“国际经验教训”说》，载《世界民族》，2012年第2期，第2页。

③ ［美］塞缪尔·亨廷顿：《我们是谁？——美国国家特性面临的挑战》，程克雄译，新华出版社2005年版，第39页。

3929000人，其中698000人是奴隶，不被视为美国社会成员”①。

回顾民权运动之前的美国民族关系史，可以发现那里充斥着大量移民群体与印第安土著居民、白种人及其后裔与黑人奴隶及其后裔之间的冲突和斗争，种族歧视以及对于种族歧视的反抗构成了美国民族关系发展的主线。“美国历史形成的经验是，对土著美国人进行长期战争……这一事实又继而产生了美国人的形象，不是作为刽子手，而是一个‘新兴的民族’。”② 同样的事情也发生在非“盎格鲁—撒克逊民族”和其他移民及其后裔身上，美国政府在相当长的时间里没有赋予这些民族以宪法规定的平等（哪怕这只是政治平等）地位，此举是导致美国建国之后民族问题层出不穷的重要原因。

总之，民权运动兴起之前，美国的民族“大熔炉”政策一直是建立在种族歧视的基础之上的，并千方百计维护这种种族歧视政策的合法性。显然，“美国人希望建立一个在平等原则之上运行的社会，但是不想建立一个由平等的人组成的社会”③。

（二）反种族歧视的民族“马赛克”政策

“大熔炉”政策在相当长的时间里构成了美国民族政策的主流，只是在进入20世纪中期之后，美国政府才不得不做出民族政策的调整，使其朝着反民族歧视、尊重多元文化的方向发展，并且获得了有限的成功。由此，“马赛克式社会——取代大熔炉的概念而成了美国经历的本质……新的美国马赛克社会是一个具有种族特点的多元文化混合体”④。

当代美国的民族政策主要由三个层面来构成。其一是旨在对所有民族的文化进行保护并推进其发展的政策；其二是以“肯定性行动”为核心的民族优惠政策；其三是专门针对印第安原住民的保留地自治政策。综观

---

① ［美］塞缪尔·亨廷顿：《我们是谁？——美国国家特性面临的挑战》，程克雄译，新华出版社2005年版，第39页。

② P. L Vanden Berghe，“The Dynamics of Racial Prejudice An Ideal－Type Dichotomy”，in Social Force，37，1958：138－141.

③ ［英］J. R. 波尔：《美国平等的历程》，张聚国译，东方出版社2007年版，第399页。

④ ［美］兹比格涅夫·布热津斯基：《大抉择——美国站在十字路口》，王振西主译，新华出版社2005年版，第213页。

当代美国民族政策的基本内容，可以将其核心原则概括为：在承认和保护少数民族作为美国公民的一切权利的同时，拒绝赋予这些少数民族作为民族群体的权利（除了印第安原住民）。一方面，美国用法律的形式宣称“人人生而平等”，确保每个民族个体成员的平等权利得到应有的尊重。这种平等权利在选举、就业和接受教育方面表现明显；另一方面，除了印第安原住民之外，美国拒绝赋予其他少数民族以群体权利。“美国在法律上所宣称的平等和其他权利只属于个人，属于个体的美国人，而不属于各个民族。”① 这一原则在美国的联邦制国家结构设计中表现明显。美国联邦制下的各个联邦成员（州）的设立及其地域划分不以民族及其聚居地为单位，联邦成员所享有的自治权也是基于地域而非民族而建立的。因为在一些美国学者看来，“当文化的差异和地理位置的差异重合时，可能就会出现暴力、自治或分离运动”②。而这种联邦成员的制度设计本身就从根本上杜绝了民族以地域为依凭谋求集体权利的可能性。

基于马克思的人的解放理论而对美国民族政策加以分析不难发现，美国几百年的全部努力只是用以捍卫政治革命的胜利成果，即维护和确保“政治国家”的统治。只是当国内不同族裔的矛盾日渐激化，危及到了政治国家的统治的时候，作为维护和确保“政治解放”的一种手段，美国的民族政策才会开始有效运作。而从其实际的价值取向来看，它仅仅致力于国内不同族裔抽象的政治平等，亦即宪法意义上的公民平等，而不会致力于人与人事实上的平等，从而为“人类解放”寻求途径。而且，在这一进程之中，美国社会成员间的事实上的不平等关系和市民社会的利己主义则不断得以强化和巩固。所有这一切，都使得美国民族政策不可能为国内各族裔的真实平等和全面发展提供制度关怀。

二、马克思的人类解放：对政治解放和民族解放的超越价值

从马克思关于人的解放理论的逻辑进程上看，现在为人们所熟知的

① 杨恕、李捷：《当代美国民族政策述评》，载《世界民族》，2008 年第 1 期，第 22 页。

② ［美］塞缪尔·亨廷顿：《文明的冲突与世界秩序的重建》，周琪等译，新华出版社 1994 年版，第 144 页。

“人类解放”并不是一个原初性的概念，它是从“政治解放”中推演出来的。但是马克思认为，人的解放是一个客观历史过程，需经历漫长的时间。要想获得“人类解放”，必须首先要实现“政治解放”，即通过“政治解放”来最终实现“人类解放”。

（一）政治解放

在马克思那里，政治解放是与市民社会相联系的一个概念，它所考察的是政治国家与市民社会之间关系的演变，即从欧洲中世纪时期政治国家与市民社会的高度契合，转变为资本主义时期两者的彼此分离。马克思认为，政治国家与市民社会的这种分离不是自发完成的，而是需要通过资产阶级领导的政治革命来促成这一转变。“政治革命……把政治国家确定为普遍事务，即真实的国家；这种革命必须要摧毁一切等级、公会、行帮和特权……于是，政治革命也就消灭了市民社会的政治性质。”① 从这一角度理解，“资产阶级政治革命也就是政治解放”，它们是“同一个过程”，因为“政治革命打碎了中世纪封建专制制度套在人们头上的政治枷锁”。②

可以从三个方面来理解“政治解放”的基本内容。首先，政治解放使国家从宗教中解放出来，不再屈从于宗教神权的统治，成为“真实的国家”。这种真实的国家“不需要宗教从政治上补充自己。相反地，它可以脱离宗教，因为它已经用世俗方式实现了宗教的人的基础”③；其次，政治解放使民主、法制这样一些现代政治制度的核心价值得到彰显，封建专制统治及其造成的各种人身依附关系得以解除，人成为独立的、自由的个人。“政治解放一方面把人变成市民社会的成员，变成利己的、独立的个人，另一方面把人变成公民，变成法人”④；第三，政治解放在实现政治国家与市民社会彼此分离的同时，也促成了独立市民社会的崛起。因为政治解放“使市民社会的等级差别完全变成了社会差别，即没有政治意

① 《马克思恩格斯全集》（第1卷），人民出版社1956年版，第441页。

② 刘同舫：《人类解放的进程与社会形态的嬗变》，载《中国社会科学》，2008年第3期，第8页。

③ 《马克思恩格斯全集》（第1卷），人民出版社1956年版，第431—432页。

④ 《马克思恩格斯全集》（第1卷），人民出版社1956年版，第443页。

义的私人生活的差别”①。

与此同时，马克思也认识到政治解放的不彻底性及历史局限性。他指出，“我们不要在政治解放的限度方面欺骗自己”②。其原因在于，经过资产阶级政治革命而获得政治解放的公民“在他们的政治世界的天国是平等的，而在人世的存在中，在他们的社会生活中却不平等”③。

（二）人类解放

马克思所强调的“人类解放”在很大程度上是对市民社会缺点的批判和克服，以及对于政治解放历史局限性的超越。一方面，与黑格尔把君主立宪制国家视为“历史的终结”根本不同的是，马克思指出，政治解放所实现的仅仅只是抽象的政治平等，所建立的这种“真实的国家”并没有消除人们之间基于私有财产、文化程度、职业分工等差别而形成的不平等关系，国家不仅没有消除这些差别，“相反地，只有在这些差别存在的条件下，它才能存在，只有同它这些因素处于对立的状态，它才会感到自己是政治国家”④；另一方面，马克思指出，资产阶级所强调的人权并没有跨越利己主义的藩篱，“任何一种所谓人权都没有超出利己主义的人，没有超出作为市民社会的成员的人”⑤。因此，以所谓人权的确立为标志的资产阶级政治革命并没有真正实现人的解放，充其量，它只不过是实现了市民社会之于政治国家的独立。而“要想克服市民社会，实现人类解放，只有依靠现实的人，依靠现实的人的感性活动来完成”⑥。由此，在消除政治国家赖以建立的人们之间的不平等关系和克服市民社会中人的利己主义的进程之中，去实现“现实的个人”的“自由发展”，实现“人类解放”，就成为必须要去完成的工作。

进而，马克思讨论了以政治解放为前提来实现人类解放的一般内容。

---

① 《马克思恩格斯全集》（第1卷），人民出版社1956年版，第344页。
② 《马克思恩格斯全集》（第1卷），人民出版社1956年版，第430页。
③ 《马克思恩格斯全集》（第1卷），人民出版社1956年版，第344页。
④ 《马克思恩格斯全集》（第1卷），人民出版社1956年版，第427页。
⑤ 《马克思恩格斯全集》（第1卷），人民出版社1956年版，第437—438页。
⑥ 郁建兴：《从政治解放到人类解放——马克思政治思想初论》，载《中国社会科学》，2000年第2期，第30页。

人类解放将实现对于政治解放的扬弃与超越，将消除人们之间基于种种差别而形成的事实上的不平等，把真正意义上的平等还给每一个“现实的个人”；人类解放将以“现实的个人”作为出发点，借助无产阶级的力量，推翻使人成为被奴役、被剥夺、被异化的对象的生产关系，以及基于这种生产关系而形成的一切社会关系，从而“把人的世界和人的关系还给人自己”①。总之，人类解放就是要把“现实的个人”从不平等、被异化的状态中解救出来，恢复人的主体地位，实现一切人的自由而全面的发展。

三、中国民族政策的价值取向：旨在人类解放的政治解放和民族解放

回顾我国民族政策的探索轨迹可以发现，其所有努力都是实践马克思的人的解放理论而进行的制度设计。在具体政策实践过程中，虽然也存在一些不尽如人意的地方，然而它的指向却非常明确，那就是通过政治解放、民族解放而实现最终的人类解放。这一点是理解当代中国民族政策实践的关键。

（一）中国共产党的民族政策实践探索

中国共产党对于我国民族政策的探索是一个艰难的过程，大致经历了两个时期。抗日战争之前，中国共产党倾向于采取民族自决和联邦制的方式来解决我国的民族问题。这一点在党的历史文献中有明显的体现。比如，在1931年11月召开的“中华工农兵苏维埃第一次全国代表大会”中，通过了《中华苏维埃共和国宪法大纲》。《宪法大纲》规定，“中华苏维埃政权承认中国境内少数民族的自决权，一直承认到各弱小民族有同中国脱离，自己成立独立的国家的权利”②；这种以民族自决和联邦制为取向的民族政策的制定，是同我们党当时所处的特定历史时期以及国际环境

① 《马克思恩格斯全集》（第1卷），人民出版社1956年版，第443页。
② 陈荷夫：《中国宪法类编》，中国社会科学出版社1980年版，第92页。

密切相关的。当时的中国共产党还处于创立初期，无法立足于革命的全局和国家发展的远景角度来深切思考解决我国民族问题的方式；而苏联及共产国际的影响和干预，也使得当时的中国共产党很难真正做到从国情实际出发。

到了抗日战争以及抗战结束之后，中国共产党在民族自决与民族区域自治这两种不同取向的民族政策之间进行了多次权衡和反复比较，最终把民族区域自治确立为我国的民族政策。在1938年召开的中共六届六中全会上，毛泽东提出“允许蒙、回、藏、苗等各民族……在共同对日的原则下，有自己管理自己事务之权，同时与汉族联合建立统一的国家”①。这里已经开始孕育着从民族自决到民族自治、从联邦制到单一制的民族政策思想；1940年，陕甘宁边区政府成立负责处理民族事务的民族事务委员会，其主要职责为“关于边区境内回蒙等各民族区域自治事宜，关于境内回蒙等各民族自治区之政治、自卫、经济、教育、卫生等建设事宜”②。至此，民族区域自治已经成为我们党解决民族问题的主导性意见；进而，在中国人民政治协商会议第一届全体会议上通过的《共同纲领》里，专门规定了我国的民族政策。即“各少数民族聚居的地区，应实行民族的区域自治，按照民族聚居的人口多少和区域大小，分别建立各种民族自治机关”。这标志民族区域自治被正式作为了我国的基本国策。

中国共产党对民族政策的这一探索过程，对于民族区域自治在我国的确立和实施极为重要，因为“在此过程中，中国共产党不仅形成了民族区域自治的政策主张，将民族区域自治作为调整国内民族关系的基本规范，而且形成了对这个政策主张的坚定不移的信念”③。

（二）当代中国民族政策的内在价值诉求

早在“五四时期，陈独秀、毛泽东等一批先进分子即已举起人的解

① 中共中央统战部：《民族问题文献汇编》，中共中央党校出版社1991年版，第595页。

② 中共中央统战部：《民族问题文献汇编》，中共中央党校出版社1991年版，第934页。

③ 周平：《民族区域自治制度在中国的形成和演进》，载《云南行政学院学报》，2005年第4期，第5页。

放的旗帜，并由此走上了阶级解放的道路”[①]。作为一个无产阶级政党，中国共产党始终把实现“人类解放”作为奋斗的最高目标，旨在解决和处理我国民族问题而制定的以民族区域自治为核心内容的各项民族政策，也是服从和服务于这一最高目标的。对此，完全可以从当代中国民族政策的内在价值诉求中加以探寻。

1. 政治价值诉求：各民族人民当家做主

“坚持人民当家做主是社会主义民主政治的出发点和落脚点。”[②] 作为我国的三大基本政治制度之一，民族区域自治制度为各民族人民当家做主提供了政治制度上的可靠保障。回顾民族区域自治的确立过程可以发现，新中国成立之后，新生政权所肩负的历史使命是在维护社会主义国家的统一、捍卫国家主权的完整的同时，同旧社会的一切民族压迫、民族剥削制度彻底决裂，让各民族的劳苦大众“翻身得解放”，真正实现各民族人民当家做主。而且，这一历史使命是在当时我国的少数民族和汉族之间的隔阂还比较深、经济社会发展差距还很大的历史背景下提出的。基于这一背景，“民族区域自治就不仅是新中国处理国内民族问题的一项基本政策，而且是新的中央人民政府对于各少数民族的一种政治承诺——在新的人民共和国中，少数民族的各项基本权利将受到国家法律的保护”[③]。由此，实现和确保各民族人民当家做主，是民族区域自治制度的政治价值诉求。

2. 经济价值诉求：各民族人民共同富裕

社会主义本质的落脚点是共同富裕，是我国各民族人民的共同富裕。为了实现这一目标，我们就要在正视少数民族和民族地区与我国主体民族、发达地区客观存在的发展差距，并且通过各项民族政策的实施，努力

---

① 李瑗：《毛泽东和中国共产党人关于人的解放思想的历史考察》，载《中共党史研究》，2004年第1期，第16页。

② 李慎明：《坚持人民当家作主是社会主义民主政治的出发点和落脚点》，载《政治学研究》，2005年第2期，第1页。

③ 胡岩：《我们今天为什么要坚持民族区域自治制度》，载《科学社会主义》，2011年第4期，第51页。

缩小这种差距。这也是现阶段解决我国民族问题的根本途径之所在，因为现阶段我国民族问题就主要表现在少数民族和民族地区要求更快地发展经济文化的问题上。邓小平同志强调指出，“我们帮助少数民族地区发展的政策是坚定不移的”；“观察少数民族地区主要是看那个地区能不能发展起来”。[①] 基于上述认识，如果我们党制定实施的各项民族政策没有缩小发展差距，没有促成各民族人民共同富裕的实现，那么这种民族政策就与社会主义的本质相背离了。这也是对当代中国民族政策经济价值诉求的最好说明。

3. 社会价值诉求：各民族人民真实平等

各民族人民当家做主的本质是一种政治上的平等，即国家基于民主政治制度的合理安排而赋予每个公民以平等的政治权利。这种平等自然是历史发展的巨大进步，但同时也应该看到，“在经过了政治解放的‘洗礼’之后，穿上了‘平等’外衣的公民们，他们的‘尘世’生活实际上是多么的不平等”；“政治解放的一个实际结果，就是以表面上的平等掩盖了事实上的不平等”。[②] 马克思正是因为洞察到政治解放的历史局限性，进而宣布“革命是不停顿的”，“只有继续进行社会主义革命，消除政治解放的个人私利性的基础，才能实现全人类的彻底解放”。[③] 我们发现，与美国的民族政策实现政治解放而又止于政治解放根本不同的是，我国的民族政策在努力确保各民族人民当家做主的基础之上，一直在致力于各民族人民社会生活领域内的真实平等。各民族人民的真实平等是当代中国民族政策的内在社会价值诉求。

总之，当代中国以民族区域自治为核心内容的民族政策是符合我国基本国情的，这一点不容置疑，更不容否定。我们现在需要考虑的是怎样在坚持民族区域自治为核心的现行民族政策的基础上，围绕我国民族政策的

---

① 《邓小平文选》（第三卷），人民出版社 1993 年版，第 246—247 页。

② 刘同舫：《人类解放的进程与社会形态的嬗变》，载《中国社会科学》，2008 年第 3 期，第 8—10 页。

③ 任勇：《民族、民族国家和人类解放：基于马克思主义政治学的考察》，载《社会科学研究》，2010 年第 2 期，第 14 页。

三大价值定位去完善和发展民族区域自治，从而更好地实现政治解放、民族解放，确保各民族各项权利的真实性和平等性，为最终实现人类解放而去努力奋斗；而不是另起炉灶，天真地以为“他山之石，可以攻玉”。党的十八大报告在谈到“坚持走中国特色社会主义政治发展道路”时指出要“全面正确贯彻落实党的民族政策，坚持和完善民族区域自治制度，牢牢把握各民族共同团结奋斗、共同繁荣发展的主题，深入开展民族团结进步教育，加快民族地区发展，保障少数民族合法权益，巩固和发展平等团结互助和谐的社会主义民族关系，促进各民族和睦相处、和衷共济、和谐发展”。我们认为，这才是当下中国最为现实而正确的选择。

加拿大：现代国家认同建构的另一种模式

王建娥

中国社会科学院民族学与人类学研究所研究员

加拿大是一个在人口文化和地理上都具有巨大差异的多元化国家。在这样的国家如何形成统一的民族认同，拿什么在不同的地域和人口之间创造一种政治、经济和社会的联系？本文从制度机制设计和运作的角度，对加拿大联邦制下的各种机制进行探讨，如加拿大促进地区合作和平衡发展的“合作联邦制”的机制、协商民主性质的行政联邦制、增进联邦向心力的社会政策、包容差异的非均衡性特殊安排、体现“在场的政治”的议会议员构成以及政治过程中的多元集团代表性等内容的制度机制，等等，揭示加拿大是如何通过制度设计和社会政策的实施为多元社会提供制度黏合剂、在具有明显族裔和文化差异的多元社会创造共同身份认同的。希望这一研究能对现代中华民族和国家认同的建构，以及边疆与内地的均衡发展有所启发。

加拿大是一个特别具有多样性的国家。这种多样性既表现在人口构成上，也表现在地域差别以及由地域性差别导致的经济类型的差异上。从人口上说，加拿大可以称为具有聚集性民族特点的民族就有三个，分别为土著居民（包括平原印第安人和滨海的因纽特人）、法语加拿大人（占总人口的21.6%，其中的79.3%集中在魁北克，另一部分居住在安大略等地）和英语加拿大人（占总人口的58.8%）。此外还有大量的在不同时期移民加拿大的亚裔和其他地方的散居的移民。

从地理上说，加拿大分为大西洋各省、中心地区（安大略和魁北克）、大草原和不列颠哥伦比亚几大地区。各个部分之间，既没有共同的历史，也没有共同起源的神话，更没有共同的经济生活以及由此造就的共同情感和习俗。在这样的人口、文化和地理上的差异如此巨大的国家，能否形成统一的加拿大民族认同？加拿大联邦又拿什么在不同的地域和人口之间创造一种政治、经济和社会的联系，建构统一的加拿大认同？在魁北克民族主义相对强劲、并且多次将脱离联邦付诸公民投票的情况下，为什么加拿大不仅能够多次地化解宪法危机，避免民族分离的悲剧，而且还能够在公民中间培育出“一种新的具有包容性的加拿大民族主义”（Canadian nationalism）①？这些问题一直是萦绕在人们心中的一个谜团。

一、承认并包容差异的非均衡联邦制度

包容差异的非均衡联邦制，是魁北克法裔民族的地区民族主义与联邦政治长期而复杂互动过程的结果。从英属殖民地时代开始，加拿大就一直存在着英裔居民与法语居民之间的关系问题。1774年，英国议会迫于当时北美13个州要求独立的形势，担心法裔居民与南方13个州结成联盟共同反对英国的统治，颁布了《魁北克法案》，允许魁北克保留法国的民事法和整个法律体系，在魁北克地区的学校实行法语教学。然而，“殖民地体制在包容种种重大的政治差异上几无适应能力”②。法裔与英裔居民之

① 本文是国家哲学社会科学基金“十一五”规划重点研究项目“多民族国家包容差异协调分歧的机制设计研究”（项目批准号为：10AMZ004）的阶段性成果之一。

Norman, Wayne, Negotiating Nationalism, Nation - Building, Federalism, and Secession in the Multinational State. University of Montréal Print publication date: 2006, Publis hed to Oxford Scholars hip Online: September 2006. p. 135.

② 罗伯特·博斯韦尔：《加拿大史》，裴乃循、符延军等译，中国出版集团2012年版，第137页。

间的持续冲突，始终占据着加拿大政治的核心位置。用19世纪30年代担任加拿大总督的德拉姆伯爵的话说，是“两个民族在同一个国家的怀抱中斗争”①。1867年英属北美殖民地组建的加拿大自治领，在体制上采取了联邦制设计，但实质上仍然是大英帝国的一部分，并不像一些学者所说是一个二元民族的联邦。为组建联邦而制定的1867年《不列颠北美法案》，没有明确的条文表述加拿大是一个由英法两个民族组成的联邦，占人口大多数的英裔居民更始终认为，加拿大联邦是各省的政治联盟，而不是民族的联邦。英语、英国文化和英国的政治法律传统在社会的政治生活中占据主导地位。在魁北克以外的其他省份，如安大略和马尼巴托等地，法裔居民处于明显弱势，法语居民的政治文化权利没有得到有效的承认和保护，法语在加拿大社会生活中也未享受到与英语同等的地位。在社会生活、就业等许多方面，法语居民实际上也处于和英语居民不平等的地位。从联邦体制上来说，也带有很大的集权性特征。除了允许魁北克保留法国传统的民法体系和讲法语的权利外，并没有其他方面的权利倾斜。

20世纪60年代的寂静革命，改变了魁北克的政治文化传统，促使其从天主教保守主义向世俗的、相对开放的现代社会转变。魁北克法语居民的民族主义意识成熟，旧的族裔宗教色彩淡化，以强调魁北克独特的语言、文化、民法体系和社会价值，争取魁北克在文化和社会发展方面更大的自主权、促进魁北克法语加拿大人经济和社会发展为核心的现代地区民族主义诉求明确起来。在寂静革命中充当领导力量的魁北克中产阶级，通过政党政治和省议会的立法职能，将魁北克地区法裔民族主义的系统要求清晰地提上加拿大联邦的政治议程。其中的核心内容就是要求联邦承认魁北克省的独特地位，给予魁北克法裔民族自治的权力，通过对魁北克独特地位的承认，以及在事关魁北克省法裔民族生存的事务，如法律、教育、语言、社会政策等领域的放权，保护魁北克少数民族的权利和生活方式，改变魁北克与加拿大联邦的关系。

在加拿大，非均衡联邦制不是一帆风顺地建立起来的。而是魁北克法

---

① 罗伯特·博斯韦尔：《加拿大史》，裴乃循、符延军等译，中国出版集团2012年版，第159页。

裔少数民族与讲英语的多数民族组成的其他省份之间长期抗衡、斗争、妥协、让步的结果。在形式上，这种竞争往往表现在魁北克省与联邦政府之间在放权问题上的讨价还价。

在加拿大，英语民族和法语民族对联邦制的理解是不同的，对联邦集权程度的态度也不一样。讲英语民族的加拿大人把联邦政府看做是他们“民族”的政府，联邦集权不仅不被看做是对他们民族性的威胁，反而是对其利益和文化的保护。但是对少数民族的魁北克法语居民而言，联邦政府的集权主张和集权行为都会被看做是对魁北克法裔民族的文化、社会和生活方式构成的威胁。魁北克法语居民与讲英语的加拿大人之间一个明显的区别是，他们首先把魁北克省的政府看做是法语民族的政府，要求有一个强大的魁北克省政府保护法语民族的文化和法裔居民的利益。因而形成了要求联邦政府对魁北克省单独放权的持续压力。因为只有魁北克省在事关法裔加拿大人民族文化生存的问题上，如教育、语言、电信及移民政策等方面有更大的自治权，他们的利益诉求才不至于被占人口大多数的讲英语的居民所否决，他们的文化和生活方式也才不至于为英语文化所淹没。因此，要求宪法承认其民族地位，要求更大程度的自治权，始终是魁北克省与联邦政府博弈的重要内容。无论是分离主义的魁北克人党还是联邦主义的魁北克自由党，其政治纲领中都包含了这个内容。而联邦政府对魁北克省这些政治诉求的态度，不仅直接影响着魁北克地方政坛的变化和政党的起落，也直接地影响着魁北克省对联邦的态度，成为导致宪法危机的重要原因。

1977 年，勒维克（René Lévesque）领导的激进的魁北克人党赢得省选，在勒维克任内不仅颁布了激进的《法语宪章》（又称 101 法案），而且提出了在政治上脱离加拿大、但在经济上保持联系的“主权联盟”议案，并且于 1980 年就此在魁北克省举行了第一次的全民公投，独立形势日益加重。即便如此，1982 年加拿大摆脱英国影响独立制定的第一部宪法，仍然没有明确魁北克人的民族地位，没有承认魁北克省是一个与其他九省不同的独特社会。这一点，极大地刺激了魁北克民族主义运动的高涨，导致了加拿大历史上第一次“宪法危机”。

1985 年，主张在加拿大联邦框架内通过修宪实现魁北克民族诉求的温和的魁北克自由党重新执政，同联邦总理马尔罗尼就修宪问题展开合作。魁北克自由党提出了五个条件，承认魁北克是一个“独特的社会”；恢复魁北克对宪法修订的否决权；魁北克在移民问题上有更大的自主权；减少联邦采购支出；省拥有参与提名最高法院法官的权利。[①] 由此开始了20世纪80—90年代魁北克省与联邦政府及各省之间的宪法协商过程。

1987年，作为这一轮宪法协商结果的《米奇胡协议》，提出了一揽子的宪法修订计划，其中包括联邦政府和魁北克省之间的权利分配、魁北克地方在中央机构中的代表性问题、宪法修订程序以及承认魁北克是加拿大的一个独特社会等内容，基本上满足了魁北克民族主义的所有诉求。但是，由于纽芬兰省的立法机构认为该协议会削弱纽芬兰在联邦政治舞台上的影响力，撤销了之前对《米奇胡协议》的批准，致使这项一揽子解决魁北克问题的协议流产。

1992年，马尔罗尼政府和十省首脑再次进行宪法协商，制定了《夏洛特顿协议》，内容包括承认魁北克是加拿大的一个特殊社会，有权发展和保护其特殊的法语文化和民法体系等。但是该协议因为其他几省议会的否决再次流产。

《米奇胡协议》和《夏洛特顿协议》的流产，引起了魁北克人的强烈不满。激进的魁北克人党重新回到分离主义立场，把米奇胡和夏洛特顿协议的失败解释为加拿大其他地区对魁北克的拒绝。魁北克人党认为，既然加拿大联邦既不愿意也无能力以任何有意义的方式包容魁北克，那么魁北克的出路就是自己掌握自己的主权。1994年，魁北克人党在魁北克地区选举中获得了压倒性的胜利。而在前一年，魁北克分离主义组成的魁北克人阵线 Bloc Quebecois 在1993年国会选举中，竟获得了众院的54席，成为联邦下院的第二大党，并且决定魁北克省于1995年就独立问题进行全民公投，加拿大再次发生宪法危机，其严重程度也由此可见一斑。

1995年，魁北克省全民公决以后，联邦政府面临着极大压力。1996年，克雷蒂安政府使众议院通过一项决议，承认魁北克是一个“独特的

---

① 罗伯特·博斯韦尔：《加拿大史》，裴乃循、符延军等译，中国出版集团2012年版，第428页。

社会”，各省总理也竭尽全力颁布了一项宣言，称魁北克有权利“在属于加拿大的前提下发展它的个性”。2006 年 11 月 27 日，加拿大国会以 266 票同意 16 票反对通过了联邦总理史蒂芬·哈珀（Stephen Harper）提出的“魁北克人是统一的加拿大中的一个民族”的动议。同年，哈珀在联合国教科文组织的一次发言中又允诺给予魁北克省在加拿大联邦中的特殊地位。与此同时，《米奇胡协议》和《夏洛特顿协议》中对魁北克的一些放权措施也陆续落实。除了外交和安全防卫事务外，其他基本权利，包括文化、教育、社会福利、旅游、移民事务管理，等等，都从联邦下放到魁北克省政府。

总的看来，联邦对魁北克文化特性和特殊地位的承认，对魁北克地区的权利下放，对化解宪法危机起到了关键的破局作用。承认魁北克省的特殊地位，意味着魁北克法语民族的民族性在加拿大得到了和英语民族的民族性同样的尊重和保护。满足了魁北克民众保护自己文化特性和生活方式的愿望及诉求。此举不仅在很大程度上缓和了魁北克要求脱离联邦的张力，也保持了联邦政治及其影响在族裔和文化多样性非常明显的魁北克社会的存在，并且在某种程度上增进了魁北克公民对联邦的政治认同。2000 年 6 月，联邦议会就魁北克单方举行全民公投的权利设限的《权限界定法案》，得到了绝大多数魁北克人的理解和赞同，挫败了当时任魁北克省总理的分离主义者兰德里反对该决议的舆论动员。这说明魁北克追求独立和拥戴联邦的选民间的力量对比发生了很大的改变，把追求独立作为永恒目标的魁北克人党在民众中间的影响力大大降低。从 2003 年到 2012 年，温和的魁北克自由党在十年连续执政期间，把争取联邦政府对魁北克社会政策更多的财政投入，争取在与渥太华的关系上有更大的影响力和发言权作为自己的目标，积极倡导成立联邦委员会作为各省政府协调关系的论坛，[①] 在与联邦政府关系上有了很大的改善。

2012 年 12 月 4 日，魁北克人党在地方选举中获胜，获得 125 个议席中的 54 席，成为省议会第一大党，重新执掌魁北克省政府。但是分析家

---

① Béland, Daniel & Lecours, André: Nationalism and Social Policy, The Politics of Territorial Solidarity. Print publication date: 2008, Publis hed to Oxford Scholars hip Online: September 2008. p. 81.

认为，魁北克分离主义者在议会中仍然占少数，即便联合另外一个主张分离的小党魁北克互助党（2席），最多也才只有56票，难以在魁北克省议会中形成多数推动它所希望的全民公投，充其量只能给联邦决策制造一些麻烦而已。12月5日在选举之后举行的首次新闻发布上，魁北克人党的领袖保罗·玛鲁瓦宣称她将在环境保护和语言使用上寻找与联邦共同的立场，在就业保险、语言和通讯等领域为魁北克争取更多的权益。由此不难看出，把独立作为永恒目标的魁北克人党也不得不改变自己的话语重心了。①

《米奇胡协议》和《夏洛特顿协议》部分内容的实施，在一定程度上改变了加拿大联邦制的性质，使其成为一个非均衡性的民族联邦制国家，而不仅仅是十个省份组成的简单联邦制。②

加拿大联邦的非均衡性最主要表现在联邦与魁北克省之间的权利分配上以及魁北克省与其他省份之间在宪法条文上的不一致。加拿大宪法条文中在很多地方都作出对魁北克例外的明确规定。在权力分配上的非均衡性最突出地表现在三个方面：一是放权程度不同。一般来说，联邦政府的历史性行使的权力对其他九个省是集权型的，而对魁北克则是非集权性的。二是“带有补充说明的协作性联邦制”。要求接受与联邦政府共同掌握、或合作的政策。联邦在社会政策等领域制定的要求各省执行的政策，对魁北克却可以做一些补充声明，允许它在社会发展领域拥有一些特别的自主权利。三是联邦政府与魁北克省之间的关系和权利分配，不是依据统一的法律规定，而是就有关事项，签订专门的协议。一些对其他九省具有约束性的条款，对魁北克省政府不具有约束力。其中典型的一个事例，就是2004年联邦政府与魁北克省签订的有关为魁北克医疗保健提供资金的协议。这项协议的签署使魁北克省在获得联邦政府对医疗保险的资助方面具有一些特殊的权力，不必遵循其他九省的统一方式。有专家认为，该协议不仅包含了为魁北克制定的特殊安排，开了加拿大联邦非均衡政策协调的

---

① 参见 Canada Forecast，Outlook for 2013 - 17，Country Report December 2012. www. eiu. com.

② Béland，Daniel & Lecours，André：Nationalism and Social Policy，The Politics of Territorial Solidarity. Print publication date：2008，Publis hed to Oxford Scholars hip Online：September 2008. p. 83.

一个先例，魁北克地区不单争取到不均衡的权力下放，而且还包括政策目标设计和检测手段的不一致。这是加拿大的非均衡联邦制第一次通过对某一省的特殊安排在文本上体现。① 医保协议在加拿大联邦制度的建构方面的意义，远远超出了社会政策领域。它意味着魁北克获得了更大的自主权。就在该协议签订几天之后，当时的魁北克省长庄社里（Quebec Premier Jean Charest）就宣布，他正致力于通过同渥太华之间的这类协议，使魁北克省在国际事务中的角色规范化。②

通过非均衡性的权力分配，加拿大创造了包容差异的一种制度机制。而这种制度机制的形成，正是少数民族以各种形式参与了现代国家制度建构的结果。魁北克社会文化的特殊性以及魁北克民族主义的存在和积极活动，是非均衡联邦制得以发展的一个重要原因。魁北克地区民族主义的各种诉求对联邦政府造成的压力，在某种程度上改变了把法裔少数民族排斥于建构主体之外、按照英语民族的意愿建构加拿大国家的过程。非均衡性的制度设计，非对称性的放权措施，是作为对魁北克民族主义诉求的一种回应而发生的。这个双向互动过程的结果，避免了魁北克法语少数民族在加拿大社会的边缘化，同时也在一定程度上满足了地区民族主义的诉求，削弱了魁北克分离主义运动的社会基础，并且丰富了加拿大联邦制的内涵，增进了国家制度的民主性和开放性，增进了加拿大联邦制度的包容性和灵活性。通过民主的方式，通过少数民族平等参与的建构过程，提高了魁北克法裔居民对国家的认同，创造了魁北克法裔少数民族对加拿大的归属感。

二、作为民族建构核心的联邦社会政策

加拿大联邦用来构建统一认同的一大法宝，这就是它的社会政策。联邦政府把社会政策作为建构统一的民族认同的工具，把推行和扩展社会福

---

① Béland, Daniel & Lecours, André: Nationalism and Social Policy, The Politics of Territorial Solidarity. Print publication date: 2008, Publis hed to Oxford Scholars hip Online: September 2008. p. 86.

② Béland, Daniel & Lecours, André: Nationalism and Social Policy, The Politics of Territorial Solidarity. Print publication date: 2008, Publis hed to Oxford Scholars hip Online: September 2008. p. 86.

利政策当做建构统一的加拿大民族、凝聚加拿大社会的重要工作。自1940年代以来，社会政策一直排在加拿大联邦政府议程的重要位置。建设一个平等、公正和包容的加拿大，让所有居住在加拿大境内的人都能享受到平等的社会服务，是加拿大联邦始终不渝一以贯之的一个目标。

加拿大社会政策中最早的一项内容，即医疗保险制度首先从加拿大西部省份开始，后来进入了联邦的议事日程。从19世纪末开始，医疗保健成为省政府或市政府的责任。1947年，位于加拿大西部大草原的萨斯喀彻温省（Saskatchewan），在执政的社会民主合作联盟党领导下颁布了一项公共医疗保险计划。紧接着，不列颠哥伦比亚（1949年）和阿伯达省（1950年）也相继推出了自己的医疗保险政策。并且向联邦政府提出加入这个医疗保险计划以保证该计划实施的财政来源的建议。作为回应，1957年，加拿大众议院通过了医院保险和诊疗法（Hospital Insurance and Diagnostic Services Act）。该法律在加拿大建立了有史以来最重要的一项社会保障制度，开了联邦保险体系的先河，而且还以其既由地方分管、又有联邦参与的形式，创造了一种强化联邦和省之间的联系的财务制度，成为联邦与省的关系的一个里程碑。[①] 1965年，联邦政府提出的四项条件，即医保覆盖范围的普遍性、省与省之间的可转移性、医疗服务的综合性定义以及纳入公共行政管理，由于各省选民的支持而迫使各省议会不得不接受。到20世纪60年代末，加拿大建立起了一套普遍的、可转移的、公共出资和管理的医疗保险制度。联邦财政为这一全民医疗保险体系支付一半的费用，其余的一半由省筹措。全民健康保险成为加拿大公民认同的一个重要因素。

有意思的是，魁北克的民族主义运动以及魁北克法语社会的价值观，对于加拿大社会政策发展起到了很大的促进作用。寂静革命以后，以政府干预社会政策为特征的魁北克民族主义运动也不断地在社会政策领域有所行动，有所建树。加拿大社会政策领域里的一些新举措，都是由魁北克首创的。如养老金制度和儿童的日托补助等。20世纪80年代和90年代以来，以撒切尔—里根为代表的全球性保守主义的盛行，使英美等发达国家

① Banting, "Canada: National - Building in a Federal Welfare State." P. 123.

在社会福利政策领域大大退缩。加拿大也未能幸免。但是，由于魁北克省的坚持，其独特的医疗保险和养老金等社会政策继续获得联邦政府一定程度的财政支持。魁北克省在社会政策领域里的积极作为，对联邦紧缩计划的抵制，以及各省联动对联邦造成的压力，迫使加拿大政府进行多方面努力保证其社会政策的持续性，从而使社会政策成为加拿大联邦的一个重要特征，也是加拿大公民权中的一个重要内涵。健全的社保网成为加拿大人在与美国相比时的一件可以自豪的事情。在促进加拿大社会政策方面，魁北克地区民族主义无疑起到了带头羊的作用。魁北克省注重社会生活的文化传统，使它更为关注社会政策领域的事务，往往能够提出一些富有新意和干预性的政策，带动其他九个省份向它看齐，无形中促进了联邦社会政策体系的发展与完善。而联邦社会福利水平的提高又反过来增进了各省民众对它的支持。

联邦和魁北克政府在社会政策上的竞争与互动的结果说明，联邦主义和地区民族主义之间的关系在很大程度上是可以作为的、可以调节的。魁北克利用社会政策巩固地域认同，联邦也可以利用社会保障和服务增进地方与联邦的感情。双方在这个领域里的博弈，既增进了彼此之间的联系，也学会了沟通与让步的技巧，积累起在联邦框架内解决争议的方法和经验，促进了联邦制度的进步。对魁北克地区民族主义诉求的妥协和让步，不仅没有削弱联邦制度的基础，反而拉近了魁北克与联邦的距离，提升了魁北克居民对联邦的认同感。1995 年的公决结果就说明，地区民族主义并不一定非要诉诸分离，在联邦能够满足其保持自己文化特性和发展所需要的政治空间的情况下，也会将在联邦框架下实行民族区域自治作为自己的第一选择。魁北克自由党的态度也说明了这一点。诉诸分离的激进的魁北克人党在历次选举中的起起落落也说明了这一点。①

更重要的是，社会政策的发展和深入，一方面根本上改变了加拿大的

---

① 魁北克自由党在政治上表现为温和的民族主义政党，主要追求在联邦框架内争取更大的自治权。激进的魁北克人党把争取独立作为主要目标，但是在选民中的影响有限，自建立以来只有为数很少的短时期执政，在其执政期间提出的激进分离议案，如 1980 年的主权联盟议案和 1995 年的独立议案，都在魁北克省的公民投票中被否决。2012 年，魁北克人党在地区选举中大获成功，成为议会第一大党，组成以其为首的联合政府。

管理模式。社会政策的广大领域成为政府事务的重要内容。加拿大公民权的内涵也随之发生深刻的变化，从传统的政治权利延伸到经济和社会保障领域。按照 T. H. Marshall 的说法，现代公民权包含了民事、政治、社会（civic，politic，social）三方面的内容。[①] 这些内容在加拿大公民权中得到了比较充分的体现。加拿大公民不仅可以享受到国家疆域内的居住权，也可以享受到其基本的文化权力和基本的人权，而且可以通过代议制民主的途径参与政治决策和社会财富再分配，享受健康、教育、失业和养老保险等基本的社会福利保障。从 20 世纪 60 年代以来的半个多世纪里，加拿大发展起了包括养老金计划、医疗保险、失业津贴、家庭补助、老年保障、儿童入托补助等一系列的社会福利政策。另一方面，政府关于所有省份的居民都应该获得相对均衡的公共服务的承诺和具体的财政支持，特别是养老金和医疗保险在全国范围内的可转移性，使所有加拿大的公民，不管生活在哪一个省份，都能享受到国家统一标准的社会服务，享有在不同省份转移交换的自由。这一点不仅让每一个加拿大人随时随地感受国家的关怀，强化了人们对统一国家的归属感，有助于人们超越加拿大政治中强大的地方性因素，自觉地将国家认同排到多重认同之首。社会服务体系的建立与完善，在国家与公民之间、国家与行省之间、行省与行省之间编织起了社会的、财政的、情感的多重纽带，使彼此之间形成了难以解脱的紧密联系，从而大大地提升了国家的制度凝聚力和国家内部整合的水平，以人性化方式增强了加拿大公民的国家观。

三、促进联邦共同发展的地区平衡机制

在多民族国家，特别是在那些境内存在着拥有悠久历史文化传统和明确地域认同的民族群体的多民族国家，考量和比较地域实体之间的财政转移是否公平公正，是地区性民族主义进行政治动员的战略策略和有效工具。因此，当代世界的多民族国家，往往把国民收入的再分配和转移支付作为增强少数民族地区对国家的向心力的手段，通过转移支付和对民族地

① 见 T. H. Marshall：Citizen，Social Class and Other Essays，Cambridge 1950。

区的政策倾斜来增强地区对国家的向心力。

在加拿大这样的地区性差异特别突出的国家，地方在经济类型和活力上的差异造成区域经济发展水平很不一致。联邦政府意识到，要想在具有极大差异的各个地区都建立其对联邦的向心力，联邦政府不仅需要在加强各地之间的联系方面干实事，而且必须花大力气为各个地区提供平衡发展的机会。为此，联邦政府不仅在20世纪60年代出资修建了横贯整个加拿大的公路，将所有省份连接在一起，并且于1957年制定了联邦平衡计划，千方百计地筹措资金，帮助贫穷省份公共事业的发展。20世纪70年代，联邦政府实行了一种被称作“合作联邦制”的财政政策，按照各省执行国家标准的实际支出的一定比例，对各省的医疗保险、社会福利、教育培训和高速公路提供一种“有条件拨款”的财政资助。[①] 此外，联邦政府还以转移支付的方式，向那些因经济资源缺乏而无力提供标准型社会服务的贫穷省份提供不附加任何条件的国家调节金，以此来促进各省实现国家统一的社会福利标准，使贫穷省份的政府服务水准也能与其他地方保持一致，保证地区之间在社会福利上的平衡发展。

在特鲁多政府执政时期，联邦优先考虑的一个政策就是促进区域经济的发展，为此制定了许多开支巨大的边远地方发展计划。一个很好的例子就是1962年设立的大西洋发展局。该机构的目的就是为了促进大西洋诸省的经济发展和繁荣。[②]

自1957年联邦平衡计划实施以来，截止到上世纪90年代初，联邦总支出的15%都以有条件拨款或无偿转移支付的方式划拨到各省。联邦政府这种财政支持和国家社会福利政策，不仅在加拿大创造了一种全国统一的社会保障和服务体系，而且在各省的选民中间制造了认同联邦的社会氛围。选民对联邦政策的支持，迫使各省权力机构不得不重新考虑与联邦的关系，接受联邦提出的政策、标准和要求，而不能随心所欲，按照自己的设想制定单独的政策和计划。这不仅使联邦与地方互动的天平大大地向联

① 沃尔特·怀特、罗纳德·瓦根伯格、拉尔夫·纳尔逊著：《加拿大政府与政治》，北京大学出版社2004年版，第64页。

② 沃尔特·怀特、罗纳德·瓦根伯格、拉尔夫·纳尔逊著：《加拿大政府与政治》，北京大学出版社2004年版，第64页。

邦倾斜，更提升了联邦在各省居民心中的形象，在无形中促进了联邦范围内社会心理的整合。

在民族主义情绪高涨的魁北克，联邦政府提供的财政支援，同样也起到了增进魁北克民众对联邦的向心力的作用。加拿大学者布兰德·丹尼尔（Béland. Daniel）和莱克斯·安德尔（Lecours. André）认为，自20世纪50—60年代加拿大实行地区平衡计划和福利国家政策以来，魁北克一直是联邦政策的纯受益者，从国家的各种转移支付中获得了可观的财政支持。这在很大程度上拉近了魁北克人与联邦政府的心理距离。许多魁北克人就是通过联邦平衡计划和福利政策而感受到联邦的存在和意义的。这一部分选民，这种经济和社会政策的因素，在事实上构成了魁北克分离主义者实现其目标的一个最现实的阻力。[①] 1980年，勒维克领导的魁北克人党就主权联盟问题在全省举行的第一次全民公投，就遭到了60%以上的魁北克选民的反对。1995年10月30日举行的魁北克第二次关于独立问题的公投再次以50.6%反对、49.4%赞成的微弱差距被否决。考虑到魁北克人口中有80%以上是法裔人口，那么，1980年的投票中有一半法语魁北克人投了反对分离票。而在1995年，至少有超过三分之一的魁北克法语居民投了反对分离支持联邦政府的票。20世纪80年代和90年代激进的魁北克人党这两次分离议案都被多数魁北克人民否决的事实说明，政治认同并不必然地与族群身份和文化边界相重合。在承认多元文化和多重身份合法性的前提下，通过地方平衡发展计划和国家提供的社会保障体系的建设，使联邦进入公民的日常生活，同样是增进民众对联邦的感情、获得民众对联邦认同的一条重要途径。

不仅如此，联邦的地区平衡计划，还对加拿大政坛讨论的议题产生了影响。魁北克民族主义就接过了平衡发展这个议题，提出了加拿大联邦财政不平衡的问题，批评联邦政府在预算支出上偏重首都渥太华，把纳税者的钱都花在首都渥太华的豪华设施上，对地区社会计划所需资金却一再紧

---

① Béland, Daniel & Lecours, André. Nationalism and Social Policy, The Politics of Territorial Solidarity. Print publication date: 2008, Publis hed to Oxford Scholars hip Online: September 2008. charpter 2: Canada: Nationalism, Federalism, and Social Policy, p. 51 -55.

缩。2001 年，在魁北克人党执政期间，魁北克省政府设立了一个财政不平衡专门委员会，调查魁北克城与渥太华之间的不对称问题。财政不平衡问题由魁北克省首先提出后，得到其他九省的响应。2003 年其他九省会同魁北克省一起向联邦政府施加压力，要求扩大对省社会计划的财政支付。在各省联合的压力之下，联邦政府扩大了对各省医疗保健的资助力度。2006 年保守党领袖史蒂芬·哈珀执政后，纠正财政不平衡问题已经成为联邦政府考虑的首要问题。①

加拿大联邦和魁北克地区在社会政策领域里的复杂互动过程对加拿大各级政治发生的深刻影响说明，绝不能简单地将地区民族主义的各种诉求看做是分离国家的消极因素。地区民族主义在主权、自治方面的一些要求，不仅在很多方面改变了现代国家的政治结构，促进了现代国家社会职能的发展，也在很大程度上规范了国家的制度设计，起到了丰富现代国家政治实践的作用，并且在理论上拓展了现代政治深化和进步的空间，为理解国家与现代社会之关系开辟了新的思路。

四、具有协商民主特征的行政联邦制

中央和地方之间在利益上的冲突，是现代国家的永恒话题。地方寻求自己利益的最大化，而中央政府则需要从全国的角度考虑利益平衡问题。在许多国家，这个问题的解决往往通过法律对各自权限的划定和裁决。加拿大联邦制的特殊之处在于，加拿大联邦和十个省之间形成了一种制度化的协商机制，而不是机械地恪守宪法规定的各自权限划分。这种制度化的协商机制，就是联邦—省级会议。

地方政治是加拿大政治的一个重要特征。殖民地时期各地长期隔绝各自为政的历史，使省在加拿大的生活中非常重要。在联邦建立之前，加拿大就是作为英属北美殖民地的一个省而存在的。1867 年建立的联邦，就是英属北美殖民地各省之间的联合。在很长的时期内，加拿大的政治领袖

① Béland, Daniel & Lecours, André: Nationalism and Social Policy, The Politics of Territorial Solidarity. Print publication date: 2008, Publis hed to Oxford Scholars hip Online: September 2008. p. 87.

们也都把在大英帝国内追求加拿大及其省份的地方自治作为追求的目标。省份的力量和权利始终是加拿大政治生活的重要因素。1867 年加拿大联邦刚刚建立的时候，政治体制上带有一些集权化色彩。在 19 世纪末公众意识中公共政策的重要领域几乎都属于联邦政府管辖：银行、货币、国防、交通运输、商业贸易，等等。联邦政府还获得“为了加拿大的和平、秩序和良好治理”在省的司法管辖权之外“制定法律”的权力。各省政府掌握的权利严格限制在公民和财产权利、市政机构和地方工程等方面。除了宪法条文明文规定的各省拥有的这些权利之外，其余的权利都属于联邦的“默示权利”，既不用经过讨论就属于联邦的权利范围。此外，联邦政府还经常把手伸到各省认为属于他们权限范围的事务上。因次，联邦与省之间的张力持续存在。各省经常将联邦政府的越权行为告上最高法院，由最高法院进行仲裁。

第二次世界大战以后，随着加拿大人口和经济的发展，随着工业化和城市化带来的社会管理工作的增加以及政府服务职能的扩大，以及各省之间联系的加强，地方政府的影响力日益加强。战时那种保持强大中央集权的理由随风而去。省政府与联邦政府的关系发生了潜移默化的改变。各省在许多地方事务的管理上越来越具有发言权。有关联邦和省的权限问题，都不再需要拿到法庭上去解决，而是通过联邦—省际会议和一些常设的机构协商解决。自第二次世界大战以来，加拿大联邦制运行的主要工具就是联邦—省级会议。[①] 举凡关系到联邦和各省之间的重大问题，都通过联邦政府和省政府首脑之间的协商来解决。为了改善联邦与各省之间的关系，联邦与省之间还订立了社会联合框架协议，以防止联邦不经商量就单独做出对各省不利的政策决定。[②] 各省总理和联邦总理在这类的会议上就所讨论的问题开诚布公地发表意见，彼此协商妥协，制定问题的解决方案。这

---

① 联邦与各省联席会议在 20 世纪初既已出现，但召集频率很低，1927 年到 1944 年仅召开 8 次。在 1960 年以前，联邦—省际会议称作“自治领—省会议”，之后称作联邦—省会议，召集的次数也越来越多。1960 年—1969 年有 15 次。1985 年以后逐渐地年度化，讨论的问题也越来越广泛。见罗伯特·博斯韦尔：《加拿大史》，中国出版集团 2012 年版，第 371—372 页。

② Béland, Daniel & Lecours, André: Nationalism and Social Policy, The Politics of Territorial Solidarity. Print publication date: 2008, Publis hed to Oxford Scholars hip Online: September 2008. p. 85 – 86.

种机制，被一些学者称之为“行政联邦制”①。

联邦—省级会议的出现和运作模式说明，联邦和地区之间的关系始终处于一个动态的变化的过程之中，不能静止地固守宪法规定或某一协议的固定条款。随着经济社会的发展和国家观念的变化，政府服务功能不断地强化，联邦和省之间的关系和权限也在不断地发生变化，彼此交叉和渗透，需要不断地审时度势进行及时有效的沟通和调适。在这个过程中，联邦和各省之间纵向与横向的协商民主的机制越来越显示出有用性，成为现代国家处理国内各种关系须臾不可或缺的政治机制。

与此同时，行政联邦制的运作模式，在加强并改进了联邦与各省之间的纵向联系的同时，也给各省之间提供了增进横向了解、沟通、交流的机会，提高了地区合作的几率。联邦—省级会议上讨论的许多问题，很可能就成为各省之间讨论、沟通、采取合作行动的契机和内容。各省的政治家们既可以从中学会彼此的相处、妥协和让步，增进彼此间的情感联系，以及彼此之间的责任感和政治互信，也可以从这种多边互动中学习各自的政治经验和管理经验，寻找和发现合作的契机，促进地区间的共同发展，并且有机会在共同关心的领域采取联动方式，集体向联邦施压，② 从而促进联邦体制和作风的转变。

五、解决土著人问题的特殊安排

如果说非均衡性联邦制度创造的兼容机制，容纳了英语居民和法语居民的不同诉求的话，那么，加拿大在处理印第安人的问题上，也纠正了殖民主义时代的歧视和同化的错误，尝试着在承认和尊重印第安人及其文化的基础上对其进行制度化的自治安排。

在殖民主义时代，英国殖民者制定了“加拿大印第安人法”Indian Act，为印第安人建立了一个准殖民地制度。该法剥夺了印第安人自由使

① 沃尔特·怀特、罗纳德·瓦根伯格、拉尔夫·纳尔逊著：《加拿大政府与政治》，北京大学出版社2004年版，第66页。

② 例如，1980年纽芬兰、魁北克、马尼巴托和阿尔伯达等八省就曾形成“八省帮”（Gang of Eight），联合反对联邦总理特鲁多的修宪方案。

用土地的权利，废除了传统的加拿大印第安人的社会组织，代之以人为的保留地性的社会组织 band。规定一旦印第安人离开保留地，就不再有资格保留其土地，而必须将它转移给 band 的其他成员。

在文化上，欧裔殖民者也对印第安人采取了强制同化政策。其中最典型的，就是臭名昭著的印第安人寄宿学校制度（IRS）。寄宿学校的目的就是强制印第安儿童脱离他们传统居住地和生活环境，接受标准化的欧洲语言和文化教育。19 世纪末、20 世纪初，在联邦政府批准和资助下，加拿大的大多数省份都建立起寄宿学校。学校强迫学生讲英语，穿西式服装，断绝与家庭和亲戚联系，并对讲传统印第安语言的学生进行严厉的惩罚。寄宿学校制度造成了印第安人语言和多样性文化的急剧衰落。如今，尽管土著印第安人在加拿大总人口中占到 4.3%，但是他们的语言却迅速消失。40 岁以下的印第安人几乎都不能流利地讲自己民族的语言。更恶劣的是，曾经在寄宿学校接受教育的印第安学生，由于被迫改说英语，缺乏生活技能的训练，远离亲人又失去传统的文化，承受严重的精神和情感的压力，生活和健康状态极其糟糕。根据加拿大学者的研究资料，在该制度实行期间，寄宿学校的学生大量死亡，人数高达全部印第安人口的十分之一。

20 世纪 60—70 年代以来，在土著民族各种各样的反抗运动的压力下，在联合国土著人权利宣言的促进下，加拿大政府深刻反思了其土著人政策。1969 年发表印第安人白皮书，废除保留地制度，承认印第安人全面而平等的公民权。1982 年的加拿大宪法增加了《权利和自由宪章》，对印第安人语言教育权利做了明确规定。印第安人在语言教育方面获得自主权。1984 年加拿大通过了克里—纳斯卡皮法，建立了加拿大土著人的第一个自治政府。由全国印第安兄弟会演变而来的原住民议会（Assembly of First Nations）得到联邦政府的承认。[①] 政府官方文件中也改变了对印第安人的称呼，按照印第安人的要求称之为“第一民族”（First Nations），并且就保留地和寄宿学校制度向印第安人正式道歉。此外，联邦政府还建立

---

① 罗伯特·博斯韦尔：《加拿大史》，裴乃循、符延军等译，中国出版集团 2012 年版，第 371 页。

了专门的印第安事务部门，向印第安人发放补贴。并且应北极土著人因纽特人的要求，在1999年正式成立具有原住民自治性质的努纳武特行政区。

传统上，加拿大原住民的自治是在联邦体系以外存在的。最初是同保留地制度联系在一起的，实际权力由管理各保留地的部落议会行使。近年来，随着联邦对土著居民权利的承认以及创造出多种制度机制保护土著居民的权利和土著居民对联邦政治的参与，土著居民的自治权利日益得以融入联邦政治之中，土著居民的自治单位也日益地“变成一种拥有一系列取自联邦和省政府管辖范围的权力的‘联邦体’，在健康、教育、家庭、治安、犯罪审判及自然资源开采等方面拥有越来越多的控制权”①。

如今，尽管“土著居民与加拿大国家之间在文化、经济和政治关系方面的问题仍然是加拿大政治日程表上的突出问题”②，但是土著居民同加拿大其他民族以及联邦政府之间关系的性质已经发生了很大的变化，其政治诉求从原来的要求承认和基本权利的内容转变为土著民族争取自治政府和在联邦的两院中拥有更充分的代表权。这种对自治政府和议会代表权的要求本身表明土著民族对加拿大国家合法性的承认，表明他们愿意参与加拿大的公共生活、以制度化形式整合到现代加拿大国家。而加拿大政府在这方面做出的真诚努力，特别是它对历史上造成的对印第安人的伤害进行的正式道歉，以及它通过宪政改革解决问题的思路，也为广大的土著民族所接受。土著民族已经成为加拿大政治舞台上的一支活跃的力量。

六、应对文化多样性挑战的多元文化主义政策体系

加拿大是一个由多种族人口组成的国家。除了土著居民和最早的法裔英裔欧洲移民外，19世纪以来又有大量爱尔兰和东欧移民移入。历史上，作为大英帝国的殖民地和自治领，加拿大对境内各种来源的移民也曾实行过强制同化的政策，期望他们融入盎格鲁—撒克逊化的主流文化规范。19

① 威尔·金里卡：《少数的权利：民族主义、多元文化主义和公民》，邓红风译，上海世纪出版集团2005年版，第110—111页。

② 沃尔特等：《加拿大政府与政治》，北京大学出版社2004年版，第16页。

世纪30年代担任加拿大总督的德拉姆伯爵就认为，加拿大政治和谐和经济发展的前提就是所有居民必须说英语。[①] 在安大略，省政府禁止在学校、公共和私人场合教授法语。[②] 在马尼巴托省，因法语居民要求讲法语和建立法语学校的权利而导致的英裔与法裔之间的紧张关系持续存在，甚至发生过法语和英语居民之间的剧烈冲突。直到1969年，蒙特利尔市麦吉尔大学的法裔学生还因语言权利问题上街游行，与当地警察发生激烈冲突。[③] 所有这一切，都在加拿大种族关系史上留下了“痛苦的一页”。在同土著印第安人的关系上，对印第安儿童实行的寄宿学校制度，更是在加拿大历史上写下了种族压迫和文化强制的可耻记录。除此以外，还有排斥亚裔和其他非欧裔移民的种族歧视行为。早在1907年，温哥华就发生过欧裔移民反对日裔移民的暴乱。1914年，加拿大总理罗伯特·博登在位时期，也曾将整整一船的锡克移民驱离加拿大海岸。此举的言外之意就是“加拿大是欧裔白人的国度”，虽然没有人明确表述这一点。

第一次和第二次世界大战给加拿大政治带来深刻的变化。第一次世界大战后，加拿大成为国联独立的成员国，与旧的宗主国英国的关系也发生了转变，从原来处于从属地位的自治领向英联邦下的主权国家转变。1931年《威斯敏斯特法》颁布以来，加拿大在内政和外交上都获得了足够的独立自主性。1945年，就在德国投降的当天，加拿大在议会大厦悬挂了新设计的加拿大国旗。建构一个统一的加拿大民族成为加拿大不言而喻的历史趋势。处理英裔居民、法裔居民和土著居民以及其他移民少数民族之间的关系，自然而然地成为加拿大民族国家建构的重要内容。此外，自寂静革命以来日益活跃的魁北克地区民族主义运动不断高涨的政治和文化诉求，以及受到联合国支持的土著民争取政治权利的社会运动在加拿大也风起云涌。在这些因素的交相作用下，1969年，加拿大颁布了“官方语言法”（Official Languages Act），规定法语和英语都是加拿大的官方语言，享有同等的地位和权利。当时的首相皮尔逊解释该法时说，“其根本目的

---

① 罗伯特·博斯韦尔：《加拿大史》，裴乃循、符延军等译，中国出版集团2012年版，第158页。

② 同上书，第255页。

③ 何俊芳、周庆生著：《语言冲突研究》，中央民族大学出版社2010年版，第247页。

就是，在保障讲英语的加拿大人和讲法语的加拿大人获得平等权利的基础上，促进和巩固国家的统一”①。官方语言法的颁布，加强了法语在政府中的地位，也鼓舞了魁北克省内联邦制的支持者，对于改变魁北克省的政治态度产生了强大影响。② 这一点，对后来魁北克的历史抉择起到了关键作用。1971 年，加拿大非白人移民首次超过欧洲移民。就在这一年，联邦适时地推出了多元文化主义方针，对于法语、英语加拿大人和第一民族以外的加拿大人口，采取了积极的多元文化主义政策。承认他们的文化权利，为非法语和非英语民族提供公共基金，鼓励他们接受多种文化，还专门任命一位内阁部长负责多元文化方面的事务。③ 不仅如此，加拿大还为历史上的强制同化造成的对印第安人的伤害进行真诚的道歉。

更重要的是，加拿大联邦并没有将对多元文化主义的实施停留在文化领域，而是把它扩展到政治领域，在应对魁北克民族诉求、改善与土著民族的关系、包容移民多元性等问题上，都自觉地将它们与扩大政治的包容性，建构公正和平等的加拿大联邦国家联系起来，把对多元文化主义的追求与国家制度和机制的设计联系起来，创造发展了一系列诸如促进地区合作和平衡发展的“合作联邦制”的机制、协商民主性质的行政联邦制、增进联邦向心力的社会政策、包容差异的非均衡性特殊安排、包括议会议员构成以及政治过程中的多元集团代表性等内容的政治参与机制。对多元文化的尊重，对差异的承认，也促进了加拿大政治的进步，加拿大政坛上出现了一大批非欧裔的政治家，在加拿大的政治生活中越来越具有举足轻重的意义。2001 年印度裔政治家锡克 · 杜新志（Sikh Ujjal Dosanjh）当选为不列颠哥伦比亚省第一位非白人总理。而在 20 世纪 40 年代，该省的法律甚至拒绝亚裔在省选举中的投票权。前后 60 年的变化可谓沧海桑田。

---

① Royal Commission on Bilingualism and Biculturalism. Report. Book 3：The Work World. p. 353. 参见何俊芳、周庆生：《语言冲突研究》，中央民族大学出版社 2010 年版，第 248 页。

② 罗伯特 · 博斯韦尔：《加拿大史》，裴乃循、符延军等译，中国出版集团 2012 年版，第 395 页。

③ 沃尔特等：《加拿大政府与政治》，第 15 页。

七、加拿大模式的意义

马克斯·韦伯认为，决定认同情感的不是语言、习俗、文化，也不是地域，更重要的是政治记忆。在血缘纽带、地域纽带、文化纽带之外，还有更重要的政治纽带。现代国家的国民身份是由国家疆域这个地域纽带赋予的，但是地域既不是构成政治共同体的天然纽带，也不是构成社会凝聚力的精神纽带。把不同的人口集团吸引到一个共同体中来并且形成凝聚力的力量，既有地域的，也有经济的、政治的、文化的和社会的各种因素。各种因素之间的关联与互动所形成的制度、法律、文化氛围和稳定秩序，为个人自由和不同文化提供了共同生存和繁荣的机会、空间和光明前景。这是国家认同和国民凝聚力的最深厚根源。

从这个意义上说，现代国家认同的建构实际上也是与传统认同和社会联系的一种博弈过程。在这个过程中，国家所能够做的，就是通过一系列促进社会平等、民族团结和人文关怀的制度政策和措施，在人民心中制造出一种能够超越传统社会联系的情感依赖和心理效应，创造出人们对它发自内心的信任、爱戴和依恋。从而促使所有公民都愿意把自己在每日每时生活中的点滴感受凝聚为对联邦国家的由衷认同，转化为作为加拿大公民的自豪感，自觉地将国家认同置于情感排序中的最高位，置于自己族群认同和地方之上，自觉地与联邦国家同呼吸共命运。而不是使用国家的强制力量割裂人们传统的社会联系，用暴力性手段强迫人们对它宣誓效忠。

加拿大化解魁北克民族主义与联邦之间在统一与分裂问题上的张力这一过程说明，不必把地区性民族认同和国家认同对立起来。在很多情况下，对自己民族和文化的认同，不仅可以和国家认同并存，而且还可以互相促进。正如一位法裔加拿大民族主义者 Henri Bourassa 在 1904 年所说，我们想捍卫和发扬我们法语加拿大人的民族特性，但这只是我们任务的一部分，我们相信，法语加拿大民族的发展只能与更广泛的爱国主义同步发展，这种爱国主义把我们连接在一起，而不是使我们熔化到构成加拿大人口的另一种元素之中。[①] 只要国家能够承认差异的合法性，允许多重身份和多重认同的同时存在，并且将差异和多样性作为一种常态加以保护和发展，创造差异集团平等参与国家公共生活的空间，民族文化间的差异不仅不会危及国家的存在，反而会成为促进国家政治制度发展创新的积极因素。

加拿大的经验最可贵之处还在于，它提供了与传统的一元化建构完全不同的国家认同建构的模式。自法国革命以来，民族是政治共同体、政治共同体需要一种同质性文化纽带的观念就进入了国家建构的政治实践之中。早期的政治理论家们，如约翰·斯图亚特·密尔就强调，只有在文化上具有同质性的社会，才能实现政治民主。因此，为了国家和民族建构而打造同一文化的努力，几乎见于所有现代国家的建构过程，而在这个过程中如何处理多种文化之关系不仅成为国家关注的焦点，也成为族际张力和冲突的根源。

加拿大抛弃了通过文化同化打造民族身份这样一种有问题的行为观念，也没有重复霍布斯鲍姆所说的通过"编造神话"和"发明传统"，制造一个牵强附会的民族起源或国家的"天定命运"来建构民族认同的老路，而是在公开承认并尊重族裔文化差异的基础上，通过包容性的多元文化主义的政治建构，来协调各个民族和文化集团之间的各种分歧，增进国家政治凝聚力。在加拿大，新的国家认同的基础既不是种族出身，也不是宗教信仰和族群文化，而是建立在政治基础之上，超越了各种地方的、文化的、族裔的、宗教的、社团的联系。所有公民都在一个更高的层次上认同于联邦的政治结构，法律制度，认同于尊重差异文化平等的国家价值观。

加拿大模式的另一个不同之处在于，它不向一些实行强制同化的国家那样过分看重官方文化对国民认同的作用，而是在制度和文化纽带之外，通过国家社会政策体系中的再分配政策，在公民中间建立起一种社会权利

---

① Norman, Wayne, Negotiating Nationalism, Nation - Building, Federalism, and Secession in the Multinational State, Print publication date: 2006, Publis hed to Oxford Scholars hip Online: September 2006 Print ISBN - 13: 978 - 0 - 19 - 829335 - 4, doi: 10. 1093/0198293356. 001. 0001. p. 139.

纽带。使所有公民都能够在每日每时的物质生活中，感受到国家的看得见摸得着的存在，感受到联邦对其公民实实在在的关怀，感受到联邦制度的亲切和公正，从而发自内心地认同于它，愿意为它奉献自己的忠诚和情感。

现代世界的所有国家都力图在全体公民中间建构国家认同、打造国族身份。与此同时，国内的各个民族，特别是少数民族或文化集团也在努力加强自己的认同、彰显自己的文化特性，以免自己的文化特性淹没在由国家发动的文化建构过程中。这两个层次的文化运动并不一定是一个此消彼长的关系，它可以彼此包容和渗透，在共存与互动中改变自己也改变对方。从某种意义上说，地区民族主义与国家的关系，是一个双向作用过程。不仅取决于地区性少数民族的意志，也取决于国家的行为，取决于国家能否在自己的政治框架中为历史文化迥然不同的少数民族创造出一个能够与其他民族共同发展共同繁荣的政治空间。

加拿大联邦在其制度和机制设计上的灵活和现实的态度，它所创造的多元主义包容性建构模式，既是它化解宪法危机、避免民族分离的重要原因，也是一种国家观念上的深刻革命。国家本身不是目的，而是实现目的的工具。这个目的就是保护个人和团体“按照他们对生活意义和目的的理解而生活的能力”①。以这个目的和尺度来衡量，任何以国家名义对他人文化权利的否定、剥夺和践踏行为，都是不正义的。这种观念在促使国家承认、尊重和保护文化差异的权利的同时，也促进了国家建设方面的制度创新。加拿大联邦制下的各种机制，如前述的多元文化主义的政策体系、地区平衡发展机制、协商民主机制、增进联邦向心力的社会政策、包容差异的非均衡性特殊安排、包括议会议员构成以及政治过程中的多元集团代表性等内容的政治参与机制等都是这种新的思维方式的结果。这些制度和机制，促进了地区之间、社会集团之间的互动与合作，也增进了现代国家协调分歧和冲突的功能。与此同时，地区与国家、地区与地区之间的多边互动与合作，也开阔了民族的眼光，拓展了民族的心理边界，使其更

① 威廉·盖尔斯顿：《自由多元主义的实践》，佟德志、庞金友译，江苏人民出版社 2010 年版，第 83 页。

加开放，更加广阔。在广泛而平等的交往互动中，建立起民族之间的政治互信，加强了彼此之间的情感联系，增进了地方文化的包容度，凝聚起对国家的向心力。许多原本在一元化思维方式下被认为难以解决的问题和矛盾，在多元文化主义联邦制下也相应地得到缓解。虽然我们还不能绝对肯定地说，笼罩在加拿大联邦头上的分离主义阴霾已经完全被驱散，但是，至少它已经在很大的程度上得到了稀释和缓解。

内陆亚洲的民族志书写：百年积淀下的新契机

袁　剑

中央民族大学世界民族学人类学研究中心讲师

摘要：内陆亚洲处于东西方文明交流的要冲，其独特的地缘与文化角色，对数千年来中国文明和其他文明都产生了深远的影响。进入19世纪后期，随着西方势力的入侵，内陆亚洲成为东西方探险者展现个人技艺、描述文化现象以及建立政治联系的舞台，随之也产生了一大批西域探险考古记载，其中著名的如［丹麦］亨宁·哈士纶的《蒙古的人和神》、［英］奥里尔·斯坦因的《斯坦因西域考古记》，等等，这些记载对19世纪末20世纪初内陆亚洲地区的历史、社会、文化与现实政治从各个角度作了描述，笔者将其概括为19—20世纪的内陆亚洲民族志书写，这些民族志书写为我们提供了关于当时内陆亚洲地区的第一手资料。但值得注意的是，由于当时中国国力衰微，这些记载基本上都是西方人所写，国内学者只能通过他们的记载来进行研究。随着当代中国国力的提升，我们也应该以自己的视角和方式去描述当代内陆亚洲的社会与文化现象，建立起21世纪的内陆亚洲民族志书写。在本文中，笔者还就当代内陆亚洲民族志书写的路径作了一些分析与展望。

一、重新发现内陆亚洲

英国地缘政治学家麦金德曾将欧亚大陆中心地带看成是世界陆上霸权的中心地带，他在1904年的著名文章中指出，“欧亚大陆上那一片广大的、船舶不能到达、但在古代却任凭骑马牧民纵横驰骋，而今天又即将布满铁路的地区，不是世界政治的一个枢纽吗？那里从古到今，一直拥有适合一种具有深远影响而又局限性质的军事和经济力量的机动性的各种条件”，[①] 并由此将这块地区的地缘政治意义凸显出来。可以说，正是在这种理念的导引之下，西方的陆上强国与海上强国在这一地区进行了激烈的争夺，并随之深刻影响了之后的地缘政治走向。

麦金德笔下的那片欧亚大陆核心地带，其范围大致上就是“内陆亚洲”（Inner Asia），简称“内亚”。对于其具体的范围，学界存在不同的看法。德国学者李希霍芬（Ferdinand Richthofen）在其所著的《中国》一书中，曾从地理学的视角对这一地区作了界定，认为它是指亚洲内陆地区没有河流注入外海的所有地区，其地理范围北起阿尔泰山，南抵青藏高原，西至帕米尔高原，东临大兴安岭。而如果从社会和文化研究的角度来加以界定的话，其范围就更为多样了。但总的来说，内陆亚洲大致上包括今阿富汗、中国西部、印度北部、东北伊朗、蒙古、巴基斯坦以及现在的中亚五国。[②] 而近代以来对于内亚的相关叙述也基本围绕这些地域展开。

总体而言，作为一个带有深厚地缘与文化色彩的区域概念，在过去的两个世纪时间里，对这一地区的研究经历了从基于地缘政治与知识霸权的研究到新的区域研究的转变过程。随着二战以来区域研究的兴起，原有东方学范式内的内亚研究逐渐开始走向跨学科的、具有自身反思性的内亚研究。而百年来内亚地区各国在经济政治方面的变迁与转型，也为我们重新认识与思考这一地区的价值提供了必要的历史深度与经验基础。可以说，

---

① ［英］哈·麦金德著，林尔蔚、陈江译：《历史的地理枢纽》，商务印书馆1985年版，第60页。

② 具体可参见袁剑：《20世纪上半叶的内亚研究与地缘政治：以民国时期国内对拉铁摩尔及其学说的介绍与评价为例》，载《西北民族研究》，2013年第4期。

现在已经到了“重新发现内陆亚洲”的时候。

二、近代对于内亚的游历式记述：现代民族志的雏形与先声

近代以来，随着西方力量在军事、政治和知识权力上的介入，一批西方探险家开始对内亚地区进行政治、军事和社会等全方位的考察，以他们的语言和规范生产出了一批重要的知识产品，其中的代表人物和作品如［丹麦］亨宁·哈士纶的《蒙古的人和神》、［英］奥里尔·斯坦因的《斯坦因西域考古记》，等等。他们的相关研究与叙述，不仅调查和发掘了不少新材料，大大提升了知识上的增量，更为重要的是，还传入了新的观念与方法。“观念方面，最主要的是中国中心观的打破和夷夏之辩的摒弃。至于新方法，不妨借用陈寅恪的话：一曰取地下之实物与纸上之遗文互相释证。二曰取异族之故书与吾国之旧籍互相补正。简言之便是比较和联系”。[①] 可以说，近代西方对于内亚地区的介入与叙述，一方面体现了西方社会当时的世界知识需求，而在另一方面，也是当时的地缘政治背景使然。

在19世纪后期，随着英、俄势力在内亚地区的扩张，双方在这一地区逐渐形成相互竞逐的局面，俄国力量逐渐占据主导地位，并最终控制了如今的整个中亚地区，这种地缘优势被后来的苏联所继承，从此，内陆亚洲逐渐成为以俄国/苏联为主导的地区，这种格局一直延续到1991年底苏联解体。在英、俄势力对峙的时代，两国的内亚探险与考察活动也此起彼伏，如荣赫鹏（Francis Edward Younghusband）、普尔热瓦尔斯基（Nikolai Mikhailovich Przhevalski）等人分别对中国西藏与新疆等地进行多次探险考察活动。而以俄国为例，从1856年至1915年，俄国探险队主要共进行了13次内陆亚洲探险活动。而反观当时中国人对内亚地区的叙述，不仅数量甚少，而且主要偏于游历式、随感式的文字叙述，缺乏对于这一地区的深入观察与分析，也缺少从现代科学的角度进行的细致考察，无法确立起中国学界的知识特色与知识容量。而这种情况，跟近代中国所处的国际地

---

① 余太山主编：《内陆欧亚古代史研究》，绪说，福建人民出版社2006年版，第2页。

位是息息相关的。

在这一过程中，斯文·赫定在某种程度上扮演了一个承前启后的角色，他既代表着西方近代对内亚考察与叙述活动的终结，也见证了中国人自身对内亚研究的新征程。

瑞典人斯文·赫定的亚洲探险生涯人所皆知，但他最初进入亚洲的契机，却较为戏剧性。年幼的斯文·赫定一度想去北极探险，但在 1885 年，由于一个去里海沿岸巴库（Baku）担任教师的机会，使他觉得“现在既有机会到亚洲游历，也是不可轻易错过的。我便受了命运的驱使，前往亚洲。因此我幼年往北极探险的幻想渐渐地消灭，一生的光阴都消磨在世界最大的陆地上了。”① 1927 年 4 月 20 日，斯文·赫定与设在北京的中国学术团体达成协议，这是中国现代科学史上第一个中外学术界进行平等合作的协议。协议第一条即规定了组织西北科学考察团的任务是“为考查西北科学事务”，第九条则说明了西北科学考察团的“考查”范围包括地质学、气象学、地磁学、天文学、人类学、考古学、民俗学等。1927—1935 年，西北科学考察团在内陆亚洲（主要是中国西北）进行了成果丰硕的科学考察。1933—1935 年斯文·赫定率领由中国政府资助的绥新公路查勘队进行汽车探险，成为他内陆亚洲探险活动的最后篇章。

在 1933 年为自己《我的探险生涯》孙仲宽译本专门写的序当中，斯文·赫定这样提到了自己这部作品中所蕴含的一种对待中国文明与中国人的平等态度：“我们在一起工作如手足一样，没有丝毫的嫉妒、龃龉或误会。我们没有介意国籍或种族，唯一的目的是为国际的科学服务。在这点，从前有些西方旅行家恶劣地伤害中国国民的感情，因此遇到困难的事，在我们中绝无所闻。中国人在他们国内是在家里，外国人只是客人，如果那些客人对于自身的利益没有适当的机变和智慧，用宽宏适度的态度去对待他们的中国主人，任由他们不好的态度，自身必食其报。就我所涉及的事情来说，我将永不会忘记这六年的快乐时光，我能有这种机遇去与中国的一些最杰出的学者在野外和北平工作。我抱着同情及感谢终身愿记

---

① ［瑞典］斯文·赫定著，孙仲宽译，杨镰整理：《我的探险生涯》，新疆人民出版社 2010 年版，第 2 页。

着他们中的每一个人。”① 如果我们从“同情之理解”的角度来观察的话，就可以发现，斯文·赫定在这种理念指导下所进行的学术探险活动在某种程度上已经成为现代民族志的雏形与先声。

总的来说，现代意义上的民族志（Ethnography）是一种以具体田野工作的第一手观察和参与互动为基础的，对于对象文化与社会的描述，并以此对这一对象文化与社会作出相应的理论性和结构性解释。作为一种方法，它是人类学非常重要的叙述和表达手段。“民族志学者意识到理解认识论原理对于选择方法的重要性。民族志研究的典型模式是建立在现象学导向的范式（paradigm）基础之上的。这一范式因承认多重现实而包括多元文化观点。人们依据他们的个体理解而行动，这些行动带来真实后果，因而每个个体看到的主观事实并不比客观上限定和测量的事实要虚假”。② 正是由于现代民族志能够更好地把握对象社会的细节，并从对这些细节的观察与分析中得出某种全局性的认识，因此，在具体的研究上，它为各个学科所借鉴，并在广度上加以拓展，成为对社会与文化加以研究的有力工具。

反观近代中国人对中国西部边疆地区和相关内亚区域所书写的既有游历或描述作品，我们可以发现，尽管有部分作者确实是站在被观察者的角度来看待边疆社会与边疆文化，但更多的是以一种游历、点评式的居高临下姿态进行的描述，而在这种心态的指引下，对边疆社会与边疆文化的认识就显然是一种从中心对边缘的叙述，因为“民族志学者的工作不单单是从主位的或局内人的视角收集信息，还要从客位的或外界的社会科学的视角出发来解释这些资料”。③ 从这个角度来看，尽管近代的相关描述具有相当大的信息含量，可以有助于我们重新通过阅读来型构过去内亚社会

---

① 这是斯文·赫定专门为孙仲宽译本所写的序言中的部分，表露了斯文·赫定本人不同于以往西方探险家对中国人和中国文明的趾高气昂的“俯视”态度，而转而形成跟中国文明的“平视”和“互视”态度。该文引自［瑞典］斯文·赫定著，孙仲宽译，杨镰整理：《我的探险生涯》，新疆人民出版社 2010 年版，斯文·赫定自序，第 3 页。

② ［美］大卫·M. 费特曼著，龚建华译：《民族志：步步深入》，重庆大学出版社 2007 年版，第 5 页。

③ ［美］大卫·M. 费特曼著，龚建华译：《民族志：步步深入》，重庆大学出版社 2007 年版，第 9 页。

与边疆文化的图景，但在有意识地对内亚社会与文化进行“渗入式”观察与访谈方面，却还需要相当的理论自觉。而与对内亚地区的传统历史文献发掘与梳理工作不同的是，现代民族志所强调的是从细节角度出发对整个社会与文化结构的总体把握，我们注意到，“民族志学者在研究中采取一种整体论的视角以描绘社会群体全面而广阔的图景。民族志学者试着尽可能详细地描述一种文化或一个社会群体。这种描述也许包括这个群体的历史、宗教、政治、经济以及环境。没有哪项研究能完整地捕获一种文化或一个群体。整体论的定位促使田野作业者的观察要超越一个暂时的文化图景或文化事件，无论它是发生在教室、医院病房、城市街道，或是华盛顿、纽约、芝加哥的豪华办公室中。每幅图景都存在着多层次且互相关联的关系”。[①] 正是这种民族志的有效性与特殊性，使得研究者能够不受自身所处位置的局限，都能对曾经亲自调查过的内亚社会与文化在历史梳理之外作出更具理论性的解读与阐释。从这种意义上说，这是在内亚社会研究积累上的知识增量；而就其与学科构建的关系而言，则是在学科型构方面所拓展出的新的知识空间。

三、现代视野与内亚民族志书写新契机

在中国古代，历史叙述向来以王朝为叙述对象，对于具体的制度特征及内部意识问题并不是特别在意，在对外关系的处理上，基本上是在以中国为核心的东亚秩序下处理与周边藩属国之间的关系的。直到盛清时期，清廷在国际秩序方面一直抱持着中国中心观的传统。在这种理念之下，中国对于外部世界的认识很多都是建立在“同心圆”的朝贡体系理想化图景之上的，历史上的中原政权对于以草原游牧地带为主要区域的内亚的认识往往并不明晰，在对这些地区执行相关政策的过程中经常会依照当地的

---

① ［美］大卫·M. 费特曼著，龚建华译：《民族志：步步深入》，重庆大学出版社 2007 年版，第 15 页。

惯例进行，而不是将之强加入理想化的世界秩序图景当中。①

鸦片战争之后，经受内外压力，中国对世界秩序的看法方面发生了根本性的转折，在面对西方观念冲击的过程中，逐步接受了西方国家的诸多意识观念，在一般意义上接纳了民族国家的观念，逐渐向近代国际关系体系转型，纳入当时西方殖民力量话语所编织的国际等级网络当中。在这一过程当中，不管是主动还是被动，中国学界还是接纳了西方所确立起来的学科范式与知识分类体系，以及对于世界地理区域的划分，并在此基础上逐渐积累自身的学术资源。

随着一战，尤其是二战的爆发与结束，国际地缘政治环境发生了巨大的变化，之前以西欧为主导的世界政治经济秩序被美苏两极格局所取代，而伴随着亚非拉地区非殖民化运动的推进，民族国家日益成为世界政治经济活动的主体。中国在此过程中获得了改变自身国际地位的契机，摆脱了列强的直接束缚而实现了国家的完全独立，并在此基础上逐渐形成新的中国国际秩序观。而随着近代化和全球化潮流的推进，现代民族国家在很多方面获得了之前所不具备的国家治理技术与手段，对于国家各个领域的控制力达到了前所未有的程度，这也将民族国家机体的巩固能力提高到一个全新的水平。中国也概莫能外。

在这个转变过程中，内亚地区也逐渐被民族国家的边界所划分，其中的各块区域也被纳入到各个民族国家的内部治理秩序当中，并在此基础上形成了该地区各国以及具有全球视野、地区利益的其他国家（如美国、日本）对于内亚地区各具特色的知识叙述与分析框架。而对于中国而言，随着国家治理能力的空前提升，以内亚为主要区域的边疆地区社会、文化等方面所具有的独特性、地区性被主流话语冲击和垄断，使国家中央政权在处理周边事务的过程中面临一个“知识失语”的困境。也就是说，我们在处理国家相关事务的过程中，面对周边国家对靠近我国西部边疆的邻接地区社会、文化状况的详细与清晰把握，我们对于这些边疆地区相关知

① 关于这一点，可参看约瑟夫·F·弗莱彻：《1368—1884年的中国与中亚》，载［美］费止清编，杜继东译：《中国的世界秩序：传统中国的对外关系》，中国社会科学出版社2010年版，第199—239页。

识的了解与掌握处于弱势，在构筑本国视角下的内亚社会与文化分析方面还有待提升。有鉴于此，如何在自身民族国家发展的过程中，更好地实现国家对于边疆地区认识的知识增量，进而对作为更大地域范围的内亚本身的地方特征及其在周边各国地缘政治体系中的位置有更为清晰的把握与认识，就成为在新形势下对中国本身加以重新认识与思考的一个重要渠道。

此外，正如余太山先生所指出的，目前中国的内亚研究还有进一步开拓的空间，“有些基础较好的学科研究范围还局限于境内，缺乏跨境的调查和研究”，“我们期待在新世纪里，培养出一批既掌握现代语言学的理论和方法，又熟悉历史文献，最好还能文理兼通的‘复合型’人才，并将语言学、语文学、考古学、人类学的成果进行整合，开展跨学科研究”。[①] 因此，借助人类学的民族志工具，在传统的历史学和文献学之外开掘出新的解释领域，进而在此基础上形成中国自身的内亚民族志作品与分析范式，就成为一种内在的需求。

四、内亚民族志书写的路径与可能

全球化的推进深刻影响着国际学术的发展。借助着经济实力与创新驱动力方面的优势，欧美尤其是美国学术话语成为社科学界占据垄断性的话语方式。表现在对内亚社会的研究方面，欧美话语的影响与视角还占据相当的地位，而国内的相关研究则往往处在低度的跟随与模仿阶段。而这种情况，在某种程度上也使得我们对于内亚的相关研究在知识增量与自身范式建设方面还存在较大的不足。

为什么在过去的一个多世纪里面，我们没有自己的内陆亚洲人类学故事？其中的原因是多方面的。首先，19 世纪末、20 世纪初俄国在内陆亚洲的优势局面以及中国当时的积贫积弱局面，使中国学界领军人物当时所继承的人类学民族志英国传统无法彰显，也就无法对内亚地区丰富的社会与文化加以细描，进而建立起自己的知识框架与解释体系。其次，当时中原的方志式写作模式，将一个地区的政治、经济、文化等情况从政治、山

① 余太山主编：《内陆欧亚古代史研究》，福建人民出版社 2006 年版，第 396、397 页。

川、地貌、风土、人情等方面加以拆分叙述，对新的民族志写作方式形成了某种排斥。第三，当时的内陆亚洲正处在英、俄两个帝国强权的相互竞争当中，两大力量彼此竞争的同时，又排斥了周边其他国家对这一地区的考察与叙述互动，进而在某种程度上垄断了对内亚地区的知识建构与阐释，而与此同时，中国自身也处于内忧外患之中，救亡与振兴成为压倒一切的任务，这种种原因，压制了我们自己讲述内陆亚洲故事的空间与可能性。

随着20世纪90年代苏联的解体和两极格局的最终瓦解，内陆亚洲地区不再主要受单一力量的支配，而重新成为大国力量竞逐的地区。伴随着科技革命的深入，全球化成为社会发展的重要推动力，内亚地区之间摆脱了冷战时期各个民族国家之间相互提防与边境闭锁态势，这一地区的人员、物资等跨国交流更为频繁，从而使内亚重新纳入到全球化的世界经济网络之中，进而又深刻影响了当地社会与文化的发展与变化，在各民族国家内亚社会特色的基础上又有了进一步的丰富。有介于此，就使得对这一地区的社会与文化重新加以书写成为可能。此外，中国自身国力的提升，有力地提升了国内民众和学界对于周边知识与域外知识的需求，进而让我们逐渐反思近代以来西方对于内亚叙述与书写过程中所存在的种种问题，以作出新的尝试。此外，随着发端于二战后期的区域研究（Area Studies）逐渐摆脱冷战政治的影响，开始更多地在学理和跨学科层面上推动对相关问题的研究，作为欧亚研究（Eurasia Studies）重要部分的内亚研究也获得了跨学科区域研究的重视，在此基础上，内亚民族志能够在相关学术基础准备充分的条件下作出新的叙述。而尤其值得注意的是，从中国方面所进行的研究，是以“中国方法”（跨界民族视角，区别于百年前欧美学者的完全海外研究）所进行的海外民族志与跨界民族志的一种可能路径。

当然，为了获得真正具有原始价值和生命力的内亚社会与文化的相关信息，光靠浮光掠影的描述是决然不够的，而应该在与这些内亚社会民众接触、共处的过程中，去理解这些社会与文化的内在逻辑，并用我们自己通过细致的观察与分析所归纳出的术语来加以民族志的描述，才能逐步确立起中国自身对于这一地区的知识框架与知识增量，进而真正从根本上认识这一地区的历史与社会，并找到中国西部边疆问题的某些解决之道。当然，在这种长期持久的书写过程中，我们也必须对描述的原则有所体认。“民族志伦理的首要准则是，民族志学者不能伤害他所研究的人或团体。在文化的荒野中寻找一条符合逻辑的道路，民族志学者要小心，不能伤害当地人的情感或亵渎他们的神圣文化。这种对社会环境的尊重，不仅确保了研究对象的权利和资料的完整性，而且保证了人们与研究者之间持久而有活力的关系。职业的作风和精细的步骤体现出民族志学者对人们生活方式的尊重、赞赏和正确评价”。① 只有在这一基础上，我们才能在内亚民族志的书写过程中，真正找到内亚社会的内在运行与发展逻辑，进而真正理解这一地区及其社会、文化本身，从而在与周边国家构筑“命运共同体”的道路上真正前行，实现各国、各文明与各文化的和谐共荣。

The ethnographic writing of the Inner Asia: The new opportunity on hundred years of accumulation

Yuan Jian

Abstract: The Inner Asia seats in the crossroad of the exchanges between eastern and western civilizations. Its special geopolitical position and cultural role have great impacts on China and another country. Since the end of the 19th century, the Inner Asia became the arena of the eastern and western explorers, there were several famous expeditions and archaeological works of this region, for example, Men and Gods in Mongolia (by H. Haslund) and On Ancient Central Asian Tracks: Brief Narrative of Three Expeditions in Innermost Asia and Northwestern China (by Sir Aurel Stein). These works descript the history, society, culture and political reality of the Inner Asia during the end of the 19th century and the beginning of the 20th century, I conclude them as the ethnographic writing in the 19th to 20th century. As we know, nearly all of these works were written by the western explorers,

① ［美］大卫·M. 费特曼著，龚建华译：《民族志：步步深入》，重庆大学出版社 2007 年版，第 102 页。

there were no China's aspects in these works. In the 21st century, with the further increase of China's synthesizing national power, we have now the new opportunity to rewrite the social and cultural situation of the Inner Asia, and to shape our new ethnographic writing of the Inner Asia in the 21st century. In this paper, I will also do some analyses on the approaches of this kind of ethnographic writing.

Key words: The Inner Asia, ethnography, writing, approaches

后记

2012年12月1—2日，中央民族大学中国少数民族研究中心、世界民族学人类学研究中心受学校委托承办的“边疆发展中国论坛2012”在北京举行。本届论坛主题为“百年中国边疆民族宗教治理：经验回顾与现实思考”，旨在结合辛亥革命百年和中共十八届代表大会的背景来思考边疆民族地区和民族宗教领域的治理难题与创新思路。

出席本届论坛的嘉宾有国家民族事务委员会政法司原司长毛公宁先生、国务院发展研究中心民族发展研究所主任赵曙青研究员、中国社会科学院民族学人类学研究所所长王延中研究员等。新疆、云南、甘肃、内蒙古、贵州、上海、北京、江苏等地区，北京大学、清华大学、中国人民大学、复旦大学、南京大学、云南大学、兰州大学、内蒙古大学、新疆师范大学、中国社会科学院、云南省社会科学院、贵州苗学会等15所高校和科研机构的40位专家学者出席。

本届论坛没有举行开幕式。中央民族大学宋敏副校长率先发言，代表学校欢迎各位专家学者并期待研讨结果创新。中国社会科学院郝时远研究员结合刚刚闭幕的十八大精神，做了题为《全面正确贯彻落实党的民族政策必须坚持和完善民族区域自治制度》的主旨发言。各位专家学者围绕论坛年度主题、民族宗教治理传统和当前内政外交格局和自身研究成果展开了为期两天的研讨交流。

论坛研讨期间，所有专家都做了精彩发言。论坛闭幕后，组委会通过电话邮件联系各位专家收集论文和发言稿时，几位专家基于敏感性或时间紧张等理由，表示不愿公布成果或不能提供文稿。论坛承办方决定尊重专家意见。本届论坛规模虽然较小，但收到的论文仍弥足珍贵，对学界政界洞悉本领域研究动态具有参考价值。承办方因而决定把这些成果按照理念先行、实践继之的顺序集成“创新治理卷”公开出版，以呈现本领域研究和论坛成长形貌，文集由宋敏副校长主编，由丁娥、张海洋负责具体事务。

由于过去一年处在十八大、“两会”和三中全会之间，民族宗教研究和机构管理两个领域的事务较多，所以费时近一年才完成文集的编辑整理定稿，从而影响了与会专家研究成果及时面世，编者特向与会专家深表歉意。同时就论文编辑中的文字改动承担责任并就可能出现的差池向作者致歉。本文集出版得到中央民族大学“985 工程”资金资助，编者在此一并致谢。

十八届三中全会关于全面深化改革的《决定》明确提出，要通过“国家治理体系和治理能力的现代化”来完善和发展中国特色社会主义制度。这是中国共产党执政以来的又一次重大观念更新。边疆民族地区和民族宗教领域的治理体系和治理能力现代化，将是本领域同仁要面对的重大挑战、机遇和研究课题。本中心作为“边疆发展中国论坛 2014”的承办方吁请同仁从现在开始，结合新疆和藏区的治理创新需求，围绕“新丝路新思路：边疆治理创新与民族区域自治”的主题和“法制中国”、“公平正义”、“协商民主”、“创新治理”等关键词撰写论文和研究报告，共同推动边疆民族宗教领域的善政善治，期待“边疆发展中国论坛 2014”以文会友再接再厉。

编 者

2013 年 12 月